불교입문총서 — 10

# 중관사상

김성철 지음

민족사

# 중관사상

공성과 연기와 중도가 하나의 의미임을 선언하셨던 분,
함께 견줄 이 없는 붓다이신 그 분께 예배 올립니다.

《회쟁론》 제71게

## 책머리에

**필**자가 중관학을 전공하게 된 것은 우연과 같은 인연 때문이었다. 대학 재학시절 생업 이외에 불교공부를 평생의 업으로 삼겠다고 다짐한 이후부터 김동화 박사님의 저술들을 하나 둘 정독하기 시작하였다. 김동화 박사님의 저술 중에는 원시불교, 대승불교, 구사학, 유식철학, 불교교리발달사 등 그야말로 불교학의 거의 모든 분야가 망라되어 있었지만 유독 중관학과 관련된 저술만은 없었다. 지금이야 서점에 중관학은 물론이고 불교학 관련 서적들이 넘쳐나지만 그 당시에는 황산덕 박사님의 《중론송》 이외에는 중관학과 관계된 우리말 단행본을 찾을 수 없었다.

그런데 마침 민족사에서 대정신수대장경을 보급하기 시작하였다. 《중론》을 직접 읽음으로써 중관학을 파악하겠다는 생각에 대장경을 구입하여 《중론》〈청목소〉를 차근차근 읽어 내려

갔다. 그 후 동국대학교 대학원 인도철학과에 입학하였고 졸업 논문을 쓸 때가 되었는데, 그나마 스스로 완독한 논서가 《중론》이었기에 《중론》〈관거래품〉을 소재로 삼아 석사논문을 만들었다. 그리고 다시 박사과정에 입학하여 수업 도중 중관학과 관계된 부분을 도맡아 발표하다보니 어느 결에 중관학 전공자라는 꼬리표가 붙게 되었다.

    대학원 재학시절부터 스스로의 공부를 위해, 그리고 일종의 책임감에서 중관학과 관계된 문헌들을 하나 둘 번역하기 시작하였다. 먼저 만 2년간의 작업을 통해 《중론》〈청목소〉를 번역해 출간하였다(1993, 경서원). 한역본만으로는 그 의미가 분명히 파악되지 않는 게송들이 많았기에 산스끄리뜨 게송도 함께 번역하여 실었다. 산스끄리뜨 게송에 대한 번역을 시작할 당시 필자의 산스끄리뜨 독해력은 그야말로 걸음마 수준이었다. 그러나 중관학 전공자로서 언젠가 반드시 거쳐야 할 과정이라고 생각되었기에 단어 하나하나의 의미와 각 단어의 문법적 역할을 찾아가면서 게송을 번역해 나갔다. 띄어쓰기 없는 문장들에서 낱낱의 단어를 가려내고 문법을 찾아내는 일은 그 당시의 필자에게 여간 힘든 일이 아니었다. 한 구의 게송을 번역하기 위해서 하루 종일을 소모한 때도 한두 번이 아니었다. 책을 발간하면서 그렇게 찾은 단어의 의미와 문법 설명을 모두 각주에 실었다. 문법 설명에 많은 오류가 있을 것이라고 생각했지만 나중에 누군가가 《중론》의 산스끄리뜨 원문을 스스로 해독하고자 할 때 그 수고를 덜어줄 수 있을 것이라는 생각에서였다.

개정판을 내면서 문법 설명에 대한 착오와 오자를 수정하긴 했으나 아직도 잘못된 문법해설이 군데군데 눈에 띈다.

그 후 중관학 개론서인《불교의 중심철학》(T.R.V. 무르띠, 경서원, 1995), 원전 번역서인《회쟁론》(용수, 경서원, 1999)과《백론·십이문론》(경서원, 1999), 그리고《회쟁론》의 산스끄리뜨문과 티베트어 번역문의 문법을 해설한《회쟁론 범문·장문 문법해설집》(1999, 경서원) 등을 출간하였고,《용수의 중관논리의 기원》(동국대대학원, 1997)이라는 이름으로 박사학위논문도 완성하였다. 최근에는《중론, 논리로부터의 해탈 논리에 의한 해탈》(불교시대사, 2004)이라는 이름의 중론 입문서를 만들어 출간하였는데 이들 모두 중관학을 공부하고 가르치면서 그때그때의 필요에 따라 순서대로 만들어진 책들이다.

중관학 공부를 시작한 이래 전공자로서 언젠가 필자 나름의 시각을 담은 개론서를 만들어야 한다는 의무감은 갖고 있었으나, 공부 도중에 있는 필자로서 방대한 중관학 관계 문헌들을 다 소화하지 못한 채 개론서를 쓴다는 것이 여간 부담스러운 일이 아니었다. 법문무량서원학法門無量誓願學이라는 보살의 서원에서 말하듯이 밑도 끝도 없는 것이 불교공부이지만, 중관학이라는 한 분야만 하더라도 평생을 바쳐도 다 읽지 못할 만큼 엄청난 양의 문헌들이 산스끄리뜨, 티베트어, 한문 등의 고전어로 씌어져 우리 앞에 놓여 있다. 중앙승가대학교에서 처음 중관학 강의를 시작한 이래 지금까지 근 10년 동안 동국대학교와 강원 등에서 중관학을 강의해 왔지만, 중관학과 관계하여 아직도 해독해야 할 문헌들이 산적해 있고 풀어야 할 숙제 역시 한 두 가지가 아니다. 그럼에도 불구하고 주제넘게 이렇게 중관학 입문서를 만들게 된 것은 그동안 여기저기서 어쭙잖게 해 왔던 필자의 강의내용을 일단 정리해 보는 것도 의미 있는 작업일 것이라고 생각했기 때문이다. 사실 도서출판 민족사로부터 본 입문서의 집필을 의뢰받은 것은 약 4년 전의 일이다. 그러나 예기치 않게 원효스님의 〈판비량론〉과 관계된 연구를 하게 되어 잠시 곁길을 가다 보니 이제야 중관학 입문서를 완성하게 되었다.

불교는 발견된 진리라고 한다. 석가모니 부처님께서 보리수 아래 앉아 선정에 들어 발견하신 것이 바로 연기緣起의 이치였다. 마음과 물질, 인간과 세계, 삶과 죽음, 과거와 현재와 미래 등 이 세상 모든 것을 지배하는 유일무이의 법칙이 바로 연기법이다. 중관학에서 가르치는 것이 바로 연기법이다. 연기를 거론하지 않는 불교 교학이 있을 수 없겠지만, 언어화된 연기를 넘어서 연기의 진정한 의미를 체득하게 해 준다는 데 중관학의 독특함이 있다.

중관학을 통해 연기를 자각함으로써 우리는 초기불교, 아비달마, 유식, 밀교 등의 인도불교는 물론이고 중국에서 발생한 화엄, 천태, 선 심지어 정토학에 이르기까지 불교의 다양한 교학들이 모두 한맛임을 알게 된다. 또, 부처님의 가르침을 우리 사회의 여러 가지 문제에 접목시키는 무궁무진한 응용의 토대가 되는 것이 바로 중관학이다. 불교의 종교성, 세계관, 인생관,

윤리관 등이 모두 연기법에서 연역되기 때문이다. 불교의 교학과 실천과 응용의 중심에 중관학이 자리한다.

본서가 일반 대학생도 읽을 수 있는 입문서가 되어야 한다는 출판사 측의 요구에 부응하기 위해서 필자는 독특한 논지 전개 방식을 사용하였다. 중관학을 제대로 공부하기 위해서는, 중관학 발생 이전까지 전개되어 온 인도불교의 흐름에 대해 어느 정도 조망할 수 있어야 하고, 중관학과 밀접하게 연관되어 있긴 하지만 그 방식이 상반된 불교 인식논리학에 대한 기초지식도 갖추고 있어야 하며, 중관학 관계 문헌들의 원전 언어인 산스끄리뜨의 성격에 대한 약간의 상식도 있어야 한다. 그러나 일반 대학생들이 이런 지식들을 모두 갖추고 있을 리가 없다. 그래서 중관학에 대해 서술하다가 예비지식이 필요한 경우에는 잠시 맥락에서 이탈하여 그에 대해 충분히 설명한 후 다시 본론으로 돌아가는 방식으로 논지를 전개하였다. 본서에서는 논지 전개 방식에 있어서 '체계의 아름다움'과 '이해의 편리성'이라는 두 마리의 토끼 가운데 후자를 중시하였다. 혹 산만한 느낌이 들지 몰라도 이렇게 강의하듯이 풀어가는 것이 초심자에게 중관학을 이해시키는 데 효과적일 것이라고 생각한다.

본서는 1 중관학과 초기불전의 중도, 2 중관논리, 3 중관사상의 전개, 4 중관학 관계 문헌이라는 제목의 네 장으로 구성되어 있다. 중관학의 사상적 토대는 한역 아함경阿含經이나 남방불교의 니까야(Nikāya)와 같은 초기불전들이다. 제1장에서는 먼저 '중관'이라는 말의 의미에 대해 간단히 설명한 다음, 중관학적인 시각에서 초기불전의 중도사상에 대해 조망해 보았다.

제2장이 본서의 핵심이다. 중관학의 정수는 그 반논리적反論理的인 논리에 있다. 이를 중관논리中觀論理(Madhyamaka Logic)라고 부른다. 그러나《중론》이나《회쟁론》등 용수의 저술들이 어떤 체계를 갖는 논서가 아니라 게송 모음집이기에, 이들 저술만으로는 중관논리의 방식을 일목요연하게 파악하기 쉽지 않다. 그래서 제2장에서 중관논리에 대해 소개하면서 독자들이 보다 쉽게 이해할 수 있도록 일반논리학의 3대 주제인 '개념', '판단', '추론'에 대비시키면서 중관논리의 반논리적 방식에 대해 설명하였다. 수학공부를 잘하려면 많은 연습문제를 풀어 보아야 하듯이, 중관논리에 숙달하기 위해서는 여러 가지 이론이나 판단들을 중관논리에 의해 해체하는 훈련을 많이 해 보아야 한다. 중관논리에 대해 보다 많이 훈련해 보고자 하는 독자는 졸저拙著《중론, 논리로부터의 해탈 논리에 의한 해탈》(불교시대사, 2004)을 참조하기 바란다.

제3장에서는 대승불교 문화권에서 용수 이후 중관학이 어떻게 전개되었는지에 대해 조망하였다. 인도에서 발달한 중관학을 '주석학'이라 명명하였고, 티베트적인 연구방식을 '계보학'이라 명명하였으며, 한자 문화권인 동아시아의 중관학을 '삼론학'이라 명명하였다. 동아시아의 삼론학은 전통적 호칭이기에 문제될 것이 없겠지만 인도의 주석학이나 티베트의 계보학이라는 필자의 규정에 대해 이의를 제기하는 사람도 있을 것이다. 인도의 경우 소위 즈냐나가르바, 샨따락쉬따, 까말라쉴라 등 후

기중관과 학승들의 경우 주석가가 아니라 저술가였기에 인도의 중관학이 반드시 주석학인 것만은 아니고, 티베트의 경우도 쫑카빠의 《정리해正理海》에서 보듯이 《중론》을 주석하는 작업이 이루어졌기에 티베트의 중관학이 모두 계보학인 것만은 아니다. 물론 그렇다. 그러나 필자의 규정은 전체적인 흐름에 근거한 것이다. 소소한 예외가 문제가 된다면 그 어느 사상이나 문화에 대해 단일한 호칭을 통해 규정하는 일은 아예 불가능할 것이다.

제4장에서는 중관학과 관계된 문헌들에 대해 소개하였다. 중관학과 관계된 원전과 현대의 연구서들을 모두 소개하려면 한 권의 책을 써도 부족할 것이다. 원전의 경우는 거의 대부분 소개하였지만, 현대의 연구서는 중요하다고 생각되는 것 일부만 거론하였다. 그리고 중관학 관계 논문으로 박사학위를 취득한 국내 연구자들의 이름과 학위논문의 제목을 모두 취합하여 소개하였다.

머리글을 마무리하면서 그동안 필자의 중관학 강의에 참석하여 경청하고 호응하고 질문하고 격려해주신 모든 분들께 감사의 마음을 전한다. 무엇을 공부하고자 할 때 가장 효과적인 방법은 그것을 남에게 가르쳐 보는 것이라고 한다. 또 누군가 말했듯이 가르치는 것은 배우는 일이기도 하다. 강의를 준비하면서 배우게 되고, 수강자가 던진 질문을 숙고하면서 배우며, 시험 답안을 채점하면서 배우고, 과제를 발표하는 학생들의 번득이는 아이디어에서 배운다. 중관학을 강의해 오면서 필자가 수

강자들에게 배운 내용들이 본서 여기저기에 많이 묻어 있을 것이다.

당신께서 담당하셨던 중앙승가대학교의 중관학 강의를 기꺼이 내어주시면서 필자가 중관학 강사로 첫발을 내딛도록 도와주셨던 원의범元義範 교수님, 유별날 수도 있는 필자의 활동과 학문을 선입견 없이 지켜보시면서 항상 격려해주시고 조언해주시는 법경法鏡스님, 그리고 경주 동국대학교에서의 중관학 강의 첫 시간에 필자를 우리 불교학과 학생들에게 소개해주셨던 호진浩眞스님께 감사드린다. 이 세 분의 은혜가 없었다면 이 책은 영원히 세상에 선을 보이지 못했을지도 모른다.

아울러 필자에게 본서의 집필을 맡겨주신 민족사의 윤창화 사장님께 감사의 말씀을 드린다. 민족사에서 그동안 발간해 온 수많은 영인본, 번역서, 저서들이 없었다면 이 책은 물론이고 오늘의 우리 불교학은 있을 수 없을 것이다. 보잘것없는 입문서이지만 아무쪼록 이 작은 책이 인연이 되어 '청출어람청어람' 할 중관학 전공자들이 나타나기를 기대해본다.

끝으로, 얼마 전 작고한 이현옥 박사의 명복을 비는 마음을 글로 옮기지 않을 수 없다. 고故 이현옥 박사께서는 동국대학교에서 중관학을 전공하여 청변의 자립논증에 대한 연구로 박사학위를 받은 후 최근에 중국을 방문하여 새로운 학문의 길을 발견하곤 의욕에 넘쳐 연구에 매진하시다가 예기치 않은 병을 얻어 마흔을 막 넘긴 젊은 나이에 유명을 달리하셨다. 함께 중관학을 공부했던 동학同學으로서 안타까운 마음 금할 수가 없다.

몸을 바꾸어 이 땅에 다시 오시어 현생에 못 다한 연구를 이루시기를 삼보 전에 기원한다.

불기 2549년 11월 5일
도남 김성철 합장

## 일러두기

1. 전통적 한역어가 없거나 한역어가 있더라도 자주 쓰이지 않는 인명이나 서명의 경우 산스끄리뜨나 티베트어의 음사어로 표기하였다. 예를 들어 용수龍樹(Nāgārjuna)나 청변淸辯(Bhāvaviveka)이나 진나陳那(Dignāga)는 한역된 이름을 사용하였고 짠드라끼르띠月稱(Candrakīrti)나 까말라쉴라蓮華戒(Kamalaśīla) 등은 음사어로 표기하였다.
2. 산스끄리뜨나 영어의 경우 별다른 표식을 하지 않았으나 티베트어의 경우는 글자 뒤에 ⓣ라는 기호를 달았고, 빠알리어의 경우는 ⓟ라는 기호를 달았다.
3. 대정장은 일본에서 다이쇼大正 연간(1912~1925)에 발간되었던 대정신수대장경大正新修大藏經을 의미한다.
4. 본서에 실린 티베트어 발음은 Melvyn C. Goldstein 편집의 The New Tibetan-English Dictionary of Modern Tibetan(University of California Press, 2001)에 의거한다.

# 차 례

책머리에 …………………………………………………………… 5
일러두기 …………………………………………………………… 14

## 1장 중관학과 초기불전의 중도

중관학과 중도 …………………………………………………… 27
실천적 중도 ……………………………………………………… 29
사상적 중도 ……………………………………………………… 31
사상적 중도와 죽음의 극복 …………………………………… 35
위빠싸나 수행을 통한 죽음의 극복 …………………………… 39
사상적 중도와 깨달음의 의미 ………………………………… 43
사상적 중도와 무기설의 취지 ………………………………… 48

## 2장 중관논리

반논리학으로서의 중관학 ……………………………………… 59
언어계통과 논리학의 관계 ……………………………………… 60

논리와 반논리 ………………………………………………………… 64
판단의 네 가지 형식 - 사구四句 …………………………………… 67

## 1. 개념의 실체성 비판

상대적 개념의 실체성 비판 ………………………………………… 70
눈은 실재하지 않는다 ……………………………………………… 79
개념의 실체성 비판과 연기의 법칙 ……………………………… 87
불은 실체가 없다 …………………………………………………… 94
초기불전의 십이연기와 중관학의 연기 ………………………… 98
식과 명색의 상호의존관계에 대한 해명 ……………………… 100
《중론》의 연기가 상호의존적인 이유 ………………………… 105
개념을 만들어내는 연기의 매듭 ………………………………… 106

## 2. 판단의 사실성 비판

사구판단 …………………………………………………………… 110
사구를 대하는 여러 가지 태도 ………………………………… 113
사구에 대한 산자야 벨라티뿟타의 대처
 - 사구로부터의 회피 …………………………………………… 114
사구에 대한 니간타 나따뿟따의 대처
 - 사구의 선언적 수용 …………………………………………… 116
사구에 대한 불교적 대처
 - 사구 그 자체의 파기 ………………………………………… 117
중관학에서 가르치는 사구비판의 논리 ……………………… 119

중관학에서 비판하는 것은
    사태에 대한 네 가지 이해방식이다 ················ 121
일상판단에 대한 중관논리적 비판 ························ 123
사구가 비판되는 이유
    - 주어와 술어의 연기관계 ·························· 129
《중론》을 통해 본 사구비판의 논리 ··················· 131
중관학의 궁극적 목적은 분별고의 타파 ············· 136
판단비판 논리의 활용 1
    - 인식수단의 실재성 비판 ························· 140
판단비판 논리의 활용 2
    - 생·주·멸은 실재하는가? ····················· 145
무한소급과 악순환은 어떻게 다른가? ··············· 157
악순환과 중관논리 ············································ 160
판단비판 논리의 활용 3
    - 불과 연료의 '의존관계'에 대한 비판 ········· 162
모든 판단이 오류를 범하는 이유 ······················· 168
판단비판 논리의 활용 4
    - 선가禪家의 격언에 대한 비판 ··················· 170
자가당착과 역설逆說 그리고 중관논리 ··············· 174
역설의 궁지에서 응병여약應病與藥의 방편으로 ········· 181

## 3. 추론의 타당성 비판

답파踏破와 자띠(Jāti), 그리고 《중론》 제24 관사제품의 비판 방식 ··················································· 187
비정립적 부정을 통한 중도의 구현 ··············· 195
삼제게에 대한 재조명 ································· 196
중도를 지향하는 작용으로서의 방편 논리 ··············· 202

4. 《중론》의 이제설과 공견의 위험성
두 가지 진리 – 진제와 속제 ····················· 206
진제에 대한 집착 – 위험한 공견空見 ············· 208
사견인邪見人의 세계관 – 아유법공 ················ 214
진속이 균등한 보살의 삶 – 육바라밀 ············· 217
이제의 유동적 구조 ····································· 219

# 3장 중관사상의 전개

### 1. 인도의 주석학
현존하는 《중론》 주석서 ······························ 227
자립논증파와 귀류논증파의 유래 ··············· 229

1) 중관학과 불교 인식논리학의 만남
  – 청변의 자립논증 ······························· 231
논의의 소재 –《중론》제1 관인연품의 사종불생게 ······ 231
'부자생不自生'에 대한 붓다빨리따의 주석 ············· 232
붓다빨리따의 주석에 대한 청변의 비판 ············· 234
불교 인식논리학의 삼지작법 ··························· 237

    33가지 잘못된 논증과 9가지 잘못된 주장 ·············· 239
    잘못된 주장의 오류를 피하기 위한 청변의 고안 ·········· 243
    불생을 논증하는 청변의 자립논증적 추론식 ············ 245
 2) 청변에 대한 짠드라끼르띠의 비판과 귀류논증 ·········· 246
    붓다빨리따의 주석에도 추론식이 내재한다 ············ 246
    '승의에 있어서'라는 단서는 불필요하다 ·············· 248
    청변의 자립논증적 추론식이 범하는 논리적 오류 ········· 250
    짠드라끼르띠가 제시하는 귀류논증적 추론식 ··········· 254

## 2. 티베트의 계보학

 1) 둡타 문헌의 제작과 중관학파의 분파 ··············· 256
    둡타 문헌의 활발한 제작 ······················ 256
    《학설보환》에서 말하는 중관학파의 분파 ············· 260
    유가행중관과 경부중관 ······················· 262
    형상진실중관과 형상허위중관, 유구론과 무구론의 구분 ····· 265
 2) 둡타 문헌의 중관 계보학에 대한 비판적 검토 ·········· 270
    경부중관파와 유가행중관파의 원래 의미는 무엇일까? ······ 270
    샨따락쉬따는 유가행중관파에 소속되는가? ············ 272

## 3. 동아시아의 삼론학

    구마라습의 역경譯經과 삼론학의 탄생 ··············· 276
    삼론초장 - 삼론학입문 ······················· 278
    삼중이제설三重二諦說 - 이제二諦의 변증법적 구조 ········· 283

중가中假의 이론 ················································· 289
　단복單複의 중가中假를 통한 교설 분류 ····················· 294
　삼종중도 – 세제중도, 진제중도, 이제합명중도 ············· 297

# 4장 중관학 관계 문헌

## 1. 원전과 번역서
### 1) 인도
#### (1) 용수의 《중론》과 그 주석서
　　《중송中頌》 ······················································· 303
　　《근본중론주무외根本中論註無畏》 ························· 307
　　청목靑目의 《중론中論》 ······································· 308
　　붓다빨리따佛護의 《불호근본중론주佛護根本中論註》 ·········· 309
　　안혜安慧의 《대승중관석론大乘中觀釋論》 ··············· 310
　　청변靑辯의 《반야등론般若燈論》 ··························· 310
　　짠드라끼르띠月稱의 《쁘라산나빠다》 ···················· 311

#### (2) 그밖의 용수의 저술
　　《회쟁론廻諍論》 ················································· 314
　　《육십송여리론六十頌如理論》 ······························· 315
　　《공칠십론空七十論》 ··········································· 316
　　《광파론廣破論》 ················································· 317
　　《십이문론十二門論》 ··········································· 318
　　《대지도론大智度論》 ··········································· 319

         기타 용수의 저술이라고 전승되는 문헌들 ························ 322
   (3) 아리야제바의 저술
         《사백론四百論》 ····································································· 323
         《백론百論》 ············································································ 326
         기타 아리야제바의 저술이라고 전승되는 문헌들 ············ 327
   (4) 청변靑辯의 저술
         《중관심송中觀心頌》과 《사택염思擇炎》 ······························ 327
         기타 청변의 저술이라고 전승되는 문헌들 ························ 329
   (5) 짠드라끼르띠月稱의 저술
         《입중론入中論》 ···································································· 330
         기타 짠드라끼르띠의 저술이라고 전승되는 문헌들 ·········· 331
   (6) 적천寂天의 저술
         《학처요집學處要集》 ····························································· 332
         《입보리행론入菩提行論》 ····················································· 333
   (7) 즈냐나가르바의 저술
         《이제분별론二諦分別論》 ····················································· 334
   (8) 샨따락쉬따의 저술
         《중관장엄론中觀莊嚴論》 ····················································· 335
         《진실강요眞實綱要》 ····························································· 336
   (9) 까말라쉴라의 저술
         《중관명中觀明》 ···································································· 337
         《수습차제修習次第》 ····························································· 337
         그밖의 까말라쉴라의 저술 ··················································· 339

         (10) 기타 후기중관논사의 저술들
            슈리굽따의 《입진실入眞實》 ················································· 339
            깜발라의 《명만明鬘》 ······························································ 340
            지따리의 《선서종의분별론善逝宗義分別論》 ······················· 340
            아띠샤의 《보리도등론菩提道燈論》 ······································ 341

      2) 티베트
         (1) 쫑카빠의 저술 ·········································································· 342
            《보리도차제론菩提道次第論》 ················································ 342
            《정리해正理海》 ········································································ 344
         (2) 기타 현대어로 번역된 중관학 관계문헌 ···························· 345
            카둡겔렉빼장뽀의 《대개요大概要》 ······································ 345
         (3) 둡타 문헌 ·················································································· 345
            꾄촉직메왕뽀의 《학설보환學說寶環, 또는
            종의보환宗義寶環》 ···································································· 345
            짱꺄뢰뻬도제의 《교의구별敎義區別》 ·································· 346
            마츠모토시로에 의해 일본어로 번역된 둡타 문헌 ··········· 346

      3) 동아시아
         (1) 《구마라습법사대의鳩摩羅什法師大義》(대정신수대장경)
            또는 《대승대의장大乘大義章》(卍속장경) ··························· 347
         (2) 승조僧肇의 《조론肇論》과 그 주석서 ································· 347
         (3) 길장의 저술 ·············································································· 349
            《중관론소中觀論疏》, 《십이문론소十二門論疏》,
            《백론소百論疏》 ········································································ 349

　　　　《삼론현의三論玄義》 ·················································· 349
　　　　《대승현론大乘玄論》 ·················································· 350
　　　　《이제의二諦義》 ······················································· 350
　　(4) 그밖의 삼론학 관계문헌 ············································ 351
　　　　중국 문헌 ······························································ 351
　　　　일본 삼론종의 저술 ··················································· 351

## 2. 현대의 중관학 연구서
　1) 국내연구자
　　(1) 저자와 저서 ····························································· 353
　　(2) 국내 중관학 연구자의 박사학위논문 ·························· 355
　2) 국외연구자
　　(1) 우리말 번역본 ························································ 358
　　(2) 아직 번역되지 않은 연구서 ······································· 360

찾아보기 ······························································································ 363

## 1장

# 중관학과 초기불전의 중도

눈이란 것은
스스로 그 자체를 볼 수 없다.
만일 자기를 보지 못한다면
어떻게 다른 것을 보겠는가?

《중론》 제3장 제2게

## 중관학과 중도

중관학中觀學은 대승불교의 아버지라고 불리는 용수龍樹 (Nāgārjuna:150~250C.E.경)에 의해 창안된 불교학의 한 분야이다. 중관학에서는 초기불전의 연기설緣起說과 무기설無記說에 근거하여 대승불전인 반야경에서 가르치는 공空을 논증한다. 원시불교의 가르침과 그후 500여 년 간 전개된 아비달마교학은 모두 중관의 가르침을 통해 비판적으로 결실結實되었고 이런 중관의 결실이 있었기에 유식唯識과 여래장과 밀교, 천태와 화엄과 선禪 등 시대와 지역에 부응하는 다양한 대승불교사상들이 발아할 수 있었다.

인도불교 전통에서는 중관학을 마드야미까(Mādhyamika), 또는 마드야마까(Madhyamaka)라고 불렀는데, 이 호칭은 중관학이나 중관사상은 물론이고 중관학파나 중관논사까지 모두 의미한다. 마드야마(Madhyama)는 가운데 (또는 중간)을 의미하는 형용사 마드야(madhya)에 최상급어미 마(ma)가 결합된 것인데, 그 의미는 '가장 가운데의 (또는 가장 중간의)'라고 풀이되며 여기에 2차 접미사 까(ka)가 부가됨으로써 사상이나 학파, 또는 논사를 의미하는 마드야미까, 또는 마드야마까라는 단어가 만들어진 것이다. 티베트불교 전통에서는, 마드야마까는 중관학파나 중관사상을 의미한다고 보아 우마(dBu ma ⓣ)라고 번역했고, 마드야미까는 중관논사를 의미한다고 보아 우마빠(dBu ma pa ⓣ)라고 번역했다.

한편 동아시아의 한문불교 전통에서는 중관학을 삼론三論이라고 불렀다. 용수의《중론中論》과《십이문론十二門論》, 그리고 그 제자인 아리야제바阿利耶提婆(Āryadeva:170~270경)의《백론百論》이라는 '세 가지 논론'에 바탕을 둔 학문이라는 의미이다. 넓은 의미에서 볼 때에는 이런 동아시아의 삼론학 역시 인도, 티베트 전통의 중관학과 함께 중관학의 범위에 포함된다.

《중론》〈청목소〉를 한역한 구마라습鳩摩羅什(Kumārajīva:344~413 혹은 350~409)의 제자인 승조僧肇(374~414 혹은 384~414)가〈물불천론〉이나〈반야무지론〉과 같은 저술에서 《중론》을 인용하면서 최초로 '중관'이라는 호칭을 사용하였으며,1) 후대에 삼론학을 집대성한 길장吉藏(549~623C.E.)은 이를 차용하여 《중론》을《중관론》이라고 불렀는데, 근대 한문불교권의 학자들이 이들의 저술에 사용된 중관이란 용어를 마드야미까 혹은 마드야마까의 번역어로 삼았던 것이다.

중관이란 문자 그대로 '중도中道에 대한 관觀'을 의미한다. 그런데 중도는 중관학의 전유물이 아니다. 한역 아함경阿含經이나 남방불교의 니까야(Nikāya)와 같은 초기불전에도 중도의 가르침이 가득하다. 수행자가 고행만 해서도 안 되지만 쾌락에 탐닉해도 안 된다는 것을 가르치는 고락중도苦樂中道, 모든 사물에 대해 있다는 생각을 내지도 말고 없다는 생각을 내지도 말 것

---

1) 中觀云 觀方知彼去 去者不至方 斯皆卽動而求靜以知物不遷 明矣:〈物不遷論〉,《肇論》, 대정장45, p.151a ; 中觀云 物從因緣故不有 緣起故不無 尋理卽其然矣:〈般若無知論〉, 같은 책, p.152c 등.

을 가르치는 유무중도有無中道, 자아와 오온이 같은 것도 아니고 다른 것도 아님을 가르치는 일이중도一異中道, 형이상학적 물음에 대해 우리의 사유가 구성할 수 있는 그 어떤 답도 부정하며 침묵하는 무기중도無記中道 등이 그것이다.

그런데 이런 중도의 가르침들은 그 성격상 두 가지로 나누어진다. 하나는 실천적 중도이고 다른 하나는 사상적 중도이다. 고락중도는 실천적 중도에 속하고, 유무중도, 일이중도, 무기중도 등은 사상적 중도에 속한다. 중관학에서 가르치는 중도는 이 가운데 사상적 중도에 해당한다.

### 실천적 중도

실천적 중도는 불교 수행과 관계된 중도로 "수행자는 극단적 고행을 수행법으로 삼아도 안 되지만 반대로 쾌락에 탐닉해도 안 된다"는 것을 의미한다. 부처님께서 깨달음을 얻으신 후 녹야원에 가서 교진여 등 다섯 명의 친구들에게 설했던 첫 번째 가르침이 바로 실천적 중도의 가르침이었다. 고苦와 낙樂의 양 극단에서 벗어나 수행할 것을 가르쳤기에 이를 고락중도苦樂中道라고 부르는 것이다.

아함경 등의 불전에서는 이런 고락중도 가운데 낙樂을 세속적 욕락이라고 설명한다. 그런데 부처님께서 성도하시기 전까지의 과정을 면밀히 살펴보면 고락중도의 가르침에서 비판되는 낙樂 속에는 비단 세속적 욕락뿐만 아니라, 삼매의 낙, 즉 삼매의 즐거움도 포함되어 있음을 알 수 있다. 부처님이 되기 전 싯다르타 태자는 알라라 깔라마(Ālāra Kālāma ⓟ)라는 수행자에게서 무소유처삼매無所有處三昧를 배웠고 웃다까 라마뿟따(Uddaka Rāmaputta ⓟ)라는 수행자에게서 비상비비상처삼매非想非非想處三昧를 배웠다고 한다. 무소유처삼매는 주관과 객관이 모두 없어진 깊은 삼매이며, 비상비비상처삼매는 그렇게 없다는 생각조차 사라졌지만, 그렇다고 해서 생각이 아예 없는 것은 아닌 삼매이다.

그런데 싯다르타 태자는 이 두 가지 모두 번뇌를 완전히 제거하지 못하는 수행이라고 배척하였다고 한다. 어떤 테크닉을 통해 얻어지는 삼매의 경지는 그 테크닉을 쓰지 않는 경우 다시 흐트러지고 만다. 또 아무리 즐겁고 황홀한 삼매의 상태에 도달해도 삶과 죽음의 문제, 인생과 우주의 문제 등 그 전까지 갖고 있던 번뇌는 전혀 사라지지 않는다. 삼매에 들어 있을 때만 마음이 편안하고 즐거울 뿐이며, 일상 속에서는 다시 번뇌가 솟는다. 삼매는 번뇌를 누를 뿐이지 궁극적으로 제거하지는 못하기 때문이다. 그래서 싯다르타 태자는 이런 두 가지 삼매(樂)를 버리고 다섯 친구들과 함께 고행(苦)에 들어갔다. 그러나 고행 역시 번뇌를 제거하지 못함을 알았다. 싯다르타 태자는 자리에서 일어나 강가로 내려가 수자타(Sujātā)라는 마을 처녀에게서 우유죽 공양을 받아 드신 후 기운을 차리고 보리수 밑에 마른 풀을 깔고 앉아 당신 나름의 수행을 시작했다. 그 수행이란 삼매도 아니고 고행도 아닌 중도의 수행, 즉 선禪(Dhyāna)

이었다. 선은 자신을 괴롭히는 고행도 아니고 어떤 테크닉을 사용하여 얻어지는 삼매도 아니며 단지 곰곰이 관찰하는 것(정관靜觀, 정려靜慮)일 뿐이다. 싯다르타 태자는 12살 어린 시절 부왕과 함께 농경제에 참가했다가, 벌레가 새에게 쪼아 먹히는 것을 보고 비감에 젖어 염부수 그늘에 앉아 명상에 잠긴 일이 있는데 그때의 그 명상이 바로 선이었다.

선은 세상을 '있는 그대로(Yathābhūtam)' 보는 것에 다름 아니다. 마음을 고요히 만드는 삼매에 지적知的인 관찰이 수반되어야 선禪이 된다. 보리수 아래 앉은 싯다르타 태자는 12살 때 그렇게 선에 들었던 일을 회상하고 그 방식 그대로 자신과 세계에 대해 '있는 그대로' 관찰하기 시작했다. 그리곤 얼마 후 깨달음을 얻어 부처님이 되셨다. 그 깨달음은 사상적 중도에 대한 자각이었다. 실천적 중도인 선 수행의 궁극에서 사상적 중도의 조망이 열린 것이다.

### 사상적 중도

우리는 인생과 우주의 문제, 삶과 죽음의 문제에 대해 고민을 한다. "나는 누굴까?", "나는 왜 태어났을까?", "죽음 이후의 세계가 있는가?", "이 세상 만물은 도대체 어째서 없지 않고 있는 것일까?"…… 이런 고민을 해결하기 위해 우리는 종교인이 되기도 하고, 철학을 공부하기도 하고, 깊은 명상에 빠지기도 한다. 구도를 위한 부처님의 출가 역시 삶과 죽음의 문제를 해결하기 위해서였다. 그런데 이런 물음들에 대해 각 종교, 각 철학마다 각양각색의 답을 제시한다. 어떤 종교에서는 내세에 천국과 지옥이 있다고 가르치고 다른 종교에서는 그와 다른 천국을 얘기하며, 어떤 사상가는 내세는 없으며 종교는 아편과 같이 해로운 것이라고 주장하고 다른 사상가는 종교는 신경증과 같은 일종의 정신질환이라고 가르치며, 어떤 종교에서는 윤회를 가르치고 다른 종교에서는 윤회를 부정한다.

그렇다면 이런 갖가지 내세관 가운데 어떤 것이 진실한 것인지 여부는 우리가 죽어봐야만 확인되는 것일까? 그런 종교적 고민, 철학적 고민을 내가 살아 있는 지금 이 순간에 해결할 수는 없을까? 석가모니 부처님 역시 그런 철학적 종교적 고민을 해결하기 위해 출가하여 구도자의 삶을 사셨다. 그리고 6년의 수행 끝에 깨달음을 얻음으로써 그런 고민들을 모두 해결할 수 있었다. 그것은 '사상적 중도'에 대한 깨달음이었다.

철학적 종교적 고민을 할 때, 우리는 우리의 생각을 사용하여 고민을 한다. 고민을 만들어내는 도구가 바로 우리의 생각이란 말이다. 만일 우리의 머리에 떠오른 생각에 이 세상의 참모습이 그대로 반영된다면, 우리의 생각이 만들어내는 고민 역시 이 세상에 실재하는 진실한 고민일 것이다. 그러나 우리의 생각은 이 세상의 참모습과 무관하게 작동한다. 우리가 이 세상에 대해 그 어떤 생각을 하여도 이 세상의 진상과는 아무런 관계가 없다. 석가모니 부처님께서 깨달으신 사상적 중도는 바로 생각의 허구성에 대한 자각이었다.

중도라는 말을 문자 그대로 풀면 가운데의 길이란 의미가 되겠지만 사상적 의미에서 말하는 중도는, 그런 긍정적 의미가 아니라 "이것도 틀리고 저것도 틀리다"는 비판의 의미를 담고 있다. 앞에서 설명했듯이 실천적 중도의 경우, 고통의 수행인 고행과 쾌락의 수행인 삼매의 양극단을 모두 비판하는데 사상적 중도에서 비판하는 것은 흑백논리에 의해 작동되는 우리 생각의 양극단이다. 우리의 생각은 있음(有)을 부정하면 없음(無)인 줄 알고, 같음(一)을 부정하면 다름(異)인 줄 알며 이어짐(常)을 부정하면 끊어짐(斷)인 줄 안다. 그러나 이런 흑백논리적인 생각은 이 세상의 참 모습과 무관한 우리 생각의 작동 방식일 뿐이다. 그 어떤 사물이든 원래 있는 것도 아니고 없는 것도 아니라서 '비유비무非有非無 중도'이고, 연관된 두 개의 사태가 원래 같은 것도 아니고 다른 것도 아니기에 '불일불이不一不異 중도'이며, 시간적으로 전후의 것이 서로 이어진 것도 아니고 끊어진 것도 아니라서 '불상부단不常不斷 중도'이다. 왜냐하면 이 세상 모든 것이 서로 얽혀 있기 때문이다.

"서로 얽혀 있다"는 이 세상의 진상을 불교용어로 연기緣起라고 부른다. 연緣은 얽힘을 뜻하고 기起는 발생을 의미한다. 사물도 얽혀 있고 생각도 얽혀 있다. 시간적으로든 공간적으로든 모두 얽혀 있다. 홀로 존재하는 사물은 없다. 홀로 떠오른 생각도 없다. 반드시 다른 어떤 것에 얽혀야 사물이든 생각이든 발생할 수 있다. 간단한 예를 들어, 우리가 어떤 방에 들어가서 '참으로 큰 방이다'라는 생각이 들었을 때, 큰 방이라는 그런 생각은 홀로 떠오른 것이 아니다. 다른 어떤 작은 방을 염두에 두고 있었기에 그 방에 대해 큰 방이라는 생각을 떠올릴 수 있는 것이다. 만일 더 큰 방을 염두에 두고 있었다면 동일한 그 방에 대해 '참으로 작은 방이다'라는 생각을 떠올렸을 것이다. 어떤 하나의 방은 원래 큰 것일 수도 없고 원래 작은 것일 수도 없다. 동일한 하나의 방이, 염두에 둔 다른 방과의 비교를 통해 어떤 때는 크다고 판단되고 다른 때는 작다고 판단된다. 그런데 여기서 어떤 하나의 방의 크기에 대한 크다는 생각은 마음속에 염두에 둔 작은 방이라는 생각과 함께 발생한다(緣起). 원래 큼도 작음도 없었는데 생각의 세계에 큼과 작음이 함께 들어오는 것이다. 큼만 홀로 떠오르든지, 작음만 홀로 떠오르지 못한다. 큼은 반드시 작음과 얽혀서 떠오르고, 작음은 반드시 큼과 얽혀서 떠오른다. 이것이 연기緣起이다. 큰 방이라는 생각은 작은 방이라는 생각과 얽혀서 발생한 것일 뿐이다. 그 방은 원래 큰 방도 아니고 작은 방도 아니다. 그런데 어떤 방에 대해 크다고 생각하거나 작다고 생각하는 것이 바로 흑백논리적인 생각이다. 큼이 흑이라면 작음은 백이다. 그러나 큼과 작음이 서로 얽혀서 발생한다는 점, 즉 연기관계에 있다는 점을 자각할 때, 우리는 그 방이 원래 큰 것도 아니고 작은 것도 아니라는 점(非大非小)을 알게 된다. 이것이 방의 크기에 대한 중도적 조망이다. 그리고 우리의 생각을 이루는 다른 모든 개념들 역시, 큼과 작음이라는 개념과 마찬가지로 연기緣起한 것들이다.

### 사상적 중도와 죽음의 극복

싯다르타 태자가 왕궁을 버리고 출가하여 수행의 길에 들어선 가장 큰 목적은 죽음의 문제를 풀기 위한 것이었다. 출가를 만류하는 부왕에게 "죽음이 없는 길을 알려 주면 출가하지 않겠다"고 말씀하신 일화가 이를 예증한다. 출가 후 싯다르타 태자는 죽음을 넘어선 경지를 찾기 위해 고행도 해보고 갖가지 삼매도 닦아보았지만, 출가의 동기가 되었던 죽음에 대한 번민은 사라지지 않았다. 그러다가 이전까지의 수행을 모두 버리고 보리수 아래에 앉아 이 세상을 있는 그대로 관찰하는 선禪 수행에 들어갔으며, 어느 날 새벽 마침내 깨달음을 얻었던 것이다. 그리고 외친 첫마디가 "나는 불사不死(Amṛta)를 얻었다"는 말이었다. '불사'의 산스끄리뜨 원어인 아므리따(Amṛta)는 감로甘露라고 번역되기도 하지만 문자 그대로 풀면 죽지 않음을 의미한다. 상식적으로 생각할 때 누군가 불사를 얻었다면 결코 죽지 말아야 할 것이다. 그런데 35세에 "불사를 얻었다"고 선언하신 석가모니 부처님께서는 45년이 지나 80세가 되자 꾸쉬나가라(Kuśinagara) 사라쌍수沙羅雙樹 아래 누워 돌아가신다. 그렇다면 석가모니 부처님께서 외치신 '죽지 않음'은 우리가 일반적으로 생각하는 '죽지 않음'과는 다른 그 무엇일 것이다. 그 의미는 무엇일까? 이에 대해 설명하기 전에 먼저 불사不死라는 말에 대해 분석해 보자.

불사의 산스끄리뜨 원어는 아므리따(Amṛta)이다. 부정을 뜻하는 a라는 접두사에 죽음을 의미하는 어근 √mṛ의 과거수동분사 mṛta가 결합된 말이다. 우리 한문불교권에서는 일반적으로 이를 불사라고 번역해왔지만, 이는 무사無死라고 번역될 수도 있고 비사非死라고 번역될 수도 있다. 동아시아 언어에서는 부정표현이 다양하다. 그러나 산스끄리뜨를 포함하는 인도-유럽 어족의 언어에서는 부정표현이 단순하다. 예를 들어 영어의 경우 "He is not happy(그는 행복하지 않다)", "There is not a boy(거기에 소년이 없다)", "He is not a boy(그는 소년이 아니다)"라는 세 가지 부정표현 모두에서 'is not'이라는 한 가지 문구만 사용되었지만 이 세 문장에 사용된 'is not'을 우리말로 번역하면 각각 차례대로 '않다(不)'와 '없다(無)'와 '아니다(非)'가 된다. 이와 마찬가지로 아므리따를 동아시아의 한문으로 옮길 경우 '불사', '무사', '비사'라는 번역어가 모두 가능하다. 이런 통찰에 비추어 볼 때 우리가 지금까지 주로 무아無我로 번역해 온 안아뜨만(Anātman) 역시 비아非我라고 번역해도 된다는 것을 알 수 있다. 또《반야경》에 자주 등장하는 불생불멸不生不滅이라는 말 역시 무생무멸無生無滅이나 비생비멸非生非滅로 번역할 수 있다. 어떤 번역어를 사용하는 것이 정당한지 여부는 이런 부정표현이 쓰인 맥락을 보고 판단하면 된다.

"나는 불사를 얻었다"는 석가모니 부처님의 선언에 쓰인 아므리따(Amṛta)라는 단어의 경우 불사不死가 아니라 비사非死나 무사無死로 번역할 때 그 의미가 확연히 드러난다. 석가모니 부처님께서는 보리수 아래 앉아 "죽음이 죽음이 아니다(非死)"라는 점, 또는 "죽음이란 없다(無死)"는 점을 깨달으신 것이다. 보리수 아래에 앉기 전까지 싯다르타 태자를 심각하게 고민하게 만들었던 죽음이란 것이 알고 보니 실재하는 것이 아니라 우리의 생각이 구성해 낸 허구였다. 우리가 죽을 때, 깨닫기 전에 그렇게 두려워했던 그런 식의 죽음이 닥치는 것이 아니다. 우리가 맞이할 죽음은 옛날에 생각했던 그런 식의 죽음이 아니다(非死). 보다 엄밀히 말하면 죽음은 없다(無死).

앞에서 "큰 방도 원래 없고 작은 방도 원래 없다"는 조망, 즉 방의 크기에 대한 중도적 조망을 "모든 것이 얽혀 있다"는 연기설과 관련하여 설명한 바 있다. 큰 방이 원래 있고 작은 방이 원래 있다고 보는 것은 흑백논리에 의해 작동되는 우리의 생각이 만들어 낸 거짓이다. 이와 마찬가지로 죽음이 있다는 생각 역시 우리가 머리를 굴려서 만들어 낸 거짓이다. 우리가 어떤 생각을 하기 위해서는 반드시 그 전제가 되는 생각이 필요하다. 죽음이라는 생각의 경우도 이는 마찬가지다. 굳이 문장으로 표현해 내진 않았어도, 우리는 '지금 내가 살아 있다'는 생각의 전제 위에서 자신의 죽음을 떠올린다. 지금 '살아 있다'고 생각하기에 언젠가 '죽을 것이다'라는 생각을 떠올릴 수 있는 것이다. 마치 작은 방을 염두에 두니까 큰 방이라는 생각이 떠오를 수 있듯이, '지금 확실하게 살아 있다'는 생각의 전제 위에서 '앞으로 언젠가 죽을 것이다'라는 생각이 떠오를 수 있다.

이와 반대로 우리 자신이 지금 '확실하게 살아 있다'는 생각은 '앞으로 언젠가 죽을 것이다'라는 생각의 전제 위에서 떠오른 것이다. 대부분의 사람들은 윤회를 모르고 내생을 모른다. 대부분의 사람에게 윤회의 사실 여부와 내생의 존재는 믿음의 차원에 속하는 일일 뿐이다. 우리가 감각적으로 확인할 수 있는 한도 내에서 판단한다면 죽음 이후는 무無이다. 탄생 이전도 마찬가지다. 숙명통이 열린 수행자나 전생을 기억하는 특수한 몇 사람을 제외한 대부분의 사람들에게는 탄생 이전도 무이다. 우리가 죽음을 두려워하는 것은 죽음 이후의 무에 대한 두려움이다. 우리 대부분은 죽음 이후 사라질 것을 두려워하기에 "개똥밭에 굴러도 이승이 낫다"라는 속담에 공감한다.

 이런 생각들에 토대를 두고 우리는 살아 있음에 안도하고 죽음을 두려워한다. 그런데, 나의 죽음을 내가 체험할 수 있을까? 죽음 이후에 무가 된다면, 그런 무를 내가 지각할 수 있을까? 결코 그럴 수는 없을 것이다. 죽음 이후에는, 그런 무를 지각하는 나도 무가 되어 버리기 때문이다. 죽음 이후의 무는 나에게 지각되지 않는다. 탄생 이전의 무 역시 마찬가지다. 내가 태어나기 이전의 무를 나는 대면한 적이 없다. 죽음 이후의 무와 탄생 이전의 무는 우리의 생각 속에만 있을 뿐 실재하는 것이 아니다. 그럼에도 불구하고 우리는 탄생 이전의 무와 죽음 이후의 무를 실재하는 것으로 설정한 후, 그와 대비시켜 지금 이 순간을 살아 있는 순간이라고 규정한다. 그러나 탄생 이전의 무를 체험한 적이 없고, 죽음 이후의 무를 체험할 수가 없기에 지금 이 순간에 대해 유有라거나 "살아 있다"는 말을 붙일 수가 없다. 엄밀히 말해 우리는 지금 "살아 있는 것도 아니다."

작은 방을 염두에 두니까 큰 방이라는 생각이 떠오르듯이 죽음 후의 무를 실재한다고 생각하기에 지금의 이 순간에 대해 '살아 있음'이라고 규정을 하게 되는 것이다. 그러나 작은 방을 염두에 두지 않으면 어떤 방에 대해 큰 방이라는 생각을 떠올릴 수 없듯이, 죽음 후의 무가 실재하지 않기에 지금 이 순간에 대해서도 '살아 있음'이라고 규정할 수 없으며, 지금의 내가 살아 있는 것도 아니기에, 삶이 소멸하는 죽음이 존재할 수도 없다. 원래 삶도 없고 죽음도 없는데 죽음이 있다는 망상을 떠올리는 순간 지금 살아있다는 착각을 하게 되고, 내가 지금 살아 있다고 착각하는 순간 죽음이라는 생각이 발생하는 것이다. 삶과 죽음이라는 것은 연기緣起한 생각일 뿐 실재하는 것이 아니다. 따라서 우리가 죽음에 대해 고민하고 죽음을 두려워하는 것은 모두 허구의 행동일 뿐이다. 우리가 이 점을 투철하게 자각할 때, 눈 뜨고 살아 있는 지금 이 순간에 죽음과 관계된 분별의 고통이 해소된다. 참으로 희한하고 신비하지 않을 수 없다. 죽음에 대해 고민하려고 해도 고민할 수가 없다. 죽음이 없기 때문이다.

**위빠싸나 수행을 통한 죽음의 극복**

이상과 같은 방식으로 죽음의 실재성을 비판하는 것은 삶이라는 개념과 죽음이라는 개념이 서로 의존하며 이루어진 것,

즉 연기한 것이라는 조망에 토대를 둔다. 그리고 이것이 바로 중관학적中觀學的인 방식이다. 그런데 죽음이 존재할 수 없다는 점을 자각하게 하는 또 다른 방법이 있다. 그것이 현재 남방상좌부 불교권에 널리 퍼져 있는 위빠싸나(Vipassanā ⓟ) 수행이다. 전통적으로 위빠싸나를 관觀이라고 한역한다. 불전을 보면 지止로 한역되는 사마타(Samatha ⓟ)와 함께 묶어서 지관止觀(Samatha-Vipassanā ⓟ)이라고 쓰는 경우가 많다. 사마타-위빠싸나, 또는 지관이라는 불교 수행은 오묘하거나 난해한 것이 결코 아니다. 우리는 무엇을 알아내려 할 때 곰곰이 생각하거나 가만히 관찰하는데, 사마타는 이중 곰곰이 또는 가만히 하는 작용에 해당하고, 위빠싸나는 생각하거나 관찰하는 작용에 해당한다. 지관이란, 우리가 일상에서 곰곰이 생각하는 것을 불교수행법으로 체계화한 것에 다름 아니다. 곰곰이 생각하는 대상이 삶과 죽음, 인생과 우주와 같은 근원적인 문제, 또 수행자 자신의 몸과 마음에서 일어나는 원초적인 현상이라는 점에서 일반적인 '곰곰이 생각함'과 차별될 뿐이다.

위빠싸나 수행자는 자신의 몸과 마음에서 일어나는 모든 현상을 순간순간으로 잘라서 세밀하게 관찰한다. 가만히 앉아 호흡하면서 자신의 몸에서 일어나는 현상에 대한 관찰로 수행을 시작한다. 호흡할 때 시린 공기가 코를 통해 들어오면서 배가 불룩해질 때 일어나는 신체감각의 변화, 따스해진 공기가 코를 통해 나갈 때 배가 홀쭉해지면서 일어나는 신체감각의 변화를 '있는 그대로(Yathābhūtam)' 관찰한다. 그렇게 관찰하다가 잡념이 들 때는 다시 그 잡념을 있는 그대로 관찰한다. 그리고 다시 호흡과 함께 일어나는 신체감각을 관찰한다. 현대의 위빠싸나 지도자들 중 어떤 사람은 배에서 일어나는 신체감각을 중시하고, 다른 사람은 코에서 일어나는 신체감각을 중시하지만 두 경우 모두 수행의 목적은 동일하다.

그 어떤 변형이든 위빠싸나 수행의 목적은 무상無常(Anitya)을 철저하게 자각하게 하는 데 있다. 호흡이든, 호흡과 함께 일어나는 신체감각이든, 호흡을 주시하다가 일어난 잡념이든, 몸과 마음에서 일어나는 모든 현상들은 단 하나도 그대로 머물러 있지 않는다. 계속 변화한다. 계속해서 새로운 피부감각과 신체감각과 잡념들이 나타난다. 자신의 몸과 마음에서 일어나는 현상들을 있는 그대로 관찰하는 위빠싸나 수행자는 결국 모든 것이 무상하다는 진리를 깨닫게 된다. 그리고 이런 무상성無常性에 대해 철저히 자각할 경우 우리의 몸과 마음 가운데 그 어떤 곳에도 우리가 안주할 영원한 곳, 또는 우리가 부여잡을 영원한 것이 없음을 알게 된다. 이것이 바로 무아無我(Anātman)에 대한 자각이고 고苦(Duḥkha)에 대한 자각이다. 그때 수행자에게 이렇게 순간순간 변화하고(無常) 영원히 안주할 곳이 없으며(無我) 자신의 의도와 관계없이 뜻하지 않은 일들이 발생하는(苦) 세간에 다시는 태어나고 싶지 않은 마음이 생기게 된다. 이것이 윤회에서 벗어나고자 하는 마음, 즉 열반涅槃(Nirvāṇa)하고자 하는 마음인 것이다.

그런데 위빠싸나 수행을 통해 무상에 대한 자각이 철저해질 때, 수행자는 '죽음이 없다'는 사실 또한 알게 된다. 나의 죽음은 물론이고 남의 죽음도 허구이다. 누군가가 죽는다는 것은, 그가 존재하고 그가 살아 있어야만 가능한 일이다. 살아 있어야 죽을 수 있고, 존재하는 것만이 사라질 수 있다. 그런데 살아 있다거나 존재한다는 것이 무슨 의미일까?

'내가 살아 있다'는 것이 확고한 사실로서 성립하려면, 10분 전의 나와 지금의 내가 동일인이고, 어제의 나, 작년의 나, 10년 전의 내가 지금의 나와 동일인이어야 한다. 그런데 위빠사나 수행을 통해 우리는 단 한 순간도 동일한 순간이 없음을 철견徹見하게 된다. 매 순간 몸과 마음에서 일어난 모든 현상은 사라진다. 거꾸로 매 순간 몸과 마음 모두에서 새로운 현상이 일어난다. 모든 현상이 사라지는 순간 그대로가 모든 현상이 일어나는 순간이다. 발생하는 순간이 그대로 소멸하는 순간이다. 생이 곧 멸이다(生卽滅).

이는 비단 우리의 몸과 마음에만 해당하는 진리가 아니다. 바깥 사물도 매 순간 낡아가고 있고 매 순간 새로워지고 있다. 타인의 몸과 마음도 매 순간 변화한다. 이런 자각이 철저해질 때, 우리는 '누군가가 살아 있다'거나 '무엇이 존재한다'는 생각의 허구성을 깨닫게 된다. 누군가가 살아 있어야 그가 죽을 수 있고 그 무엇이든 확고하게 존재해야만 그것이 사라질 수 있는 법인데, 살아 있다는 생각이나 존재한다는 생각 모두 무상의 진리에 몽매하여 발생한 착각일 뿐이다. 나는 물론이고 남에 대해서도 확고하게 살아 있다는 규정을 할 수가 없고, 일반 사물에 대해서도 확고하게 존재한다는 규정을 할 수가 없다. 그 어떤 것도 살아 있지 않고 존재하지도 않는다. 따라서 그 어떤 것도 죽을 수 없고, 소멸할 수 없다. 그래서 "삶도 없고 죽음도 없으며 존재도 없고 소멸도 없다"는 선언이 가능한 것이다.

**사상적 중도와 깨달음의 의미**

'살아 있음'과 '죽음'이 모두 허구라는 점을 자각하는 방법에는 두 가지가 있다. 첫째는 중관학적인 방식으로 앞에서와 같이 삶이란 개념과 죽음이란 개념이, 원래 있는 것이 아니라 연기緣起한 것이라는 점을 자각하는 분석적 사유의 방법이고, 둘째는 위와 같이 위빠싸나 수행을 하여 모든 것이 무상함을 자각하는 것으로 직관적 지각의 방법이다.

석가모니 부처님께서 깨달음을 얻은 후 "나는 죽지 않는다(不死 Amṛta)." [또는 "죽음이 죽음이 아니더라(非)", 또는 "죽음은 없다(無)"] 라고 외친 것은 살아 있다거나 죽는다는 것 모두 우리의 생각이 구성해 낸 허구라는 선언이었다. 그리고 이것이 바로 "삶도 없고 죽음도 없다(無生無死)." [또는 "살아 있지도 않고 죽지도 않을 것이다(不生不死)", 또는 "삶이 삶이 아니고 죽음이 죽음이 아니다(非生非死)"] 라는 중도의 선언이었던 것이다.

지금까지 큰 방과 작은 방, 그리고 삶과 죽음을 예로 들면서,

사상적 중도의 의미에 대해 풀이해 보았다. 비유비무非有非無, 불일불이不一不異, 불상부단不常不斷 등으로 표현되는 사상적 중도란 있음(有)과 없음(無), 같음(一)과 다름(異), 이어짐(常)과 끊어짐(斷), 그리고 큼(大)과 작음(小), 살아 있음(生)과 죽음(死) 등 양분된 생각에 근거하여 흑백논리적으로 작동되는 우리의 사고방식에 대한 비판이다. 그리고 이와 같은 과정을 통해 우리는 우리의 생각이 구성해 낸 종교적 철학적 고민들이 모두 허구였음을 자각하게 된다. 그런 고민들이 세상에 실제로 있는 문제가 아니라 우리의 생각이 만들어낸 거짓의 고민이었음을 자각하게 된다.

'나는 누굴까?'라는 의문은 내가 있다는 전제 위에서 구성된 것이고, '나는 왜 태어났을까?'라는 의문은 내가 있다는 전제와 함께 태어남이 있다는 전제 위에서 구성된 것이며, '죽음 이후의 세계가 있는가?'라는 고민에는 죽음이 있다는 전제가, '이 세상 만물은 도대체 어째서 없지 않고 있는 것일까?'라는 고민에는 이 세상 만물이 있다는 전제가 깔려 있다. 그러나 연기緣起에 대해 자각할 때 이 모두 허구의 전제들임을 알게 된다. 그리고 우리의 생각에 깔려 있는 이런 허구의 전제를 비판하는 선언이 바로 '사상적 중도'인 것이다.

생각의 양극단을 비판하는 이런 사상적 중도를 자각함으로써 우리는 그동안 우리가 품고 있던 종교적 철학적 고민에서 해방된다. 모든 종교적 철학적 고민이 해소되는 것이다. 불교에서 말하는 지혜는 이와 같은 해소의 지혜이며 해체의 지혜이다.

해체의 지혜는 무명을 깨는 지혜이고 어리석음(癡心)에서 벗어나는 지혜이며 우리의 인지認知를 정화하는 지혜이다. 그리고 이런 해체의 지혜가 열려야 탐욕과 분노와 교만과 같은 감성적인 번뇌도 그 뿌리가 완전히 뽑힐 수 있다. 이렇게 인지와 감성의 속박에서 벗어난 수행자, 다시 말해 마음에 맺힌 것이 사라진 수행자가 바로 아라한이다. 아라한이 된 수행자에게는 다음과 같은 자각이 생긴다.

나의 삶은 이제 다 끝났다.
고결한 삶도 완성되었고,
할 일을 다 했으니,
앞으로 다시 태어나지 않을 것을 나 스스로 아노라.

이런 자각을 "자신이 해탈했다는 점을 스스로 안다"는 의미에서 해탈지견解脫知見이라고 부르며 우리 한문 불교권에서 흔히 말하는 깨달음이 바로 이에 해당한다. 아라한이 될 경우 계, 정, 혜, 해탈, 해탈지견의 다섯 가지 공덕을 갖추게 된다. 번뇌를 모두 깬 것은 해탈이지만, 그렇게 번뇌를 깬 것을 아는 것이 불교의 깨달음인 해탈지견이다. 내가 깨달았는지 아닌지는 그 누구보다 나 스스로 제일 잘 안다. 깨달았다는 것은 탐욕(貪), 분노(瞋), 교만(慢), 어리석음(癡)과 같은 번뇌 모두에서 벗어났다는 것을 의미하는데, 나에게 음욕과 재물욕과 식욕과 수면욕과 명예욕의 오욕락五欲樂에 대한 욕망(欲愛)이나 내생에 하늘나라에라도 다시 태어나고 싶은 욕망(有愛)과 같은 욕구들이 아직 남아 있는지 아닌지(貪), 내가 꿈에라도 화를 낸 적이 있는지 없는지(瞋), 나에게 잘난 체하는 마음이 있는지 없는지(慢), 내가 나와 세계, 삶과 죽음, 인생과 우주의 실상에 대해 철저히 알고 있는지 아닌지(痴)에 대해서는 누구보다도 나 자신이 제일 잘 알기 때문이다.

탐욕과 분노와 교만을 버리지 못한 사람들은 죽은 후 다른 모체의 자궁 속에 들어가 수정란에 부착되어 다시 태어난다. 죽은 후 다시 태어나기까지 떠도는 영혼을 중음신中陰身이라고 부른다. 사망과 탄생의 중간 단계에 있는 존재라는 의미이다. 인간으로 태어날 중음신의 경우, 남녀가 성교하는 모습을 보고, 음심淫心을 내어 모체의 자궁 속 수정란과 결합한다고 한다. 그러나 감성과 인지認知의 모든 속박들이 사라진 아라한은 다시는 자궁 속의 수정란에 부착되지 않는다. 마음에 맺힌 것이 없기 때문이다. 감성과 인지가 모두 해체된 아라한에게는 다시는 윤회의 세계가 나타나지 않는 것이다.

사상적 중도의 가르침을 통해 우리의 인지를 정화할 때 그 근거가 되는 것은 바로 연기緣起의 이치이다. 그래서 유有와 무無, 일一과 이異, 상常과 단斷 등 이것과 저것을 모두 비판하는 중도의 교설 이후에 반드시 연기의 교설이 제시된다. 그 예를 보자. 부처님께서는 가전연을 교화하며 다음과 같이 유무중도有無中道의 가르침을 베푸셨다.

가전연이여! 이에 대해 의심하지 않고, 미혹되지 않고, 남(他)으로 말미암는 것이 아니라 스스로 알 수 있는 것, 이것을 정견이라 이름 하는데 여래가 설한 것이니라. 왜 그런가? 가전연이여! 세상만사가 인연이 모여 생하는 것임(集起)을 있는 그대로 보는 자는 세상만사에 대해 무견無見을 내지 않는다. 세상만사가 사라지는 것(滅)을 있는 그대로 보는 자는 세상만사에 대해 유견有見을 내지 않는다. 여래는 두 가지 극단(二邊)을 떠나 중도中道를 설하는데 이는 다음과 같으니라. 이것이 있음에 저것이 있고, 이것이 생함에 저것이 생한다. 즉, 무명을 연緣하여 행이 있고······생로병사와 우비뇌고憂悲惱苦가 있느니라. 또 이것이 없음에 저것이 없고, 이것이 멸하기에 저것이 멸한다. 즉, 무명이 멸하면 행이 멸하고······생로병사와 우비뇌고가 멸하느니라.2)

여기서는 세상만사에 대해 있다거나 없다고 보는 극단적 생각에서 벗어난 것이 중도라고 말한 후 이를 십이연기의 가르침과 동치同値시킨다. 세상만사는 인연에 의해 발생하고 인연이 제거되면 사라진다. 따라서 그 어떤 것에 대해서도 "확고하게 존재한다"고 규정할 수가 없지만, 그렇다고 해서 "전혀 존재하지 않는다"고 규정할 수도 없다. 이러한 중도적 조망이 모든 존재의 참모습이다.

---

2) 迦旃延 於此不疑・不惑・不由於他而能自知 是名正見 如來所說 所以者何 迦旃延 如實正觀世間集者 則不生世間無見 如實正觀世間滅 則不生世間有見 迦旃延 如來離於二邊 說於中道 所謂此有故彼有 此生故彼生 謂緣無明有行 乃至生・老・病・死・憂・悲・惱苦集 所謂此無故彼無 此滅故彼滅 謂無明滅則行滅 乃至生・老・病・死・憂・悲・惱苦滅:《雜阿含經》, 대정장2, p.67a.

### 사상적 중도와 무기설의 취지

그런데 우리 사유의 이율배반적 성격을 비판하는 이러한 사상적 중도는 무기설無記說이라고 불리는 부처님의 침묵에서 보다 확연히 드러난다. 통상적으로 무기無記의 소재가 되는 전형적인 난문難問은 다음과 같이 네 부류로 나누어진다.

A. 세간과 자아에 ①끝이 있는가(有邊), ②끝이 없는가(無邊), ③끝이 있으면서 없는가, ④끝이 있지도 않고 없지도 않은가?
B. 세간과 자아는 ①상주하는가(常), ②무상한가(無常), ③상주하면서 무상한가, ④상주하지도 않고 무상하지도 않은가?
C. 영혼과 육체는 ①같은가(一), ②다른가(異), ③같으면서 다른가, ④같지도 않고 다르지도 않은가?
D. 여래는 사후死後에 ①존재하는가(有), ②존재하지 않는가(無), ③존재하면서 존재하지 않는가, ④존재하는 것도 아니고, 존재하지 않는 것도 아닌가?[3]

네 부류의 난문은, 여기서 보듯이 ①, ②, ③, ④와 같은 네 가지 방식의 판단으로 다시 나누어진다. 이런 네 가지 방식의 판단을 사구四句(Catuḥ koṭi)라고 부른다. 부처님께서는 이렇게 사구로 이루어진 네 부류의 질문 모두에 대해 침묵을 지키는데,《전유경》에서는 침묵의 이유에 대해 설명하면서 독화살의

---

3) 이렇게 4가지 소재 각각에 대해 4구적인 난문을 제기할 경우 총 16가지 난문이 되며, 이 가운데 A, B, C 각각의 ③, ④가 빠지면 빠알리경전(Dīgha Nikāya, Vol. I , pp.187~188 등)의 10난문이 되며, C의 ③, ④만 빠지면 한역《雜阿含經》(대정장2, p.245c 등)의 14난문이 된다.

비유를 든다. 이런 의문에 매달리는 사람은 독화살을 맞았는데도 '나는 이 화살을 누가 쏜 것인지, 이 화살이 무엇으로 만들어졌는지 알기 전까지는 화살을 뽑지 않겠다'고 생각하는 사람과 같이 어리석은 사람이다.4) 이런 의문들은 무의미하고(非義), 진리와 아무 상관이 없으며(非法), 청정한 수행과도 무관하고(非梵行), 불교수행의 목표인 열반과 전혀 관계가 없기(不與涅槃相應) 때문에 부처님께서는 이에 대해 답을 하지 않는다.5)

이렇게 네 부류의 난문으로 구성된 무기설은 《전유경》이외에도 초기불전 도처에 등장한다. 또, 이 이외에도 고락苦樂의 자작자각自作自覺, 타작타각他作他覺의 문제, 자아가 있는지 없는지의 문제 등도 무기의 소재가 된다. 다음을 보자.

어떤 바라문이…… 부처님께 아뢰었다. "어떠합니까, 구담瞿曇(Gautama)이시여, 자작자각自作自覺입니까?" 부처님께서 바라문에게 고하셨다. "나는 이것을 무기(無記: 언표되지 않는다)라고 설한다. 자작자각, 이는 무기이니라." "어떠합니까, 구담이시여, 타작타각他作他覺입니까?" 부처님께서 바라문에게 고하셨다. "타작타각, 이는 무기이니라." 바라문이 부처님께 아뢰었다. "어찌서 자작자각을 여쭈어도 무기라고 말씀하시고 타작타각을 여쭈어도 무기라고 말씀하십니까? 이는 어찌된 일입니까?" 부처님께서 바라문에게 고하셨다. "자작자각이라면 상견에 떨어지고, 타작타각이라면 단견에 떨어진다. 의설義說과 법설法說은 이런 양극단을 떠나 있다. 그래서 중도中道에 처

---

4) 《佛說箭喻經》, 대정장1, pp.917c~918a.

5) 此不可記 云何不可記 此非是義 亦非法 非是梵行 不成神通 不至等道 不與涅槃相應: 위의 책, p.918b.

하여 다음과 같이 설한다. 이것이 있음에 저것이 있고 이것이 생함에 저것이 생한다. 무명을 연緣하여 행이 있고……그래서 오직 고苦 뿐인 엄청난 오온들이 연생緣生한다. 무명이 멸하면 행이 멸한다……그래서 오직 고뿐인 엄청난 오온들이 소멸한다."6)

이 경문經文만으로는 질문과 답변의 의미가 명확히 드러나지 않지만, 이와 동일한 문제를 다루는 다른 경문7)과 비교해 보면 이는 다음과 같이 풀이될 수 있다: 불교에서는 자업자득自業自得의 인과응보설을 말한다. "내가 선악善惡의 업을 짓고 그 업에 대한 고락苦樂의 과보를 내가 받는다"는 이론이다. 그런데 무상無常, 무아無我의 가르침과 이런 인과응보설을 대조해 보면 상호 모순이 발견된다. 내가 업을 짓고 내가 그 과보를 받는다면 업을 지었던 나와 과보를 받는 내가 동일해야 하기에 무상, 무아의 가르침에 위배된다. 그렇다고 해서 업을 짓는 자와 과보를 받는 자를 다른 사람이라고 본다면 인과응보의 법칙이 무너진다. 이런 딜레마에 대한 물음이 위에서 바라문이 제기하는 '자작자각, 타작타각의 난문'이다. 그러나 고락을 초래하는 업을 스스로 짓고(自作) 그에 대한 고락의 과보를 스스로 받는다(自覺)면

---

6) 有異婆羅門來詣佛所 與世尊面相慶慰 慶慰已 退坐一面 白佛言 云何 瞿曇 爲自作自覺耶 佛告婆羅門 我說此是無記 自作自覺 此是無記 云何 瞿曇 他作他覺耶 佛告婆羅門 他作他覺 此是無記婆羅門白佛 云何 我問自作自覺 說言無記 他作他覺 說言無記 此義云何 佛告婆羅門 自作自覺則墮常見 他作他覺則墮斷見 義說・法說 離此二邊 處於中道而說法 所謂此有故彼有 此起故彼起 緣無明行 乃至純大苦聚集 無明滅則行滅 乃至純大苦聚滅: 《雜阿含經》, 대정장2, p.85c.

7) 위의 책, p.62a.

짓는 자와 받는 자가 동일하다는 말이 되어 상견常見의 극단에 빠지게 된다. 모든 것이 무상하고 무아이기에 업을 지을 때의 행위자와 그 과보를 받을 때의 감수자가 서로 남남이어야 한다면 남이 지은(他作) 업의 과보를 남이 받는 꼴(他覺)이 되는데 이는 행위자와 감수자가 전혀 다른 사람이라고 보는 단견斷見의 극단이 되고 만다. 따라서 '자작자각'이든 '타작타각'이든 모두 옳은 판단이 아니다. 이 세상의 진상은 이렇게 상반된 극단적 판단에 의해 규정되는 것이 아니다. 양극단을 떠난 중도中道로서의 연기가 이 세상의 참모습이다. 즉, "이것이 있음에 저것이 있고……이것이 멸함에 저것이 멸한다"8)는 연기의 진리, 보다 구체적으로는 "무명을 연하여 행이 있고, 행을 연하여 식이 있고……무명이 멸함에 행이 멸하고 행이 멸함에 식이 멸하며……생이 멸함에 노사가 멸한다"는 십이연기의 진리가 이 세상의 참모습인 것이다.

삼법인三法印에서 보듯이 제법무아諸法無我는 부처님 가르침의 근간이다. 그런데 이것이 도그마가 되어서는 안 된다. 이런 무아의 가르침은 '상주불변하는 자아가 있다'는 생각을 비판하기 위해 제시된 것일 뿐이다. 그에 대해 집착할 경우 무기無記의 소재가 되어 다음과 같이 다시 비판된다.

---

8) 이는 연기공식緣起公式으로 그 전체는 다음과 같다: '이것이 있음에 저것이 있고, 이것이 생함에 저것이 생한다. 이것이 없음에 저것이 없고 이것이 멸함에 저것이 멸한다(此有故彼有 此起故彼起 此無故彼無 此滅故彼滅).'

이와 같이 내가 들었다. 어느 때인가 부처님께서 왕사성 가란타죽원에 머물고 계실 때 바차 종족의 출가자가 부처님 계신 곳으로 와서 합장한 후 다음과 같이 여쭙고 한편에 물러나 앉았다: "어떠하옵니까, 구담이시여, 자아가 있습니까?" 그 때에 세존께서는 묵묵히 앉아 답을 하지 않으셨다. 그런 질문을 두세 번 되풀이해도 세존께서는 역시 두세 번 모두 답을 하지 않으셨다. 그 때에 바차 종족의 출가자는 다음과 같이 생각하였다: '내가 세 번 사문 구담에게 물었는데 답을 하지 않는다. 돌아가 버려야겠다.' 그때 아난존자는 부처님 뒤에서 부처님께 부채를 부쳐드리고 있었는데, 이를 보고 다음과 같이 부처님께 여쭈었다: "세존이시여, 저 바차 종족의 출가자가 세 번이나 물었는데 세존께서는 어째서 답을 하지 않으셨습니까? 이 어찌 저 바차 종족 출가자의 잘못된 사견을 더 늘이는 꼴이 되지 않겠습니까? 저 사람은 자기의 질문에 사문 구담께서 답을 하지 못했다고 떠들 것입니다." 부처님께서 아난에게 고하셨다. "내가 만일 자아가 있다고 답했다면 그가 원래 갖고 있던 잘못된 사견만 더 키우는 꼴이 되느니라. 만일 무아라고 답했다고 해도 그가 원래 어리석은 자인데 어찌 그 어리석음을 더 키우는 꼴이 되지 않았겠느냐. 앞에서 그는 자아가 있다고 말했었지만 그 다음부터는 단멸론에 빠지게 될 것이니라. 원래 갖고 있던 유아有我라는 생각은 상견常見이고, 지금 갖는 단멸론은 단견斷見이니라. 여래는 양극단(二邊)을 떠난 중도中道에 의거하여 다음과 같이 설하느니라: 이러한 것이 있기에 이러한 것이 있고, 이러한 것이 일어나기에 이러한 것이 생한다. 즉, 무명을 연하여 행이 있고······생로병사우비뇌고가 소멸한다." 부처님께서 이 경을 설하시자 아난존자는 부처님의 말씀을 듣고 기뻐하며 받들어 행하였다.9)

부처님 당시 우빠니샤드(Upaniṣad)의 철학자들을 포함한 인도의 많은 수행자들은 변치 않는 자아, 몸은 죽어도 죽지 않을 영원한 자아인 아뜨만(Ātman)을 발견하기 위해 노력했다. 성도하기 전의 사문沙門 구담瞿曇(Gautama) 역시 이를 추구하는 수행자 가운데 하나였다. 그러나 그런 수행을 모두 버린 후 보리수 아래 앉아 정관靜觀에 들어간 사문 구담은 그런 아뜨만을 발견하는 것이 아니라, 그 어떤 삼매의 경지에도 그런 아뜨만은 존재하지 않는다(無我: Anātman)는 사실을 자각함으로써 마음의 평화(涅槃)를 찾게 되었다.

무아의 가르침은 이렇게 외도들의 아뜨만 사상을 비판하기 위해 제시된 것이었다. 그런데 이 가르침의 취지를 망각하고 이를 하나의 도그마로 이해하게 되면 허무주의적 단견斷見에 빠지고 만다. '자아가 실재한다'고 볼 경우 무상無常의 진상에 몽매한 상견常見에 빠지게 되지만, 그와 반대로 무아의 가르침을 "자아가 없다"는 도그마로 간주할 경우 이는 단견에 다름 아니다. 이렇게 동일한 무아의 교설이라고 하더라도 그것이 베

---

9) 如是我聞 一時 佛住王舍城迦蘭陀竹園 時 有婆蹉種出家來詣佛所 合掌問訊 問訊已 退坐一面 白佛言 云何 瞿曇 爲有我耶 爾時 世尊默然不答 如是再三 爾時 世尊亦再三不答 爾時 婆蹉種出家作是念 我已三問沙門瞿曇 而不見答 但當還去 時 尊者阿難住於佛後 執扇扇佛 爾時 阿難白佛言 世尊 彼婆蹉種出家三問 世尊何故不答 豈不增彼婆蹉種出家惡邪見 言沙門不能答其所問 佛告阿難 我若答言有我 則增彼先來邪見 若答言無我 彼先癡惑豈不更增癡惑 言先有我從今斷滅 若先來有我則是常見 於今斷滅則是斷見 如來離於二邊 處中說法 所謂是事有故是事有 是事起故是事生 謂緣無明行 乃至生·老·病·死·憂·悲·惱苦滅 佛說此經已 尊者阿難聞佛所說 歡喜奉行: 《雜阿含經》, 대정장2, p.245b.

풀어지는 상황, 그것을 파악하는 사람의 마음가짐에 따라 약이 될 수도 있고 독이 될 수도 있다. 비판적 의미의 무아는 유아有我라는 편견의 독을 제거하는 약과 같은 중도의 교설이지만, 도그마가 된 무아는 새로운 편견의 독으로 유아와 무아를 모두 비판하는 중도의 교설에 의해 극복된다. 초기불전에서 보이는 이런 변증법적 비판정신은 후대에 등장하는 인도의 중관학이나 중국의 삼론학과 선종 등에 의해 그대로 계승되어 심화, 발전된다.

지금까지 초기불전에서 보이는 사상적 중도 가운데 부처님의 침묵, 즉 무기설에서 구현하는 중도의 의미에 대해 고찰해 보았다. 그런데 초기불전에 등장하는 무기설의 공통점 가운데 하나는 침묵 이후에 연기의 교설이 이어진다는 점이다. 바로 위에 인용했던 경문에서도 이렇게 유아有我와 무아無我에 대한 잘못된 집착이 야기하는 양극단의 사고방식, 즉 상견과 단견이 비판된 다음에 중도의 교설로서 연기緣起의 유전문10)과 환멸문11)의 가르침이 베풀어지는 것을 볼 수 있다. 또, 앞에 인용했던 가전연을 교화하던 유무중도의 가르침에서도 연기의 교설이 제시된다. 이렇게 난문에 대한 침묵 이후에 연기의 가르침이

---

10) 무명을 연하여 행이 있고, 행을 연하여 식이 있고……유를 연하여 생이 있고, 생을 연하여 노사가 있다는 방식으로 십이연기 지분 각각의 연기적 발생 과정.

11) 무명이 멸함에 행이 멸하고, 행이 멸함에 식이 멸하며……유가 멸함에 생이 멸하고, 생이 멸함에 노사가 멸한다는 방식으로 12연기 지분 각각이 소멸하는 과정.

제시되는 과정은 다음과 같이 정리된다.

난문難問 → 무기無記, 침묵 → 연기설

이런 과정을 보고 우리가 알 수 있는 교훈은, 부처님의 침묵을 야기한 난문들은 그에 대해 답을 내야 하는 문제가 아니라, 우리의 사유에 의해 잘못 구성된 문제라는 점이다. "이것이 있음에 저것이 있고……이것이 멸함에 저것이 멸한다"는 이 세상의 진상인 연기실상에 대해 무지하여, 이것이 저것과 별도로 실재하고, 저것 역시 이것과 무관하다고 착각함으로써 ⓐ무엇이 있다(有)든지 무엇이 없다(無)고 생각하고, ⓑ현생과 내생이 이어졌다거나(無邊) 단절되어 있다(有邊)고 생각하며, ⓒ전생이 현생으로 그대로 계속된다(常)거나 전생과 현생이 무관하다(無常)고 생각하고, ⓓ육체와 영혼이 같다(一)거나 육체와 영혼이 다르다(異)고 생각하며, ⓔ여래가 사후死後에 존재한다(有)거나 여래가 사후에 존재하지 않는다(無)고 생각하고, ⓕ업을 지은 자(自作)가 그대로 그 과보를 받는다(自覺)거나 모든 것이 무상하기에 업을 지은 자와 그 과보를 받는 자는 다르다는 관점 위에서 남이 짓고(他作) 남이 받는다(他覺)고 생각하며, ⓖ자아가 존재한다(有我)거나 자아가 존재하지 않는다(無我)고 생각한다.
이 모든 생각들은 이것과 저것이 별개의 것이라는 분별分別에 근거한 것이기에 이것과 저것이 서로 의존한다는 연기緣起의 진리, 즉 "이것이 있음에 저것이 있고……이것이 멸함에 저것이 멸한다"는 연기실상을 자각함으로써 해소되어야 할 문제들이다. 그래서 위에서 보듯이 무기설에서 난문에 대한 침묵 이후에 항상 연기의 가르침이 등장하는 것이다. 아비달마 교학에서는 삼독심三毒心 가운데 탐심(貪心: 탐욕)은 부정관不淨觀으로 제거하고, 진심(瞋心: 분노)은 자비관慈悲觀으로 제거하며 치심(癡心: 어리석음)은 연기관緣起觀으로 제거한다고 가르치는데 이 가운데 치심을 제거하는 방법으로 연기관을 제시하는 것은 초기불전의 이러한 무기설에 근거를 둔다.

그리고 초기불전의 무기설에서 첨예하게 표출되었던 사상적 중도의 가르침은, 대승의 시대가 되자 《반야경》의 법공法空사상 및 인도의 전통적 반反논리사상과 결합되어 용수龍樹(Nāgārjuna: 150~250경)의 중관학을 탄생시키는 것이다. 논리적 방식을 통해 중도를 가르친다는 데 중관학 고유의 특성이 있다.

## 2장

## 중관논리

만일 어떤 존재가
의존하여 성립되는 것이라면
아직 성립되지 않은 것에는
어떻게 의존할 수 있겠는가?
만일 성립되고 나서
의존하는 것이라면
이미 성립이 끝났는데
의존할 필요가 무엇이 있겠는가?

《중론》 제10장 제11게

### 반논리학으로서의 중관학

중관학은 해탈의 논리학이다. 앞에서 설명했듯이 우리의 생각은 흑백논리적으로 작동한다. 있다거나 없다, 같다거나 다르다, 이어져 있다거나 끊어져 있다, 온다거나 간다, 생긴다거나 소멸한다는 등의 양극단의 한계 내에서만 흑백논리적으로 작동한다. 있다는 생각이 백이라면 없다는 생각은 흑이다. 같다는 생각이 백이라면 다르다는 생각은 흑이다. 이어져 있다는 생각이 백이라면 끊어져 있다는 생각은 흑이다. 온다는 생각이 백이라면 간다는 생각은 흑이다. 생각이란 놈은 이런 양극단을 오가며 인간과 세계, 삶과 죽음, 운명과 우주 등을 해석해 낸다. 그리고 이런 해석에 근거하여 종교적 철학적 고민을 만들어낸다. 불교에서 해탈과 대립하는 개념으로 속박을 얘기하는데, 속박은 감성에서 일어나는 속박과 인지認知에서 일어나는 속박의 두 가지로 구분된다. 탐욕이나 분노, 교만과 같은 번뇌는 감성에서 일어나는 속박에 해당하고, 인간과 세계에 대한 우리의 해석과 그에 근거한 종교적 철학적 번뇌는 인지에서 일어나는 속박에 해당한다. 중관학은 우리를 인지의 속박에서 해방시키는 해탈의 논리학이다.

궁극적으로 우리의 모든 번뇌를 사라지게 해 주기에 중관학은 열반의 논리학이고, 연기緣起에 근거하여 연기의 진정한 의미를 가르치기에 연기의 논리학이며, 《반야경》에서 가르치는 공 사상을 논증하기에 공의 논리학이며, 흑백논리에 의해 작동되는 우리의 생각을 비판하기에 중도의 논리학이다. 현대적으로 표현한다면, 중관학은 논리적으로 작동되는 사유의 문제점을 드러내는 반논리학反論理學인 것이다.

### 언어계통과 논리학의 관계

앞으로 반논리학이라는 개념으로 중관학에 대해 본격적으로 소개하기에 앞서 먼저 논리학에 대해 설명해 보자. 전 세계의 문명권 가운데 논리학이 체계적으로 발달한 곳은 그리스와 인도뿐이다. 중국의 경우 춘추시대의 제자백가 가운데 명가名家라는 논리가들이 있었다고 하지만, 그들의 사상은 체계적인 학문으로 발달하지도 못했고 후대에 전승되지도 않았다. 그 이유는 무엇일까? 중국에서 논리학이 발달하지 못한 것은 그리스나 인도에 비해 중국인들이 문화적으로 열등했기 때문일까? 결코 그렇지 않다. 이는 이들 문명권에서 사용하는 언어의 특성과 관계된다. 언어학에서는 지구상의 언어를 그 형태론적 특징에 의해 크게 굴절어(Inflectional language)와 고립어(Isolating language)와 교착어(Agglutinative language)의 세 가지로 구분한다. 영어나 그리스어와 같은 유럽어, 힌디어나 산스끄리뜨와 같은 인도의 언어를 함께 인도-유럽어(Indo-european Language)라고 부르는데 이는 굴절어에 속한다. 중국어와 타이어, 베트남어는 고립어로 분류되고, 한국어와 일본어, 터키어, 핀란드어는 교착어이다.

굴절어의 경우 말의 요소인 단어 자체의 모습이 변하거나 어미가 변화함으로써 문장 내에서의 역할이 규정된다. 예를 들어 영어에서 '나'를 의미하는 말이 주어의 역할을 할 때는 I가 되고 소유격이 될 때는 my가 되며, 목적어가 될 때는 me로 변하는 것과 같다. 이런 단어들은 그 역할이 뚜렷하기에 문장 내에서 단어와 단어의 관계 역시 분명하게 규정된다.

그러나 고립어의 경우는, 어떤 문장에서 사용되는 단어의 역할이 달라져도 그 형태에 변화가 일어나지 않는다. 문장 내에서 단어의 역할은 그 형태가 아니라 위치와 맥락에 의해 규정될 뿐이다. 예를 들어 한문의 경우 나를 의미하는 '아我'는 그것이 주어로 쓰이든 소유격으로 쓰이든 목적어로 쓰이든 형태에 변화가 일어나지 않는다. 아我라는 단어의 경우, '아거我去(나는 간다)'라는 문장에서는 주어가 되고, '아가我家(나의 집)'라는 구에서는 소유격이 되며, '타아打我(나를 때려라)'라는 문장에서는 목적어로 사용되지만, 그 형태에 변화가 일어나지는 않는다. 그래서 그 의미가 모호한 문장이 많다. '아거我去'를 '나의 감'이라고 해석하게 되면 아我는 소유격이 된다. '아가我家'의 경우도 '내가 집으로 삼다'로 번역될 수도 있다. 어떤 명제의 의미가 모호해질 때 논리적 사유는 더 이상 진전되지 못한다. 《서유기》의 주인공인 현장玄奘(602~664) 스님이 인도 유학을 마치고 당나라로 귀환한 후 수많은 불전들을 번역하였지만 그 가운데 불교논리학과 관계된 것은 아주 짤막한 입문서인

《인명입정리론》과 《인명정리문론》의 두 가지뿐이었다. 그 당시 가장 중요한 불교논리학 문헌이었던 진나(陳那, 大域龍, 〔Mahā〕 Dignāga:480~540경)의 《집량론集量論, Pramāṇasamuccaya》은 아예 번역하지 않았다. 현장 이후 인도를 방문했던 의정義淨(635~713)에 의해 나중에 《집량론》이 번역되긴 하지만 곧 망실되고 만다. 이는 의정이 한역한 《집량론》이 해독이 힘들 정도로 난삽했기 때문이었을 것이다. 이렇게 불교논리학이 한문불교권에 제대로 소개되지 못한 것은 문장 내에서 단어의 역할이 불분명한 고립어라는 그 언어적 특성에 기인한다. 한문은 직관적 사유를 위해서는 뛰어난 도구가 되지만 논리적 분석에는 취약하다.

교착어의 경우는 어떤 의미를 갖는 단어나 어간에 조사나 어미가 부가됨으로써 그 단어의 역할이 규정된다. 우리말의 '나'라는 단어는 그 뒤에 붙는 조사에 따라 '나는'이라는 주어가 되기도 하고, '나의'라는 소유격이 되기도 하고, '나를'이라는 목적어가 되기도 하듯이……. 교착어인 우리말은 고립어인 한문에 비해 논리적 사유와 어울린다. 원효元曉(617~686)나 태현太賢(~752~) 등 신라의 학승들이 특히 인명학에 밝았던 이유는 그들이 사용하던 모국어의 언어적 특성 때문이었을지도 모른다.

앞에서 말했듯이 논리학이 탄생하고 체계적으로 발달한 곳이, 굴절어 사용 지역인 인도와 유럽이지만 논리를 대하는 태도에서 양 지역은 차이를 보인다. 지금부터 2000여 년 전 그리스의 아리스토텔레스(Aristoteles:384~322B.C.E.)가 《오르가논, Organon》이라는 책을 통해 논리학을 집대성한 이래 근세에 이르기까지, 서구인들은 논리를 인간의 사유를 지배하는 절대불변의 법칙이라고 보았다. 과거의 서구적 고전논리학의 경우, 잘못된 논리에 대한 연구를 '오류론'이라는 이름 하에 논리학의 범위 속에 포함시키긴 했어도, 올바른 논리를 포함하여 논리 그 자체를 부정하는 사상은 발달하지 않았다. 그러나 인도의 경우는 논리학 발생 초기부터 논리학 그 자체를 불신하는 사상이 면면히 이어져 왔다. 로까야따(順世派, Lokāyata), 또는 짜르와까(Cārvāka)라고 불리던 유물론자들의 인식론에서는 동물적 지각인 직접지각(現量, Pratyakṣa), 즉 감각적 지각만을 올바른 인식수단으로 간주할 뿐 논리적 사고인 추론(比量, Anumāna)에 대해서는 그 타당성을 인정하지 않았다. 몇 가지 사례를 보고 이를 종합하여 이루어지는 것이 일반적인 추론인데, 앞으로 혹 그런 사례를 반증하는 사례가 발견될 수도 있기 때문이라고 그들은 주장하였다. 또, 그 논법의 기원이 이런 유물론에 있는지 확인할 수는 없어도, 정통 인도논리학파인 니야야학파의 경전인 《니야야수뜨라正理經, Nyāya-Sūtra》 제5장에서 잘못된 비판으로 소개하는 자띠(生過, Jāti) 논법 역시 단순한 오류론이 아니라 추론 그 자체의 타당성을 비판하는 논법이다. 그리고 이런 자띠 논법을 초기불전 및 《반야경》의 공空사상과 종합하여 불교적으로 창출해 낸 것이 바로 용수의 중관학이었다. 용수는 《중론》 등의 저술을 통해 초기불전의 연기설에 근거하고 반논리적反論理的인 자띠 논법을 도구로 삼아《반야경》의 공사상을 논증한다.12) 중관학의 저변에도 논리에 대한 불신이 깔려 있는 것이다. 이런 반논리적 사유의 전통은 불교의 전파와 함께 중국으로 전해져서 선禪불교를 탄생시킨다.

**논리와 반논리**

중관학에서 구사하는 반논리적 논법을 중관논리中觀論理(Madh-yamaka Logic)라고 부른다. 용수가 저술한《중론》에서 이런 중관논리가 가장 잘 구사되고 있다.《중론》은 중관논리의 정수가 그대로 담긴 용수의 노작이긴 하지만, 어떤 체계를 갖는 저술은 아니다. 총 27장에 걸쳐 불교 내외의 갖가지 이론적 사유를 비판하고 있을 뿐 그런 비판방식을 체계화하여 일목요연하게 제시하지는 않는다.《중론》이 난해한 이유 중 하나가 이에 있다.

그런데 중관학의 반논리학적 방식은 일반논리학의 체계와 대비할 때 그 정체가 보다 확연히 드러난다. 아리스토텔레스에서 시작된 서구의 일반논리학 체계는 단순 명료하다. 일반논리학에서는 우리의 사유를 개념, 판단, 추론의 세 단계로 나누어 설명한다. 건축물에 비유한다면, 개념은 집을 짓는 데 사용되는 벽돌에 해당하고 판단은 그런 벽돌을 쌓아 만든 기둥이나 벽에

---

12)《중론》과 자띠 논법의 관계에 대해서는 필자의 학위논문' 〈용수의 중관논리의 기원〉, 동국대박사학위논문, 1996'을 참조하기 바람.

해당하며, 추론은 판단의 벽과 기둥들이 모여 지어진 집에 해당한다. 우리는 개념의 벽돌로, 판단의 벽과 기둥을 만들어 추론의 집을 짓는 것이다. 이것이 일반논리학에서 말하는 우리 사유의 작동방식이다.

개념은 하나의 단어로 이루어져 있다. 산, 돌, 바람, 나무와 같은 자연물을 포함하여 삶, 죽음, 우주, 세계, 나와 같은 모든 명사들이 개념이다. 또 내림, 오름, 감, 옴, 붊 등과 같은 작용도 하나의 개념이고, 빨강, 밝음, 어둠, 큼, 작음과 같은 모습들도 개념이다. 그리고 이런 개념이 둘 이상 모일 경우 판단이 된다. '산이 높다'는 판단은 산이라는 개념과 높음이라는 개념이 결합되어 만들어진 판단이다. '바람이 분다'는 판단은 바람이라는 개념과 붊이라는 개념이 결합되어 만들어진 판단이다. '사람은 죽는다'는 판단은 사람이라는 개념과 죽음이라는 개념이 결합되어 만들어진 판단이다. 또, '여기에 항아리가 하나 있다'는 판단은 여기와 항아리와 하나와 있음이라는 총 네 가지 개념이 결합되어 만들어진 판단이다. 또 이런 판단들이 차곡차곡 쌓이면 추론이 된다. 가장 간단한 추론의 예로 다음과 같은 삼단논법을 들 수 있다.

대전제: 모든 사람은 죽는다
소전제: 소크라테스는 사람이다
결론: 그러므로 소크라테스는 죽는다

이 추론에서 사람이라는 개념과 죽음이라는 개념이 결합된 판단은 대전제大前提로 사용되었고, 소크라테스라는 개념과 사람이라는 개념이 결합된 판단은 소전제小前提로 사용되었으며, 소크라테스라는 개념과 죽음이라는 개념이 결합된 판단은 결론으로 사용되었다. 판단 세 개가 모여 하나의 추론이 만들어진 것이다. 서양의 고전논리학에서는 이렇게 '개념→판단→추론'이라는 3단계 과정을 거치며 우리의 사유가 작동한다고 가르친다.

그러나 중관학에서는 이렇게 '개념→판단→추론'으로 이루어진 사유의 3단계 과정 낱낱을 모두 비판하는데, 이런 3단계 과정과 그에 대한 중관학의 비판은 다음과 같이 정리된다.

|     | 논리학(고전논리)   | 반논리학(중관논리)            |
| --- | ----------------- | ----------------------------- |
| 개념 | 개념에 실체가 있다 | 모든 개념은 연기한 것이기에 공하다 |
| 판단 | 판단은 사실과 일치한다 | 사구四句 판단 모두 사실과 무관하다 |
| 추론 | 추론은 타당하다    | 어떤 추론이든, 상반된 추론이 가능하다 |

논리학에서 말하는 개념의 실체성은, 반논리학인 중관학에서는 연기와 공에 의해 비판되고, 판단의 사실성은 사구비판四句批判에 의해 비판되며, 추론의 타당성은 상반된 추론을 제시함으로써 비판된다. 이 가운데 판단의 사실성을 비판하는 사구비판이 중관논리의 중추를 이룬다.

### 판단의 네 가지 형식 － 사구四句

앞 장에서 초기불전의 무기설無記說을 설명할 때 소개한 바 있는데, 사구四句(Catuḥ koṭi)란 어떤 사태에 대해 내릴 수 있는 '판단의 네 가지 형식'이다. 예를 들어 깨달은 분인 여래如來가 열반하신 다음에 어떻게 될 것인지 규정을 내리고자 할 때, 다음과 같은 네 가지 판단이 가능하다.

제1구: 여래는 열반한 후 어딘가 존재한다.
제2구: 여래는 열반한 후 어디에도 존재하지 않는다.
제3구: 여래는 열반한 후 존재하면서 존재하지 않는다.
제4구: 여래는 열반한 후 존재하는 것도 아니고 존재하지 않는 것도 아니다.

그런데 초기불전의 무기설에서 예로 들었던 몇 가지 형이상학적 문제에 대해서만 이런 사구적 판단이 작성될 수 있는 것은 아니다. 우리의 생각이 만들어내는 다른 모든 판단에 대해서도 사구적인 이해가 가능하다. 예를 들어 "비가 내린다"는 명제의 경우 주어인 '비'에 대해서 다음과 같은 네 가지 방식의 이해가 가능하다.

제1구: '내림을 갖는 비'가 내린다.
제2구: '내림을 갖지 않는 비'가 내린다.

제3구: '내림을 가지면서 갖지 않는 비'가 내린다.
제4구: '내림을 갖는 것도 아니고 갖지 않는 것도 아닌 비'가 내린다.

이것이 사구四句판단이다. 중관논리에서는 우리가 마주치는 갖가지 사태에서 이런 사구판단을 추출해 낸 후 그 하나하나에서 논리적 오류를 지적함으로써 그 모든 판단들이 이 세상의 참모습과 무관하다는 점을 드러낸다.

중관학이 난해한 것은 그 반논리적 테크닉의 어려움에도 기인하지만, 중관학의 전범典範인 《중론》에서 비판의 대상으로 삼았던 것이 지극히 현학적인 아비달마 불교에서 주장하던 난해한 교학적 개념과 판단과 추론들이었기 때문이다. 사실 순수한 중관학적 방식만을 습득하고자 한다면 난삽한 아비달마교학은 오히려 방해가 될 뿐이다. 순수한 중관논리만을 익히기 위해서는 아비달마 교학이 아니라 우리의 일상적 사유를 구성하는 개념과 판단과 추론을 대상으로 삼아 중관논리를 연습해 보는 것이 좋다.

그러면 먼저 우리의 일상적 사유를 소재로 삼아 개념의 실체성과 판단의 사실성과 추론의 타당성을 비판하는 중관논리에 대해 익혀보자.

## 1. 개념의 실체성 비판

　일반적으로 우리는 하늘과 땅, 사람, 바람, 비는 물론이고 삶과 죽음, 나와 너, 인생, 우주 등등이 실제로 존재하는 줄 안다. 다시 말해 실체가 있는 줄 안다. "하늘이 하늘이 아니다"라든지, "바람이 바람이 아니다"라든지 "삶도 없고 죽음도 없다"와 같은 말들은 상식에서 벗어난 말로 들린다. 그러나 중관학에서는 하늘이든, 바람이든, 삶이든, 죽음이든 모두 실재하는 것도 아니고 실체를 갖는 것도 아니라고 가르친다. 그 모든 개념들이 연기緣起한 것들이기 때문이다.

　실체를 불교용어로 자성自性(Svabhāva)이라고 부른다. 자성의 산스끄리뜨 원어인 Svabhāva는 '자기존재'라고 직역되는데, 이는 심오한 어떤 의미를 갖는 말이 아니라 단순히 자기자신, 또는 자체를 뜻할 뿐이다. 그리고 이런 자성의 존재를 비판할 때 무자성無自性(Niḥsvabhāva)이나 공空(Śūnya)이라는 표현을 사용한다.

**상대적 개념의 실체성 비판**

앞 장章에서 초기불교의 중도사상에 대해 설명할 때, 큰 방과 작은 방을 예로 들면서, 큰 방도 원래 있지 않고 작은 방도 원래 있지 않다는 점에 대해 상세하게 설명한 바 있다. 큰 방이라는 생각과 작은 방이라는 생각 모두 연기한 것이기 때문이다. '원래 있지 않다'는 것을 '실체가 없다'거나 '무자성하다'거나 '공하다'고 표현한다. 또, 이런 조망은 무엇이 확고하게 크다거나 작다고 보는 극단의 생각을 모두 비판하기에 중도적 조망이다. 이렇게 연기와 무자성과 공과 중도라는 표현은 그 지향점이 동일하다.

큼과 작음이라는 개념 모두 연기한 것이기에 실체가 없으며 공하다는 사실을 이해하기는 쉽다. 어떤 사물에 부여된 짧음과 깊이라는 개념 역시 상대적인 것이기에 실체가 없다. 어떤 막대를 보고 긴 막대라고 생각할 수 있지만, 더 긴 막대와 비교하면 동일한 그 막대가 짧은 막대가 되고 만다. 큰 것과 작은 것, 짧은 것과 긴 것과 같이 상대관계에 있는 개념들에 대해서, 그것이 실체가 없고 공하다는 사실을 파악하기는 어렵지 않다. 예쁨과 못생김, 부유함과 가난함, 똑똑함과 바보스러움, 더러움과 깨끗함 역시 상대관계에 있는 개념들이다.

어느 고장에서 가장 예쁘다고 뽑힌 사람도, 다른 고장의 더 예쁜 사람을 옆에 놓고 비교하면 어딘지 이상하게 생긴 사람으로 보인다. 그와 반대로 못생긴 사람도 오랑우탄이나 침팬지와 같은 영장류와 비교하면 훨씬 나아 보인다.

　부처님께 난타難陀라는 제자가 있었다. 부처님께서는 성도하신 후 고향인 까필라성에 돌아와 일가친척 대부분을 출가시키신다. 그래서 아들인 라훌라를 비롯하여 사촌동생인 아난다와 데와닷따, 양모인 마하빠자빠띠 모두 출가하여 수행자가 된다. 괴로움으로 가득한 윤회의 실상을 자각한 사람이라면, 가장 아끼고 사랑했던 사람일수록 그에게 출가수행자의 길을 권하지 않을 수 없을 것이다. 난타는 양모인 마하빠자빠띠의 아들로 부처님의 이복동생이다. 난타에게는 아름다운 아내가 있었는데 부처님의 권유에 의해 출가한 난타는 수행자가 된 후에도 아내를 못 잊어 했다. 이렇게 출가 전의 아내 생각으로 수행을 게을리 하는 난타에게 부처님께서는 먼저 근처 나무 위에 있는 원숭이를 지적하며 그 아내의 모습과 비교하게 한다. 난타는 자신의 아내는 그런 원숭이와는 비교할 수 없이 지극히 아름답다고 대답한다. 그러자 부처님께서는 신통력을 이용하여 하늘나라에 사는 천녀의 모습을 보여준 후 천녀와 아내 가운데 누가 더 아름다운가 물으신다. 난타는 천녀와 대비된 아내의 모습은 아내와 대비된 원숭이의 모습과 같다고 대답한다. 부처님께서는 계를 잘 지키고 열심히 수행하면 내생에 하늘나라에 태어나 그런 천녀들에 둘러싸여 산다고 알려 주신다. 그 후 난타는 출가 전의 아내를 완전히 잊어버리고 천상에 태어나기 위해 열심히 정진하게 된다.

　난타의 수행이 어느 정도 무르익었을 때, 부처님께서는 다시 난타를 불러 지옥을 보여주신다. 지옥에는 끓는 물이 가득한 가마솥이 있었는데, 옥졸에게 그 가마솥의 용도를 묻자, 옥졸은 난타가 계를 잘 지키고 수행을 열심히 하여 천상에 태어나 복락을 누리다가, 그 복이 다 소진되면 지옥에 태어나 이곳의 가마솥에 들어갈 것이라고 대답한다. 그 말을 들은 난타는 천상에 태어나도 그곳이 영원할 수 없음을 자각하고 그날 이후, 천상에 태어나겠다는 욕망도 버리고 다시는 윤회의 세계에 태어나지 않는 열반을 목표로 수행하여, 결국 아라한이 되었다고 한다. 부처님께서는, 아름답다는 생각이 연기緣起한 것이기에 실체가 없고 공하다는 점을 가르침으로써 난타를 교화하셨던 것이다.

우리는 긴 것과 짧은 것은 연기한 것이라서 실체가 없고 공하다는 점을 쉽게 이해할 수 있으며, 연기와 공의 가르침에 대해 전혀 들은 적이 없는 사람도 이를 생활에 응용하면서 살아간다. 애초에 태어날 때부터 우리 대부분은 긴 것과 짧은 것에 실체가 있다고 보는 생각의 속박에서는 해탈해 있다. 불교에서 말하는 해탈이나 열반을 우리와 무관한 신비한 그 무엇으로 착각할 수 있겠지만 그렇지 않다.

긴 것과 짧은 것에 실체가 없다는 자각 역시 일종의 해탈이고 열반이다. 물론 이를 자각했다고 해서 우리가 해탈한 아라한이나 부처가 된 것은 아니지만, 긴 것과 짧은 것이라는 두 개념의 속박에서만은 해탈했다고 볼 수 있다. 예쁨과 못생김의 경우, 그것이 연기한 것이라는 점을 머리로는 알 수 있어도 실질적으로 그에 대한 집착에서 벗어나기는 어려운 개념들이다. 《반야심경》에 색즉시공色卽是空이라는 구절이 있다. 이는 "형상(혹은 물질)은 공하다"는 뜻인데, 큼과 작음, 깊과 짧음, 예쁨과 못생김 등이 모두 색법色法의 영역에 포함되며, 지금까지 분석해 보았듯이 이 모두 실체가 없고 공하다. 색즉시공인 이유는 장단長短, 대소大小, 미추美醜의 색법이 모두 연기한 것이기 때문이다.

또, 절대적으로 부자인 사람도 없고 절대적으로 가난한 사람도 없다. 남과 비교할 때, 부유하다는 생각이 들거나 가난하다는 생각이 든다. 부유하다고 생각할 때 뿌듯해지고, 가난하다고 생각할 때 우울해진다. 그러나 부자라고 하더라도 더 부유한 사람과 비교할 때에는 열등감을 느끼게 되고, 가난하다고 하더라도 더 어려운 사람, 또는 더 힘들게 사는 축생이나 아귀 등과 비교할 때에는 안도하게 된다. 부자가 부자가 아니고, 가난이 가난이 아니기 때문이다. 부유함도 공하고 가난함도 공하다.

《반야심경》에서는 색즉시공이라는 선언 이후에 수상행식도 역시 이와 마찬가지다(受想行識 亦復如是)라는 선언이 이어지는데, 부유함도 공하고, 가난함도 공하다는 조망은 수즉시공受卽是空, 또는 상즉시공想卽是空의 조망이다. 부유하다거나 가난하다는 생각 때문에 즐거움(樂受)이나 괴로움(苦受)을 느끼는 사람에 대해서는 수즉시공의 조망으로 제시될 수 있고, 그런 생각(想)을 확고부동한 것인 줄 아는 사람에게는 상즉시공의 조망으로 제시될 수 있다.

또, 원래 똑똑한 사람도 없고, 원래 바보스러운 사람도 없다. 아무리 똑똑한 사람도 더 똑똑한 사람과 비교하면 바보스럽게 보이고, 아무리 바보스러운 사람도 더 바보스러운 사람, 또는 축생에 비교하면 똑똑하게 보인다. 똑똑함도 공하고 바보스러움도 공하다. 원래 더러운 것도 없고, 원래 깨끗한 것도 없다. 더러움에도 실체가 없고, 깨끗함에도 실체가 없다.

그런데 지금까지 살펴보았듯이 큼과 작음, 깊과 짧음, 아름다움과 못생김, 부유함과 가난함, 똑똑함과 바보스러움, 깨끗함과 더러움 등의 개념들이 모두 연기한 것이기에 실체가 없는 것이지만, 누구나 이런 개념 모두에서 해탈해 있는 것은 아니다. 큼과 작음이나 깊과 짧음에 대한 고착에서는 해탈해 있어도, 아름다움과 못생김에서 해탈하지 못한 사람의 경우에는 자신의 아름다움으로 인해 교만한 마음을 일으키게 되고, 자신의 못생김으로 인해 우울한 마음을 일으키게 된다. 연기와 공에 대한 설명을 통해 아름다움과 못생김에 실체가 없다는 점을 배우고 이해했어도 그런 가르침이 자신의 심성까지 변화시키지 못한 경우에는 아직 아름다움과 못생김의 속박에서 벗어나지 못한 사람이다.

연기와 공의 가르침을 통해 깨끗함과 더러움이 원래 없다(不垢不淨)는 점을 이해한 사람도, 자신의 삶에 그것이 반영되지 않으면 아직 깨끗함과 더러움이라는 개념의 속박에서 벗어난 사람이 아니다. 현대사회의 환경문제의 원인을 인간에서 찾을 때, 사람들은 인간의 탐욕이 그 주범이라고 말한다. 그러나 보다 엄밀히 보면, 환경문제의 원인으로 탐욕보다 앞서는 것은 깨끗한 것과 더러운 것을 구분하는 우리의 분별이다. 깨끗한 것이 따로 있고, 더러운 것이 별도로 실재한다고 생각하기에 (痴) 깨끗한 것만을 자신을 향해 끌어당기고(貪), 더러운 것은 자신으로부터 배척한다(瞋). 서구적 근대화와 함께 우리의 사유를 물들이게 된 직선적 세계관, 이분법적 세계관이 바로 환경문제의 주범인 것이다. 새롭고 깨끗한 것을 무한히 추구하기에 자연을 개발하고 대량으로 물건을 생산하며, 더러운 것과는 결코 함께하지 않으려 하기에 엄청난 쓰레기가 배출되는 것이다. 쓰레기를 버리면 그것이 수거되어 나와는 영원히 이별할 줄 안다. 우리의 배설물 역시 만들어지는 즉시 나를 떠나 하수구로 빠져나간다.

만일 이 세상이 직선적이라면, 우리는 우리와 이별한 이런 더러운 것들과 다시는 만나지 못할 것이다. 그러나 이 세상은 순환적이다. 연기의 법칙이 지배하기 때문이다. 연기의 그물망에 모든 것이 얽혀 있기에 그 어떤 것도 나에게서 분리되지 않는다. 내가 밀어낸 그물코는 탄성을 갖고 다시 나에게 되돌아온다. 마치 부메랑과 같이 내가 버린 쓰레기와 배설물은 다시 내 입으로 돌아온다. 내 차가 뿜은 배기가스는 공해가 되어 다시 나의 허파로 들어온다. 깨끗함과 더러움이라는 개념에 집착하여 깨끗함만 추구하기에 우리의 주변은 점점 피폐해진다. 과거에 우리는 더러움과 함께 살았다. 우리의 배설물은 밭에 뿌려져 농작물이 되어 다시 우리의 입으로 들어왔다. 어느 판소리 가사에서 노래하듯이 "밥이 똥이 되고, 똥이 밥이 되는 것"이 자연의 이치이기에 그에 순응하여 살았다. 그런데 이런 순리를 거역하고 더러운 것을 버리고 무한히 깨끗한 것만 추구하게 되자, 그 더러운 것들은, 우리가 감당 못할 정도로 강력해져서 한꺼번에 우리에게 돌아오고 말았다. 현대의 심각한 환경문제가 발생한 것이다. 모든 것은 얽혀 있기에 반드시 순환한다. 이런 이치를 자각하고서, 깨끗한 것과 더러운 것의 순환을 우리의 통제 속에 둘 때 환경문제는 풀릴 수 있다. 순환의 주기가 짧을수록 환경문제는 적어진다. 지극히 짧은 순환의 예로 사찰에서의 발우공양을 들 수 있다. 수행자는 발우를 씻은 물을 그 즉시 자신의 입에 부어 넣는다. 깨끗함과 더러움에 대한 분별과 집착을 많이 제거한 사람만이 이런 발우공양을 기꺼이 받아들일 수 있을 것이다. 우리의 의식주 전체가 이렇게 순환의 방식으로 운영될 때 환경문제는 사라진다. 중관학에서 가르치는 개념 비판은 이렇게 환경문제의 해결과도 연관된다.

불교의 가르침이 완전히 내 것이 되기 위해서는 가르침에 대해 듣고(聞), 깊은 숙고를 통해 그것이 올바른 것이라는 점을 자각해야 할 뿐만 아니라(思), 그 가르침이 몸에 배야 한다(修). 아름다움과 못생김, 부유함과 가난함, 똑똑함과 바보스러움, 깨끗함과 더러움 등의 연기관계에 대해 아무리 많이 듣고 이해하고 말할 수 있어도 그것이 자신의 감성에 반영되지 않으면 아직 연기와 공의 진리를 체득한 것이 아니다. 아비달마 불교의 수행론에서, 지적인 조망을 얻은(見道) 후 그런 조망에 근거하여 감성을 다스려야(修道) 완전한 성자가 될 수 있다고 가르치는 이유가 이에 있다. 아니 성자의 지위에까지 이르진 못하더라도 잘남과 못남, 깨끗함과 더러움 등에 대한 고착에서 벗어날 때, 우리의 삶이 보다 편안해질 수 있다. 개념에 실체가 있다는 생각을 비판하는 연기와 공의 진리는 우리의 사유뿐만 아니라 우리의 감성과 인생까지 개선시킨다.

지금까지 큼과 작음, 깊과 짧음, 예쁨과 못생김, 부유함과 가난함, 똑똑함과 바보스러움, 더러움과 깨끗함의 총 12가지 개념을 예로 들어 공과 연기의 의미에 대해 설명해 보았다. 이를 통해 이 개념들 모두 실체가 없다는 점도 이해할 수 있었다. 만일 이런 이해를 체화體化한 독자가 있다면, 그는 이런 개념들에서 해탈한 사람이다. 이런 개념들을 열반에 들게 한 사람이다. 물론, 위와 같은 설명을 듣기 전에도 이런 개념들에서 많이 벗어나 있는 사람이 있을 수 있다. 그런 사람들은 태어날 때부터 이런 개념들에서 해탈해 있는 사람이다. 공자가 말하듯이 생이지지生而知之한 사람이다.

어떤 사람들은 이런 개념들 중 그 어떤 것으로부터도 해탈해 있지 못했을 수도 있고, 다른 사람들은 이 중 일부에서는 해탈해 있고 일부에는 속박이 되어 있을 수도 있다. 얼굴이 잘생기고 못생긴 것은 전혀 문제로 삼지 않는데 돈이 많고 적음에 대해서 과민한 사람은 예쁨과 못생김에서는 해탈했으나, 부유함과 가난함에서는 해탈하지 못한 사람이다. 부유함에 대해서는 크게 집착하지 않는데, 똑똑함과 바보스러움이 항상 마음에 걸려 있는 사람도 있을 수 있다. 물론 이들과 반대되는 인생관을 갖는 사람도 있을 것이다. 그런데 지금 예로 든 이런 개념들뿐만 아니라, 우리 생각의 요소로 사용되는 수천 수만의 개념들이 모두 연기한 것들이고 공한 것들이다. 우리는 갖가지 개념들 가운데 일부에 대해서는 해탈해 있고, 일부에 대해서는 속박돼 있다. 갖가지 개념들의 스펙트럼 중 어느 것에 대해서 속박돼 있고 어느 것으로부터 해탈해 있는지에 따라 우리 개개인의 인생관이 달라지고 성격이 달라지고, 가치관이 달라지는 것이다.

또 개념들 중에는 그 실체를 타파하기 쉬운 것이 있고, 타파하기 어려운 것이 있다. 다시 말해 그것이 실재하지 않고 공하다는 사실이 쉽게 파악되는 개념이 있고, 그런 사실이 잘 수용되지 않는 개념이 있다. 앞에서 예로 들었던 개념들은 대체로 그에 대한 고착을 타파하기 쉬운 개념들이다. 그 개념들과 연기관계에 있는 개념들, 다시 말해 그런 개념들의 전제가 된 개념들이 무엇인지가 명확하기 때문이다. 큼이라는 생각이 작음이라는 생각과 함께 존재의 세계에 들어온다는 것은 이해하기 쉽다. 깊과 짧음, 예쁨과 못생김, 깨끗함과 더러움의 경우도 각각 서로를 수반하여 존재의 세계에 나타나는데 앞에서 보았듯이 이 역시 우리에게 쉽게 파악된다. 이런 개념들은 그 의미가 단순하기 때문이다.

### 눈은 실재하지 않는다

 그러나 우리 얼굴에 확연히 붙어 있는 것으로 생각되는 눈, 귀, 코와 같은 것들, 하늘과 땅, 산하대지와 같은 것들도 다 원래 없으며 공空하다고 일거에 지워버릴 수 있을까? 우리가 중관학의 가르침을 체득하고자 할 때 가장 주의해야 할 것은, 중관논리를 통해 도출된 결론을 중관학의 가르침으로 착각해서는 안 된다는 점이다. 앞에서 큼과 작음이 실체가 없다는 점을 논리적으로 설명했듯이 눈, 귀, 코와 산하대지가 어째서 모두 공한지 하나하나 논리적으로 설명할 수 있어야 중관학을 제대로 배운 사람이라고 말할 수 있다. 중관논리를 통해 도출된 결론적 명제만을 중관학의 가르침으로 착각해서는 안 된다. 중관논리의 조망을 통해서 우리는 "눈도 없고, 코도 없으며, 삶도 없고 죽음도 없다"는 점을 알게 된다. 그러나 중관학을 배우고자 할 때 이런 결론보다 중요한 것은 이런 결론을 도출해 내는 테크닉인 중관논리를 숙달하는 일이다. 그러면 이제 타파하기 어려운 개념 몇 가지를 예로 들어, 이 개념들의 실체를 타파하기 위해서 중관논리가 어떻게 적용되는지 고찰해 보자.

 모든 것이 공하다. 《반야경》에서 가르치는 공의 진리가 진실이라면 그래야 할 것이다. 그런데, 큼과 작음 등이 공한 줄은 알겠는데 어째서 다른 모든 것들 역시 공한지 이해되지 않는다. 모든 것이 공하다면 눈도 없고 코도 없단 말인가? 하늘도 없고, 땅도 없단 말인가?……쉽게 이해되지 않는다. 《반야심경》에서는 분명히 "눈도 없고, 귀도 없고, 코도 없다"고 선언한다. 무안이비설신의無眼耳非舌身意라는 구절이 바로 그것이다. 그런데 어째서 눈도 없단 말인가? 도무지 그럴 것 같지가 않다. 선종의 일파인 조동종曹洞宗의 개조 동산양개 스님의 어린 시절 일화 역시 바로 이와 같은 난국難局을 대변한다.

> 스님의 휘諱는 양개이다. 회계현 유씨의 아들이다. 어릴 때 스승을 따라《반야심경》을 염송하다가 무안이비설신의라는 구절에 이르러 문득 손으로 자기 얼굴을 더듬더니 스승에게 다음과 같이 물었다. "누구나 안이비설신의가 있는데, 경에서는 어째서 없다고 하였습니까?" 스승은 놀라며 이를 기특하게 여겨서 "나는 그대의 스승일 수 없구나"라고 말하고는 곧장 오설산 영묵선사에게 가서 예를 올리고 삭발 출가하게 하였다.13)

우리가 조석예불에서 항상 봉독하는《반야심경》이지만, 그 가르침을 파악하는 것은 쉽지 않다. 앞에서《반야심경》의 서두에 쓰여 있는 색즉시공의 의미가 큰 것과 작은 것, 긴 것과 짧은 것 등의 연기관계에 의해 파악될 수 있다고 했는데 이 정도로《반야심경》의 깊은 뜻이 모두 이해되는 것은 아니다. 이어지는 구절은 우리를 더 난감하게 만든다. "눈도 없고, 코도 없고, 귀도 없다"고 선언하는 것이다. 점입가경漸入佳境이다. 대부

---

13) 師諱良价 會稽兪氏子 幼歲 從師念般若心經 至無眼耳鼻舌身意處 忽以手捫面 問師云 某甲有眼耳鼻舌等 何故經言無 其師駭然異之云 吾非汝師 卽指往五洩山禮默禪師披剃:〈瑞州洞山良价禪師語錄〉, 대정장47, p.519b.

분의 우리들은, 《반야심경》에서 이렇게 선언한 까닭에 대해 깊이 따져보려 하지 않고 그냥 봉독할 뿐이다. 그러나 어린 선지식, 양개 화상은 이를 보고 그냥 넘어가지 않았다. "분명히 내 얼굴에 눈이 붙어 있는데 《반야심경》에서는 어째서 없다고 했을까?" 선지식善知識이란 지극히 상식적으로 살아가는 사람에 다름 아니다.

불교에서는 모든 것이 공하다고 가르친다. 모든 것이 실체를 갖지 않는다. 다시 말해 그 어떤 개념도 실재하는 것이 아니다. 이를 완전히 자각하는 것이 깨달음의 지적인 측면이다. 탐욕이나 분노, 교만과 같은 감성적인 측면까지 해체되어야 완전히 깨달은 것이기에 여기서 굳이 지적인 측면이라는 말을 쓴 것이다. 어떤 개념에 대해 중관논리를 적용하여 그것에 실체가 없다는 점을 자각하고자 할 때, 타파하기 힘든 개념도 있고, 타파하기 쉬운 개념도 있다고 말한 바 있다. 앞에서 그 실체가 없음을 확인했던 큼과 작음, 깊과 짧음, 예쁨과 못생김, 똑똑함과 바보스러움, 깨끗함과 더러움, 부유함과 가난함 등은 그 실체성을 타파하기 쉬운 개념들이다. 그러나 '눈, 귀, 코 등은 그 실체가 없음'은 알아내기 힘든 개념이다.

우리가 수학을 배울 때 먼저 원리를 배우고, 쉬운 기본문제를 풀어본 후, 보다 어려운 연습문제를 풀어보고 시험에 임하듯이, 중관논리를 이용하여 개념의 실체성을 분석할 때에도 먼저 연기와 공의 원리를 터득해야 하고, 그 다음에는 그 실체성을 깨기 쉬운 개념들을 소재로 삼아 그것에 실체가 없음을 파악해야 하며, 이어서 깨기 어려운 개념들을 대상으로 삼아 그것에 실체가 없음을 따져보아야 한다. 수학문제 가운데에 풀기 쉬운 것이 있고 어려운 것이 있듯이, 우리가 사용하는 개념들 중에도 깨기 쉬운 것이 있고 깨기 힘든 것이 있다. 깨기 힘든 개념은 우리가 강하게 속박되어 있는 개념이며, 눈, 귀, 코, 하늘, 땅, 삶, 죽음 등 대부분의 개념들은 깨기 쉽지 않다. 이런 개념들에 대해서는 우리의 인지認知가 강하게 속박되어 있다.

그러면 《반야심경》에서 어째서 눈이 없다고 했을까? 이에 대한 해답이 《중론》의 제3장인 〈관육정품觀六情品〉에 있다. 관육정품이라는 제목은 '여섯 가지 지각기관에 대해 검토하는 장章'이란 뜻이다. 우리는 눈(眼)으로 대상(色)을 보고, 귀(耳)로 소리(聲)를 들으며, 코(鼻)로 냄새(香)를 맡고, 혀(舌)로 맛(味)을 보며, 몸(身)으로 감각(觸)을 느끼고, 생각(意)으로 그 내용(法)을 파악한다. 안, 이, 비, 설, 신, 의라는 여섯 가지 지각기관과 색, 성, 향, 미, 촉, 법의 여섯 가지 지각대상이 어우러져 나타난 것이 우리의 삶이다. 이런 여섯 가지 지각기관과 여섯 가지 지각대상을 이 세상을 이루고 있는 열두 가지 영역이라는 의미에서 십이처十二處라고 부른다. 그런데 《중론》 제3 〈관육정품〉에서는 이런 십이처 모두에 실체가 없다는 점을 논증하는 시금석으로 삼기 위해 눈(眼)을 예로 드는 것이다. 〈관육정품〉의 다음과 같은 게송을 통해 우리는 어째서 눈도 없고 시각대상도 없으며 보는 행위도 없는지 짐작할 수 있다.

눈이란 것은
스스로 그 자체를 볼 수 없다.
만일 자기를 보지 못한다면
어떻게 다른 것을 보겠는가?

是眼則不能 自見其己體
若不能自見 云何見餘物

《중론》 제3장 제2게

 "눈이 없다"는 것은 동산양개 화상의 첫 스승도 답을 하지 못했던 참으로 난감한 경문이었는데, 위의 게송에 기술된 그 이유는 지극히 간단하다. 자기 자신을 볼 수 없기 때문이다. 중관학에서 신비하거나 복잡한 이론을 제시하는 것이 아니다. 그냥 "있는 그대로 보라!"는 것이다. 불교 전체가 그렇다. 복잡다단하게 생각하지 말고 '있는 그대로' 볼 경우 우리는 눈으로 눈 자체를 볼 수 없다는 점을 알게 된다. 내 앞에 놓인 꽃병도 보이고, 창문도 보이고, 내 손도 보이는데, 내 눈만은 보이지 않는다. 눈을 내리깔 경우 콧등이 보이고 눈을 치켜 뜰 경우 머리칼은 보이지만 콧등과 머리칼 사이에 있어야 할 눈만은 보이지 않는다. 눈의 존재는 감각적으로 확인되지 않는다. 그래서 눈이 없다는 것이다.
 동산양개 화상이 어린 시절 자신의 얼굴을 어루만져서 눈의 존재를 확인하고는 "《반야심경》에서는 어째서 눈이 없다고 하였는가?"라고 물었다고 하는데, 이때 동산양개 화상의 손에 만져진 것은 눈이 아니었다. 양개 화상의 손에 느껴진 눈은, 엄밀하게 말해 눈이 아니라 '눈알에 대한 촉감'이었다. 다시 말해 이 세계를 이루고 있는 열두 가지 영역(十二處), 즉 안·이·비·설·신·의의 여섯 가지 영역과 색·성·향·미·촉·법의 여섯 가지 가운데 안이 아니라 촉이었다. 촉을 안으로 간주한 어린 양개 화상은 "어째서 눈이 없는가?"라고 물었던 것이다.

앞에서 예로 들었던 큼과 작음이라는 개념의 경우 그 의미가 단순 명확하다. 그래서 그것이 실체가 없고 연기한 것이라는 설명 역시 쉽게 이해가 된다. 그런데 눈이라는 개념의 경우 그것이 얽혀 있는 의미 맥락이 복잡하다. 우리는 여섯 가지 지각기관을 통해 정보를 습득한다. 우리의 머리속에 눈이라는 개념이 생기는 것 역시 여섯 가지 지각기관에 의해 이루어진다. 눈에 대해서 우리는 둥글다거나 흰 바탕에 검은 동그라미가 있는 것이라거나, "손으로 누르면 말랑말랑하다"는 등의 묘사를 할 수 있다. 그런데 이 모든 것이 눈 고유의 본질은 아니다. 눈 이외의 다른 사물 중에도 둥근 것이 있고 흰 색과 검은 색 동그라미의 모습을 띤 것도 있으며 손으로 만지면 말랑말랑한 것도 있다. 모든 사물은 그 고유의 본질을 갖는다.

불교에서는 지地, 수水, 화火, 풍風의 네 가지 요소가 조합되고 어우러져 물질의 세계가 이루어졌다고 본다. 물질을 이루는 네 가지 큰 요소라는 의미에서 이를 사대四大라고 부른다. 이 사대 가운데 지대地大는 딱딱함(堅性)을 본질로 하고, 수대水大는 축축함(濕性)을 본질로 하며, 화대火大는 뜨거움(熱性)을 본질로 하고, 풍대風大는 움직임(動性)을 본질로 한다. 이와 마찬가지로 눈에도 본질이 있다. 그것은 보는 작용이다. 보는 작용을 하는 것, 즉 보는 힘을 갖는 것만이 눈이지 그렇지 못한 것은 눈이 아니다. 어린 양개 화상의 손에 만져진 것은 보는 작용으로서의 눈이 아니었다. 십이처 가운데 안처眼處가 아니라, 촉처觸處였다.

또, "눈으로 자기 눈을 볼 수 없으니 눈은 존재하지 않는다"는 설명을 듣고서, "거울에 비추어 보면 자신의 눈을 볼 수 있으니 눈은 존재한다"고 반박하는 사람이 있을지도 모른다. 거울 앞에 서서 비추어 보면 내 모습이 보이고 분명히 희고 검은 눈의 모습도 보인다. 그래서 나의 눈이 존재하는 것으로 생각한다. 그러나 거울에 비친 것은 진정한 눈이 아니다. 일체의 존재를 안·이·비·설·신·의와 색·성·향·미·촉·법의 십이처로 분류할 때 눈에 해당하는 것은 안처眼處인데 거울에 비친 눈은 안처가 아니라 색처色處에 속한다. 눈(眼)이 아니라 시각대상(色) 중 일부일 뿐이다.

또 "나의 눈은 볼 수 없어도 남의 눈은 보이지 않는가?"라고 반문하는 사람이 있을지 모른다. 그러나 남의 눈 역시 안처가 아니라 색처에 속한다. 거울에 비친 내 눈이든 나에게 보이는 남의 눈이든, 희고 검은 색깔로 이루어진 형태로 시각대상인 색처에 속한다. 앞에서 어린 양개 화상의 손에 만져진 눈은 안이 아니라 촉이었고, 지금 설명한 거울에 비친 눈이나 남의 눈은 안근眼根이 아니라 색경色境인 것이다.

위에 인용한 《중론》 제3 〈관육정품〉의 게송은 구마라습鳩摩羅什(Kumārajīva:344~413, 또는 350~409)의 한역문을 우리말로 번역한 것인데, 그에 해당하는 산스끄리뜨 원문을 직역하면 다음과 같이 된다.

> 보는 작용이 스스로 자기를,
> 그것이 바로 그것을 결코 보지 못한다.
> 스스로를 보지 못하는 것,
> 그것이 어떻게 다른 것을 보겠는가?

svamātmānaṃ darśanaṃ hi tattameva na paśyati/
na paśyati yadātmānaṃ kathaṃ drakṣyati tatparān//

여기서 '보는 작용'이라고 번역한 다르샤나(darśana)가 앞의 구마라습 한역문에는 안眼으로 번역되어 있었다. 원래 안眼에 해당하는 산스끄리뜨는 다르샤나가 아니라 짝슈(cakṣu)이다. 십이처 중의 안처眼處나 십팔계 중의 안계眼界의 안眼도 모두 짝슈의 번역어이다. 다르샤나는 '보다'를 의미하는 √dṛś라는 어근에 '작용'을 의미하는 접미사 ana가 결합된 말이기에 '보는 작용'이라고 직역했으나, 그 의미를 살려 보다 정확히 번역하면 능견能見이 된다. 그리고 "눈이 눈을 볼 수 없다"는 문장에 이를 대입하면 "능견은 능견을 볼 수 없다"가 될 것이다.

"눈은 눈을 볼 수 없다." 다시 말해, "능견은 능견을 볼 수 없다." 마치 칼날로 칼날 그 자체를 자를 수 없듯이…… 우리는 요리를 할 때 칼로 두부도 자르고, 감자도 자르고, 김치도 자른다. 칼은 다른 모든 것을 자를 수 있다. 그러나 도저히 자를 수 없는 것이 한 가지 있다. 그것은 칼날 그 자체이다.

능견은 능견을 볼 수 없다. 손가락 끝으로 손가락 끝을 가리킬 수 없듯이……. 우리는 주먹을 쥐고 두 번째 손가락인 검지를 똑바로 펴서 무엇을 지목한다. 산을 가리키고, 달을 가리키고 하늘을 가리키고 사람을 가리킨다. 손가락 끝으로 다른 모든 것을 가리킬 수 있어도 결코 가리키지 못하는 것이 하나 있다. 바로 그 손가락 끝이다. 이와 마찬가지로 능견으로서의 눈은 그 주위에 있는 것을 모두 볼 수 있지만 능견으로서의 눈 그 자체만은 볼 수 없다. 이런 논리를 통해 능견이란 개념의 자성이 해체된다. 다시 말해 눈이 실재하지 않음을 알게 된다. 눈이란 개념의 실체성이 해체된다. 눈이 존재의 세계에서 증발한다.

**개념의 실체성 비판과 연기의 법칙**

지금 우리는 반논리학인 중관논리를 논리학과 대비시켜 설명하는 중이다. 여기서 한 가지 문제가 남는다. 일반논리학에서는 개념이 실재한다는 가정 위에서 논리를 구축하지만, 반논리학인 중관논리에서는 개념의 실체성을 부정한다. 앞 장章에서 "개념에 실체가 있다"는 점을 부정하는 근거는 연기緣起와 공空의 가르침이라고 설명한 바 있다. 그렇다면 지금 《중론》 제3 〈관육정품〉의 제2게에서 눈의 실체를 부정하는 반논리적 논리 역시 연기와 공의 이치에 근거한 것이어야 할 것이다. "눈은 눈을 볼 수 없다", 또는 "능견은 능견을 볼 수 없다"는 것이 눈이란 개념이 실재하는 것이 아님을 입증하는 문장이었는데, 외견상 이 문장은 연기와 공의 가르침과 무관한 것처럼 보인다. 그러나 결론을 먼저 얘기한다면, 이 역시 연기의 이치에 근거한 선언이다. "눈은 눈을 볼 수 없다"는 문장은 연기공식緣起公式 중 환멸문還滅門의 변형적 표현에 다름 아니다. "이것이 있음에 저것이 있고 이것이 생하므로 저것이 생한다. 이것이 없음에 저것이 없고 이것이 멸하므로 저것이 멸한다"는 것이 연기공식인데 이 중 전반부는 존재가 발생하는 이치를 설명하는 유전문流轉門이고 후반부는 존재가 소멸하는 이치를 설명하는 환멸문이다. "눈은 눈을 볼 수 없다"는 선언의 저변에는 이 가운데 "이것이 없음에 저것이 없고 이것이 멸하므로 저것이 멸한다"는 환멸문의 조망이 깔려 있다.

그러면 어째서 그렇다고 할 수 있을까? 앞에서 긴 막대와 짧은 막대라는 생각이 모두 연기한 것이라는 점에 대해 설명한 바 있다. 어떤 막대를 보고 그것이 길다는 생각을 내는 것은, 옆에 놓인 짧은 막대와 그 막대를 비교했거나 머릿속에서 다른 짧은 막대의 모습을 떠올린 후 이를 그 막대와 비교했기 때문이다. 다른 비교대상을 떠올리지 않고 어떤 막대를 바라볼 때에는 그 막대에 대해 길다거나 짧다는 생각을 낼 수가 없다. 다시 말해 "어떤 것이 홀로 있을 때에는 그것의 의미가 발생하지 않는다."

모든 것은 연기緣起하며 고기孤起(홀로 발생함)하는 것은 없다. "눈이 눈을 볼 수 없기에 눈은 존재하지 않는다"는 조망은 "어떤 것도 고기할 수 없다"는 조망과 관계된다. 눈이 눈을 보려고 할 때에는, 외부대상은 사라지고 눈만 홀로 있게 된다. 그 어떤 것이라고 해도 홀로 있을 경우에는 의미를 상실하고 만다. 눈 스스로 눈을 보려 할 경우 눈은 홀로 있게 되기에 결국 눈의 존재가 사라지고 마는 것이다. 예를 들어, 길이가 다른 두 개의 막대를 나란히 놓으면 하나는 짧은 막대가 되고 다른 하나는 긴 막대가 된다. 그런데 그 중 하나를 치우면 그 막대의 길이는 의미를 상실한다. 의미의 세계에서 막대의 길이가 사라지는 것이다. 연기공식의 환멸문에서 가르치듯이 '이것이 없으면 저것이 사라지는 법'인데 이 막대를 치워 없애니 저 막대의 길이도 사리지고 마는 것이다.

이와 마찬가지로, 우리가 앞에 놓인 시각대상을 대하고 있는 도중에는 얼굴의 이쪽 어딘가에 눈이 있는 것으로 생각된다. 이것이 있으면 저것이 있다는 유전문에 대입하면, 시각대상은 이것에 해당하고 눈은 저것에 해당한다. 이렇게 연기적으로 발생한 눈과 시각대상을 실재하는 것으로 간주한 후, 우리는 눈으로 시각대상을 본다고 생각한다. 그런데 눈이 눈 스스로를 보려고 하는 행위는 시각대상을 염두에 두지 않는 행위이고, 이는 나란히 놓인 긴 막대와 짧은 막대에서 짧은 막대를 치워 버리는 행위에 대비된다. 나란히 놓인 길이가 다른 두 개의 막대에서 짧은 막대를 치우면, 긴 막대에 대해 길다는 규정을 할 수 없게 되듯이 시각대상을 배제시키고 눈 스스로 눈 그 자체를 보려고 할 때 눈은 존재의 세계에서 사라지는 것이다. 이것이 없으면 저것이 없듯이, 시각대상이 없으면 눈은 존재할 수 없다. 눈이란 개념의 실체성을 해체시키는 "눈이 눈을 볼 수 없다"는 문장은 이렇게 환멸연기의 이치에 근거한다.

또, 위에 인용한 게송에서는 눈이란 개념의 실체성만 해체시키는 것이 아니다. 한 걸음 더 나아가 눈에 비친 대상, 즉 시각대상의 실체성도 해체시킨다. "스스로를 보지 못하는 것, 그것이 어떻게 다른 것을 보겠는가?"라는 문장이 그에 해당한다. 안처, 이처, 비처, 설처, 신처, 의처와 색처, 성처, 향처, 미처, 촉처, 법처의 십이처 분류법에서, 앞의 육처六處는 지각기관이고 뒤의 육처는 지각대상이다. 앞의 육처 중 안처眼處는 지각기관 중 눈이고 색처色處는 지각대상 중 시각대상이다. 이처耳處는 귀이고 성처聲處는 귀에 들리는 소리이다. 비처鼻處는 코이고 향처香處는 코에 맡아지는 냄새이다.……의처意處는 생각하는 작용이고 법처法處는 생각된 내용이다. 위의 게송 가운데 앞부분에서는 보는 작용, 즉 안처인 눈의 실재를 부정하고 있고, 뒷부분에서는 "스스로를 보지 못하는 것, 그것이 어떻게 다른 것을 보겠는가?"라고 말하며 안처의 대상인 색처, 즉 시각대상의 실재를 부정하는 것이다. 그러면 이렇게 시각대상의 실재성이 부정되는 까닭에 대해 설명해 보자.

앞에서, 구마라습이 안眼으로 번역했던 다르샤나(darśana)는

'보는 작용'이란 뜻을 가지며, 정확히 번역하면 능견能見이 된다고 설명한 바 있다. 그런데 능견에 대응하는 개념은 소견所見(draṣṭavya)이다. 보인 대상이란 의미이다. 능견은 보는 측에 해당하고, 소견은 보인 것에 해당한다. 보는 작용은 보는 측이고 보인 대상은 보인 것이다. 능견은 이쪽이고 소견은 저쪽이다. 그런데 능견과 소견, 즉 보는 작용과 보이는 대상은 연기적으로 발생한 개념이다. "이것이 없으면 저것이 멸한다"는 연기공식의 환멸문에서 이것에 해당하는 것이 보는 작용이라면, 저것에 해당하는 것은 보인 대상이다. 보는 작용 없이 보인 대상이 있을 수 없고, 보인 대상 없이 보는 작용이 있을 수 없다. 앞에서 보는 작용이 실재하지 않는다는 사실이 확인되었다. 다시 말해 능견은 존재하지 않는다. 그렇다면 그에 대응하는 소견, 다시 말해 보인 대상 역시 존재할 수 없다. 능견인 눈이 없기에 소견인 시각대상 역시 없다는 말이다. 긴 것을 없애면 짧은 것이라는 생각 역시 없어지듯이…….

그런데 여기서 "시각대상이 없다"는 말을 했다고 해서, 이 말이 '아무것도 보이지 않음'을 의미하는 것은 아니다. 눈앞이 컴컴해졌다는 뜻은 아니다. 전에 보이던 것과 똑같이 눈앞에 컵도 보이고 화분도 보인다. 보이던 것이 사라지거나 그 모습이 달라지는 것은 아니다. 그런 시각 영상들과 나의 눈 사이에 은연중에 그어 놓았던 선線이 사라질 뿐이다. 그런 시각 영상들이 대상성對象性을 상실한다는 말이다. 시각대상으로서의 자격을 잃어버린다는 말이다. 능견과 소견의 실재성을 논파하기 전까지는 능견인 눈도 실재하고 소견인 시각대상도 실재하는 줄 알았다. 이쪽에 있는 눈으로 저쪽에 있는 시각대상을 보는 줄 알았다. 눈과 시각대상은 확연히 다른 줄 알았다. 그런데 위에 인용한 게송에 의거하여 시각 세계의 참모습(實相)을 분석해 보면, 우리는 눈도 실재하지 않고 시각대상도 실재하지 않음을 알게 된다.

사실, 우리가 무엇을 볼 때 우리에게 보인 시각의 세계에 어떤 선線이 그어져 있는 것은 아니다. 시각영역에 어떤 선이 그어져 그 선을 중심으로 이쪽은 눈이고, 저쪽은 시각대상이라고 구분할 수 있는 것이 아니다. "갖가지 사물들이 보인다"는 하나의 사건만 일어날 뿐이다. 그런데 우리의 생각은 그런 한 덩어리의 시각 사건을 두 개의 개념으로 나누어버린다. 눈과 시각대상, 또는 능견과 소견, 또는 보는 측과 보인 측으로······.

우리의 생각은 마치 가위(Scissors)와 같다. 잘려지는 것이 종이나 헝겊이 아니라 사건이나 사태事態라는 점에서 일반 가위와 차이가 난다. 원래 긴 것도 없고, 짧은 것도 없는데 우리는 생각으로 긴 것과 짧은 것을 잘라낸다. 원래 더러운 것도 없고 깨끗한 것도 없는데 더러운 것과 깨끗한 것으로 잘라낸다. 원래는 시각작용도 없고 시각대상도 없는데 시각작용인 능견과 시각대상인 소견으로 잘라낸다. 어떤 사태를 이렇게 '생각의 가위'로 잘라내는 작용을 불교전문용어로 '분별分別(vikālpa)'이라고 부른다. 우리의 생각은 분별을 그 속성으로 삼는다. 분별하지 않으면 그 어떤 생각도 떠올릴 수 없고 그 어떤 말도 할 수 없다. 그러나 생각의 가위질인 분별에 의해 잘려진 세상은 이 세상의 참 모습이 아니다. 이 세상 모든 것은 얽혀 있기 때문이다. 얽힌 그물을 자르는 순간 이 세상의 참 모습에서 벗어난다.

중관학에서 개념에 실체가 있다는 생각을 비판할 때 토대가 되는 것은 연기와 공의 이치이다. 큰 것과 작은 것, 긴 것과 짧은 것은 물론이고 지금 예로 든 눈과 시각대상 역시 연기의 이치에 근거하여 그 공함이 파악되었다. 그런데 눈과 시각대상이라는 개념의 경우 그 실체성을 논파하는 것이 쉽지는 않았다. 우리가 중관논리에 의거하여 개념의 실체성을 논파하고자 할 때, 그것이 성공적이기 위해서는 그 개념의 매듭이 얽혀 있는 맥락을 잘 파악해야 한다. 그 맥락을 잘 알아야 개념의 매듭을 쉽게 풀어낼 수 있다. 긴 것이라는 개념의 경우 짧은 것이라는 개념과 얽혀서 만들어진 매듭이라는 점이 쉽게 파악되기에 그 실체성을 논파하는 일이 어렵지 않다. 큼과 작음, 예쁨과 못생김, 부유함과 가난함 등도 그것이 얽혀 있는 맥락을 쉽게 알 수 있는 개념들이다.

그러나 눈의 경우는 그렇지 않았다. 우리가 무작정 눈의 실체성을 논파하고자 할 경우 막막하지 않을 수 없다. 어떤 다른 개념을 끌어들여 그 실체성을 논파해야 할 것인지 난감하다. 그러나 앞에서 인용했던 《중론》 제3 〈관육정품〉의 게송을 통해 시각대상이라는 개념이 눈이라는 개념의 매듭을 만들어낸 타자他者라는 점을 알 수 있었고, 그 매듭 역시 차근차근 풀어낼 수 있었다. 중관학에서 가르치는 개념의 실체성을 비판하는 논리를 익히기 위해서는 다양한 개념들을 소재로 삼아 그 개념들을 만들어낸 상관개념, 즉 타자(他者)가 무엇인지 알아내는 훈련을 해야 하고, 그 타자와의 관계 속에서 그 개념에 대한 고착을 풀어내는 훈련을 되풀이해야 한다.

중관학은 테크닉이다. 중관학은, 어떤 체계를 갖는 사상이 아니라 우리를 생각의 속박에서 해방시켜 주는 테크닉이다. 또 우리가 사용하는 갖가지 개념들의 매듭도 그것이 묶인 정도가 천차만별이다. 어떤 개념의 매듭은 느슨하게 묶여 있기에 풀기 쉽고, 어떤 개념의 매듭은 너무 단단히 묶여 있기에 아주 정밀하게 분석하며 논리적으로 파고들어야만 풀어낼 수 있다. 큰 것과 작은 것 등의 생각은 그 매듭이 느슨하게 묶여있는 개념들이고, 눈과 시각대상은 그 매듭이 비교적 단단히 묶여 있는 개념들이다. 중관학을 제대로 익히기 위해서는 이런 개념의 매듭을 풀어내는 훈련을 많이 해 보아야 한다.

**불은 실체가 없다**

그러면 이제 개념의 실체성을 논파하는 또다른 예를 들어보자. 모든 개념에 실체가 없다면, 불도 실체가 없을까? 우리 눈에 확연히 보이는 활활 타는 불도 실체가 없고 공(空)할까? "모든 것이 공하다"는 불교의 가르침이 진실이라면 그래야 할 것이다. 그러나 뜨거운 불, 활활 타오르는 불은 도무지 공할 것

같지가 않다. 눈이 실재하지 않는다는 《반야심경》의 선언이 어린 양개 화상을 당혹케 하고 그 첫 스승을 당황하게 만든 참으로 난감한 선언이었지만, 불이 실재하지 않는다는 것은 이보다 더 난감한 말처럼 들린다.

앞에서 눈이란 개념의 실체성을 비판하는 것이 쉽지 않았던 것은 그 개념이 묶여 있는 의미맥락이 복잡했기 때문이다. 불이라는 개념은 눈에 비해 더 복잡다단한 의미맥락을 갖는다. 불 하면 떠오르는 생각은 뜨거움, 밝음, 태움 등이다. 동일한 불이지만 어떤 각도에서 접근하는가에 따라 그 개념의 의미가 달라진다. 뜨거움이라는 측면에서 접근하여 불이 실재하지 않음을 논증할 수도 있고, 밝음이라는 측면에서 접근하여 이를 논증할 수도 있다. 상대방이 어떤 관점에서 불을 바라보는가에 따라 그 생각을 논파하는 방식이 달라진다. 그런데 《중론》에서는 태움이라는 측면에서 접근한다. 즉, 연료와의 관계 속에서 불이란 개념의 실재성을 논파한다.

중관학에서 개념을 논파할 때, 불이란 개념이 실재하지 않음을 알려주는 방법도 간단명료하다. "있는 그대로 보라!"는 것이다. 있는 그대로 보자! 불만 홀로 있는 경우가 있는지……. 다른 불순물이 섞이지 않고 불만 외따로 존재한 것을 본 적이 있는가? 우리는 흔히 "연료에 불을 붙인다"고 말한다. 캠프파이어를 위해서 장작을 쌓아 놓았을 때, 누군가가 "장작에 불을 붙여라"라고 말한다. 그러면 다른 누군가가 성냥을 그어 불을 만들어 그것을 마당 한가운데 쌓인 장작에 붙인다. 이 경우 얼핏

보기에 불이 별도로 존재하고 연료가 별도로 존재하는 것 같다. 여기서 성냥불은 불에 해당하고 장작은 연료에 해당한다. 그러나 실제로 그럴까? 성냥을 그어 만든 것은 오직 불일 뿐일까? 그렇지 않다. 성냥을 그어 불을 만드는 순간 성냥개비가 연료의 역할을 하게 된다. 장작을 태우기 위해 만든 성냥불에 불만 존재하는 것은 아니다. 성냥개비라는 연료가 있기에 불이 존재할 수 있다. 마치 긴 것이 있기에 짧은 것이 있을 수 있었듯이…….

불은 반드시 연료와의 연기관계 속에서 발생한다. 성냥이 아니라 가스라이터로 불을 만들 경우에도 가스라는 연료가 있어야 한다. 노랗게 타오르는 촛불의 윗부분에도 불만 존재하는 것이 아니다. 촛불의 윗부분에 검은 심지 없이 노란 불꽃만 보이지만, 그때 노란 색이 보일 수 있는 것은 미세한 탄소알갱이들이 뜨겁게 달구어졌기 때문이다. 이 탄소입자들이 연료의 역할을 한다. 마치 숯이 달구어지면 밝게 빛나듯이, 미세한 탄소입자들이 달구어져 노란 빛을 내다가, 더 달구어지면 무색의 산화탄소($CO_2$, $CO$)가 되어 날아간다. 달구어진 탄소알갱이와 산화탄소의 경계부가 촛불의 윤곽을 형성한다.

아무리 정밀하게 분석해 보아도, 또 그 어떤 불을 예로 들어 보아도 '불'이 있는 곳에는 반드시 '연료'가 존재한다. 불만 홀로 존재하는 경우는 없다. "불에 실체가 없다"거나, "불은 공하다"고 말하는 이유가 여기에 있다. 있는 그대로 볼 경우 불의 실체는 없다.

이렇게 불이란 개념은 실체가 없다. 홀로 존재하는 것이 아니다. 그러나 연료도 그럴까? 연료는 실재하는 것 같이 생각된다. 연료 없는 불은 있을 수 없어도 불이 붙지 않은 연료는 존재하지 않는가! 아직 성냥불을 붙이진 않았어도 캠프파이어를 위해 쌓아 놓은 장작은 존재하는 것 아닌가? 아직 불을 붙이진 않았어도 투명한 가스라이터 속의 액화가스는 출렁거리며 존재하는 것 아닌가? 이렇게 불이 붙지 않아도 연료는 있다. 그렇다면 "모든 것이 공하다"는 《반야경》의 선언은 잘못된 것 아닐까? 앞에서의 논의를 통해서 불에 실체가 없다는 점은 이해가 되었지만, 아무리 생각해도 연료에는 실체가 있는 것 같다.

그러나 연료 역시 실재하는 것이 아니다. 불에 실체가 없듯이 연료에도 실체가 없다. 왜냐하면 아직 불이 붙지 않은 연료는 연료라고 부를 수 없기 때문이다. 아궁이에 넣어 태우려는 생각에서 부엌 바깥에 쌓아 놓은 짚단도, 애초의 생각을 바꾸어 새끼줄이나 가마니를 만드는 재료로 사용할 수도 있다. 그것에 불이 붙기 전까지는 아직 연료라고 규정할 수가 없다. 헛간에 쌓여 있는 장작도 불을 붙여 땔감으로 쓰기 전에는 연료라고 규정할 수가 없다. 집을 짓는 재료로 사용될 수도 있고, 낮잠을 잘 때 베개로 사용할 수도 있다. 연료 없는 불도 찾을 수 없었지만, 불 없는 연료 역시 존재할 수 없다. 긴 것이 없으면 어떤 막대에 대해 짧은 것이라고 규정할 수 없고, 짧은 것이 없으면 긴 것이라고 규정할 수 없다. 이와 마찬가지로 "연료가 있기에 불이 있고 연료가 없으면 불이 없을 뿐만 아니라,

불이 있기에 연료가 있고 불이 없으면 연료가 없다." "이것이 있기에 저것이 있고, 이것이 없으면 저것이 없다"는 연기공식은 불과 연료의 관계에도 그대로 적용된다.

**초기불전의 십이연기와 중관학의 연기**

그런데 이렇게 개념의 실체성을 비판하는 중관논리가 연기의 이치에 근거한 것이라 할 때, 불교 교리적으로 난관에 부딪힌다. 이는 불과 연료뿐만 아니라, 긴 것과 짧은 것, 큼과 작음, 예쁨과 못생김, 부유함과 가난함, 깨끗함과 더러움 등 앞에서 예로 들었던 개념들 모두와 관계된 문제이다. 지금까지 이런 개념들의 실체를 비판하면서 그 근거로 연기에 대해 기술했는데, 문제가 되는 것은 중관학에서 사용되는 연기는 초기불전에서 가르치는 연기와 그 외형이 다르다는 점이다. 예를 들어 보자. 우리는 긴 것과 짧은 것의 연기관계를 다음과 같이 기술할 수 있다.

긴 것이 있으면 짧은 것이 있고, 긴 것이 생하므로 짧은 것이 생한다. 긴 것이 없으면 짧은 것이 없고 긴 것이 멸하므로 짧은 것이 멸한다.

그런데 여기 쓰인 긴 것과 짧은 것의 순서를 바꾸어 다음과 같이 기술할 수도 있다.

짧은 것이 있으면 긴 것이 있고, 짧은 것이 생하므로 긴 것이 생한다. 짧은 것이 없으면 긴 것이 없고 짧은 것이 멸하므로 긴 것이 멸한다.

긴 것과 짧은 것의 연기관계를 표현하는 이 두 가지 표현을 다시 정리하면 다음과 같이 된다.

긴 것이 있으면 짧은 것이 있고, 짧은 것이 있으면 긴 것이 있다.
긴 것이 생하므로 짧은 것이 생하고, 짧은 것이 생하므로 긴 것이 생한다.
긴 것이 없으면 짧은 것이 없고, 짧은 것이 없으면 긴 것이 없다.
긴 것이 멸하므로 짧은 것이 멸하고, 짧은 것이 멸하므로 긴 것이 멸한다.

있음이건 없음이건 생함이건 멸함이건, 긴 것과 짧은 것의 관계는 이렇게 가역적可逆的이다. 긴 것과 짧은 것뿐만 아니라 큼과 작음, 눈과 시각대상 등 지금까지 중관학적 개념 비판의 소재로 삼았던 모든 개념 쌍雙들이 이렇게 가역적 연기관계를 갖고 있다. 각 개념 쌍을 이것과 저것이라는 대명사로 대체할 때 '이것↔저것'과 같이 쌍방향의 의존관계로 연기가 표현된다. 그래서 "이것이 있으면 저것이 있고, 저것이 있으면 이것이 있다"든지 "이것이 없으면 저것이 없고, 저것이 없으면 이것이 없다"는 식으로 표현될 수 있다.

그러나 초기불전의 연기설은 표현방식이 이와 다르다. 초기불전의 연기설은 불가역적不可逆的이다. '이것→저것'과 같이 한 방향의 의존관계로 연기가 표현된다. 십이연기설十二緣起說을 구성하는 열두 가지 요소 각각의 연기관계는 다음과 같이 정리된다.

무명無明 → 행行 → **식識** ↔ **명색名色** → 육입六入 → 촉觸 → 수受 → 애愛 → 취取 → 유有 → 생生 → 노사老死

"무명이 있으면 행이 있고, 무명이 없으면 행이 없다.……생이 있으면 노사가 있고 생이 없으면 노사가 없다." 이 가운데 식과 명색의 관계만 쌍방향(↔)의 의존관계를 갖는 것으로 되어 있고 다른 모든 요소, 즉 다른 모든 지분들의 연기관계에는 방향성(→)이 있다.

### 식과 명색의 상호 의존관계에 대한 해명

여기서 잠깐 논의에서 벗어나 식과 명색이 쌍방향의 의존관계를 갖는 이유에 대해 설명해 보겠다. 식과 명색이 쌍방향의 의존관계를 갖는 것에 대해 현대학자들의 학설이 구구하지만, 《중아함경》에 근거할 때, 식은 '중음신의 오온'에 해당하고 명색은 '태아의 오온'에 해당하기에 양자의 관계가 쌍방향일 수밖에 없음을 알게 된다.

《중아함경》에서는 식과 명색의 관계에 대해 다음과 같이 설명한다.

부처님: 누군가가 명색名色의 조건이 무엇이냐고 묻는다면 식識을 조건으로 삼는다고 답해야 하느니라. 소위 '식을 조건으로 삼아 명색이 있다'고 알아야 하느니라. 아난아, 가령 식이 모태 속으로 들어오지 않았다면 명색이 지금의 이런 몸으로 성장했겠느냐?

아난: 아니옵니다.

부처님: 만일 식이 태胎 속으로 들어오자마자 나가버린다면 명색이 정자精子와 만날 수 있었겠느냐?

아난: 만나지 못합니다.

부처님: 아난아, 가령 어린아이의 식이 애초에 파괴되어 없어졌는데도 명색이 자라나겠느냐?

아난: 아니옵니다.

부처님: 아난아, 그러므로 명색의 인因이 되고 집集이 되며 근본이 되고 조건이 되는 것은 바로 이 식識이니라. 왜 그런가? 식을 조건으로 삼아 명색이 존재하기 때문이다. 아난아, 만일 누군가가 식에도 조건이 있느냐고 묻는다면 식도 조건을 갖는다고 답해야 하느니라. 만일 누군가가 식의 조건이 무엇이냐고 묻는다면 명색을 조건으로 삼는다고 답해야 하느니라. 이른바 '명색을 조건으로 삼아 식이 존재한다'고 알아야 하느니라. 아난아, 만일 식이 명색을 만나지도 않았는데, 다시 말해 식이 명색을 세우거나 명색에 의지하지도 않았는데 식이 태어나고, 늙고, 병들고, 죽는 괴로움을 겪겠느냐?

아난: 아니옵니다.

부처님: 아난아, 그러므로 이런 식의 인이 되고 집이 되며 근본이 되고 조건이 되는 것은 바로 이 명색이니라. 왜 그런가? 명

색을 조건으로 삼아 식이 존재한다. 아난아, 이것이 '명색을 조건으로 삼아 식이 존재하고, 식을 조건으로 삼아 명색이 있음'의 의미이니라.14)

생명체가 죽을 경우 그 영혼, 즉 중음신中陰身은 다시 새로운 모태 속으로 들어가 수정란에 오버랩 되어 새로운 생명체로 자라난다. 여기서 중음신인 영혼을 '식'이라고 부르고, 이런 식이 부착되어 자라날 수정란은 명색 가운데 '색'에 해당한다.

사망과 탄생의 중간 단계의 오음五陰을 의미하는 중음신이라는 호칭에서 보듯이 여기서 말하는 식識, 즉 영혼은 순수 정신적 존재가 아니라, 육체도 갖는 심신 복합체이다. 그런데 위의 경문에서 보듯이 "정자와 난자가 만나 형성된 수정란이 있어야 그것에 영혼인 '식'이 안착할 수 있고, 영혼이 부착되어야 수정란은 '명색'이 되어 자라날 수 있다." 영혼인 식과 수정란인 명색은 상호 의존관계에 있다는 말이다. 그래서 십이연기의 각 지분 가운데 식과 명색의 관계만이 상호의존적인 것이다.

---

14) 若有問者 名色有何緣 當如是答 緣識也 當知所謂緣識有名色 阿難 若識不入母胎者 有名色成此身耶 答曰 無也 阿難 若識入胎卽出者 名色會精耶 答曰 不會 阿難 若幼童男童女識初斷壞不有者 名色轉增長耶 答曰 不也 阿難 是故當知是名色因·名色習·名色本·名色緣者 謂此識也 所以者何 緣識故則有名色 阿難 若有問者 識有緣耶 當如是答 識亦有緣 若有問者 識有何緣 當如是答 緣名色也 當知所謂緣名色有識 阿難 若識不得名色 若識不立·不倚名色者 識寧有生·有老·有病·有死·有苦耶 答曰 無也 阿難 是故當知是識因·識習·識本·識緣者 謂此名色也 所以者何 緣名色故則有識 阿難 是爲緣名色有識 緣識亦有名色: 《中阿含經》, 대정장1, pp.579c~580a.

십이연기에 대한 태생학적 해석을 '분위연기分位緣起'적 해석이라고 부른다. 무명에서 시작하여 노사로 끝나는 십이연기설의 열두 가지 항목을 전생과 현생과 내생의 삼세三世로 위상(位)을 나누어(分) 조망하기 때문이다. 열두 가지 항목 가운데 무명과 행은 전생에 심었던 인因에 해당하고, 명색과 육입과 촉과 수는 현생에 받는 과果에 해당하며, 애와 취와 유는 현생에 심는 인에 해당하고, 생과 노사는 내생에 받을 과에 해당한다. 분위연기의 경우 십이연기의 열두 가지 항목을 이렇게 전생과 현생과 내생의 삼세에 걸쳐 펼쳐서 조망한다.

그런데 십이연기에 대해서는 동시적인 조망도 가능하다. 그것이 찰나연기적 해석이다. 무명에서 시작하여 노사로 끝나는 열두 가지 항목이 한 찰나에 모두 쌓여 있다고 보는 조망이다.

그런데 분위연기의 조망과 찰나연기의 조망은 서로 모순된 것이 아니다. 십이연기 각 지분들의 발생 시점에 대해 조망한 것이 분위연기이고, 그렇게 발생한 후 계속 쌓여가며 이어져 지금 이 순간에 동시에 작용하는 열두 가지 지분을 조망한 것이 찰나연기이다. 예를 들어, 모태의 자궁 속에서 임신 5주째에 형성된 눈, 귀, 코 등의 감관, 즉 육입六入을 나는 지금도 갖고 있는데, 여기서 나의 감관이 임신 5주째에 형성되었다는 조망은 분위연기에 근거하고, 그런 감관을 지금 이 순간에도 갖고 있다는 조망은 찰나연기에 토대를 둔다.

식과 명색의 관계가 상호의존적이라고 할 때, 이는 분위연기나 찰나연기의 조망 모두에 해당한다. 앞에서 영혼과 수정란의 관계로 풀이한 것은 분위연기의 조망이다. 그런데 지금 이 순간에도 나의 영혼과 육체는 상호 의존관계에 있다. 영혼이 떠나가면 나의 육체는 시체가 되고, 육체가 망가지면 나의 영혼은 더 이상 이 육체에 깃들어 있을 수가 없다. 영혼이 붙어 있기에 육체가 살아 있고, 육체가 작동하기에 영혼이 붙어 있을 수 있다. 식과 명색이 상호 의존한다는 사실은 비단 자궁 내에서만 그런 것이 아니라 성장한 후 죽을 때까지 계속되는 진리이다. 십이연기설에서 유독 식과 명색에 대해서만 상호 의존적 관계에 의해 설명하는 이유가 여기에 있다.

 십이연기설 가운데 식과 명색 이외의 항목들은 상호 의존적이지 않다. 예를 들어 명색과 육입六入의 경우 명색은 육체이고, 육입은 눈, 귀, 코 등의 감관에 해당하는데, 육체가 있은 후 그것에 감관이 생긴다고는 말할 수 있어도, 감관이 있고 나서 육체가 만들어진다고 말할 수는 없다. 또, 육입과 촉觸의 경우 촉은 감관과 대상 간의 접촉을 의미하는데, 존재론적으로 볼 때 감관이 만들어지고 나서 감관과 감각대상의 접촉이 있는 것이지, 이와 반대로 감각대상과의 접촉이 있은 후 감관이 만들어진다고 말할 수는 없다.

 다시 말해 존재론적 측면에서 육입→촉의 관계는 가능해도 육입←촉의 관계는 있을 수 없다. 식과 명색의 경우는 식↔명색과 같이 쌍방향의 상호 의존관계를 갖지만 명색과 육입, 또 육입과 촉 등 다른 지분들의 경우는 일방향의 관계만 가질 뿐이다.

### 《중론》의 연기가 상호의존적인 이유

이제 다시 앞의 논의로 돌아가, 초기불전의 연기설과 중관학의 연기설을 비교해 보자.

앞에서 긴 것과 짧은 것이라는 항목을 예로 들며 중관학에서 말하는 연기는 긴 것↔짧은 것과 같이 상호 의존적이라고 설명한 바 있다. 그러나 초기불전의 대표적 연기설, 즉 십이연기설에서는 무명→행→식…육입→촉…생→노사와 같이 거의 모든 항목들이 불가역적인 한 방향의 의존관계를 갖는다. 대부분의 현대 학자들은 이를 근거로 중관학에 와서 연기관이 달라졌다고 주장한다. 그러나 진짜 그럴까? 연기에 대한 초기불전의 해석과 중관학의 해석이 다르다면 불교는 일미성一味性을 상실하고 만다. 그렇다면 불교라는 종교의 자기정체성이 무너지고 만다.

많은 현대 학자들이 초기불전과 중관학의 연기관이 서로 다른 것으로 착각한 이유는 연기를 기술하는 언어적 표현의 겉모습만 비교했기 때문이다. 단도직입적으로 말하면 중관학에 와서 연기의 의미가 달라진 것이 아니라 연기를 적용하는 대상이 달라졌을 뿐이다.

초기불전의 십이연기설에서는 시간의 흐름에 따라 생로병사하는 생명체를 대상으로 삼아 그에 대한 연기적 조망을 기술했기에 불가역적인 한 방향의 모습(A→B)으로 각 지분의 관계가 표출되었으며, 중관학의 연기설에서는 눈과 시각대상, 불과 연료, 긴 것과 짧은 것 등 공존하는 사태를 대상으로 삼아 그에 대한 연기적 조망을 기술했기에 그것이 가역적인 모습의 쌍방향의 연기설(A↔B)로 나타났던 것이다. 연기설 그 자체가 바뀐 것이 아니라, 연기를 통해 조망하는 대상만 달라졌을 뿐이다.

초기불전의 십이연기설에서는 윤회하는 자아(我)에 대한 연기적 조망을 제시했고, 중관학에서는 우리의 사유를 구성하는 갖가지 개념(法)들을 대상으로 삼아 그것이 모두 연기한 것임을 가르친다. 불교전문용어로 표현하면, "자아에 실체가 없다"는 아공我空을 설하는 것이 소위 소승경전인 초기불전의 연기설이라면, "갖가지 개념에 실체가 없다"는 법공法空을 설하는 것이 대승 중관학의 연기설이라고 말할 수 있다.

연기란 의존성을 의미한다. 연기하는 존재가 시간적으로 선후관계에 있는 것이라면 십이연기설에서와 같이 불가역적인 한 방향의 의존관계로 그것이 표현되고, 시간적으로 공존관계에 있는 것이라면 중관학에서와 같이 가역적인 쌍방향의 의존관계로 그것이 표현될 뿐이다.

초기불전의 연기와 중관학의 연기는 그 본질이 전혀 다르지 않다. 그리고 그 본질이란 시간과 공간 이전의 의존성이다.

### 개념을 만들어내는 연기의 매듭

앞에서 개념비판, 판단비판, 추론비판의 삼단계로 전개되는 중관논리 가운데 개념비판의 논리를 구사하면서 큼과 작음, 긴 것과 짧은 것, 예쁨과 못생김……눈과 시각대상, 불과 연료 등이 실재하는 것이 아니라는 점, 즉 실체가 없고 공하다는 점에 대해 고찰해 보았다. 이런 개념 쌍들이 실체가 없으며 공한 까닭은 이 모두 연기한 것들이기 때문이다.

 공과 연기에 대한 조망이 중관논리를 익히기 위한 첫 단계의 관문이다. 그 다음 단계인 판단비판과 추론비판의 논리를 제대로 익히기 위해서는 먼저 이런 식의 개념비판의 논리를 자유자재로 구사할 수 있어야 한다. 그 어떤 개념이 제시되어도 그 개념을 존재하게 만든 연기의 매듭을 스스로 찾아낼 수 있어야 하고, 그런 연기의 매듭을 풀어서 그 개념이 실체가 없음을 명확히 제시할 수 있어야 한다. 이것이 중관논리 전체를 제대로 익히는 관건이 된다.

 누군가가 제시한 개념의 실체성을 비판하고자 할 때, 먼저 우리는 그 개념과 함께 발생한 상관개념, 다시 말해 그 개념과 함께 존재의 세계에 들어온 상관개념이 무엇인지 알아내야 한다. 예를 들어 큰 것이라는 개념에 실체가 있다고 누군가가 주장할 경우 작은 것이라는 상관개념을 제시함으로써 그가 제시한 큰 것의 실체를 부정할 수 있듯이……. 그런데 모든 개념에 대해서 그 개념을 연기하게 만든 상관개념이 쉽게 찾아지는 것이 아니다. 우리가 어떤 개념의 실체성을 비판하고자 할 경우 면밀히 분석해 보아야 하는 것은 그 개념이 갖고 있는 의미 맥락이다. 겉으로는 동일하게 표현된 개념이라고 하더라도 그것이 갖는 의미 맥락은 여러 가지이기 때문에, 내 나름으로 생각한 의미 맥락에서 그 개념의 실체성을 비판할 경우, 다른 의미 맥락에서 생각하던 상대방은 전혀 설득되지 않을 수가 있다.

예를 들어 "나는 어디에 있는가?"라든지, "나는 누구인가?"라는 의문을 해소시키기 위해서, 이 문장에 사용된 나의 실체성을 비판하고자 할 경우, 우리는 먼저 이런 의문을 품은 사람, 이런 의문을 제시한 사람이 생각하는 나가 어떤 의미 맥락을 갖는 것인지에 대해 분석해 보아야 한다. 동일한 나라는 표현을 쓰지만, 그 나가 남과 대비된 나일 수도 있고, 이 세상과 대비된 나일 수도 있으며, 오온과 같은 심신의 구성요소와 대비된 나일 수도 있고, 수동적 객관대상에 대립하는 능동적 주관으로서의 나일 수도 있기 때문이다.

나와 관계된 종교적, 철학적 의문을 떠올린 사람이 이 가운데 어떤 맥락에서 나를 생각하는지에 따라 그 의문을 해소하는 방법이 달라진다. 다시 말해 나라는 개념을 묶고 있는 매듭이 무엇인지에 따라 그것을 푸는 방법이 달라진다. 나라는 생각을 만들어낸 상대개념을 찾아낸 후 "이것이 없으면 저것이 없다"는 환멸연기에 의거해서 그런 나에 대해 조망할 때 그런 내가 실체를 갖는다는 생각의 매듭은 풀어진다.

다른 예를 들어, 누군가가 나의 눈앞에 볼펜을 들이대며 "이것은 실재한다"고 주장할 경우, 그 사람이 말하고자 하는 것은 사실은 볼펜의 실재가 아니라 시각대상의 실재이다. 이 때에는 시각대상과 시각작용, 다시 말해 앞에서 예를 들었던 눈과 시각대상의 연기관계에 의거하여 그 볼펜의 실재성을 논파하면 된다.

우리가 중관논리에서 가르치는 개념비판의 방식을 우리의 실생활에 적용하고, 우리의 실질적 고민에 적용하고자 할 경우 가장 먼저 해야 할 일은, 상황에 따라 다양하게 변하는 그 개념의 의미 맥락을 정확히 분석해 내어 그 개념을 존재하게 만든 연기적 대립 쌍을 찾아내는 일이다.

## 2. 판단의 사실성 비판

**사구판단**

지금까지 중관논리의 첫 관문 즉, 개념의 실체성을 비판하는 중관논리의 방식에 대해 알아보았다. 그러면 이제 중관논리의 두 번째 관문인 판단비판의 논리에 대해 알아보고 이를 연습해 보자. 앞에서 소개한 바 있지만, 불교에서는 어떤 사태에 대해 네 가지 판단이 만들어질 수 있다고 보며, 이런 네 가지 판단을 사구四句(Catuḥ koṭi)라고 부른다. 사구의 기본 틀은 다음과 같다.

제1구: 그것은 A이다.
제2구: 그것은 A가 아니다.
제3구: 그것은 A이면서 A가 아니다.
제4구: 그것은 A도 아니고 A가 아닌 것도 아니다.

예를 들어 정신과 육체의 관계에 대한 이론의 경우, 아무리 복잡한 것이라고 하더라도 다음과 같은 네 가지 이론 중 어느 하나에 속할 뿐이다.

    제1구: 정신과 육체는 같다.
    제2구: 정신과 육체는 다르다.
    제3구: 정신과 육체는 같으면서 다르다.
    제4구: 정신과 육체는 같지도 않고 다르지도 않다.

"인간의 영혼이 뇌 속의 송과선松果腺(pineal gland)에 깃들어 있다"는 프랑스 철학자 데카르트(Descartes: 1596~1650)의 이론을 이런 사구와 비교해 보면, 우리는 그의 이론이 "정신과 육체는 다르다"는 제2구 판단에 해당하는 것을 알 수 있다.

다른 예를 들어 보자. 우주의 공간적 한계에 대해서는 다음과 같은 네 가지 이론이 가능하다.

    제1구: 우주에는 끝이 있다.
    제2구: 우주에는 끝이 없다.
    제3구: 우주에는 끝이 있으면서 없다.
    제4구: 우주에는 끝이 있지도 않고 없지도 않다.

별이 총총히 빛나는 밤하늘을 보면 우주에 끝이 있는지 없는지 참으로 궁금하지 않을 수 없다. 로켓을 타고 곧장 우주로 날아가면 저 멀리 어딘가에서 벽과 같은 우주의 끝을 만날까, 아닐까? 현대물리학자 아인슈타인(Einstein: 1879~1955)은 "우주는 3차원적인 공(球)과 같다"는 이론을 제시함으로써 이런 딜레마를 해결하고자 하였다. 예를 들어 비행기를 타고 지구 표면을 똑바로 진행하면 나중에 다시 그 출발점으로 돌아오듯이, 여기서 로켓을 타고 우주를 향해 직선으로 곧장 날아가면 수많은 세월이 지난 후 언젠가 지구 반대편으로 돌아온다는 이론이다.

  원주圓周의 세계는 각도를 나타내는 한 점의 좌표에 의해 위치가 규정되기에 1차원의 세계이고, 지구 표면과 같은 구면球面의 세계는 경도와 위도라는 두 점의 좌표에 의해 위치가 규정되기에 2차원의 세계이다. 원주든 구면이든 모두 동그라미의 세계이다. 그리고 우주 역시 동그라미의 세계이지만 좌표가 하나 더 있는 3차원적인 동그라미이다. 1차원적인 동그라미인 원주에 사는 생명체가 원주 전체를 조망할 수 없고, 2차원적인 동그라미인 구면에 사는 생명체가 구면 전체의 모습을 조망할 수 없듯이, 3차원적인 동그라미인 우주에 사는 우리는 우주 전체의 모습을 시각에 담을 수 없다. 시각 인식에 떠올릴 수도 없다. 다만 "곧장 가면 다시 돌아온다"는 사실과 "다시 돌아오는 데 일정 시간이 걸린다"는 사실만 알 수 있을 뿐이다. 이것이 아인슈타인이 제시한 우주론이다.

  다시 돌아오는 데 일정 시간이 걸리기에 우주에 크기는 있지만 아무리 가도 벽과 같은 끝은 보이지 않기에 끝은 없다. 한 바퀴 도는 데 일정 시간이 걸린다는 점에서는 "공간적 한계가 있다"고 말할 수 있으며, 벽과 같이 가로막는 것이 없다는 점에서는 "공간적 한계가 없다"고 말할 수 있다. 이는 "우주에는 공간적 한계가 있으면서 공간적 한계가 없다"고 정리되며 위에 열거한 총 4구 판단 가운데 "우주에는 끝이 있으면서 없다"고 표현된 제3구일 뿐이다. 또, 로켓을 타고 아무리 전진해도 벽과 같은 끝은 나타나지 않는다는 점에서 "우주에는 공간적 한계가 있지 않다"고 볼 수 있지만, 언젠가 다시 출발점으로 돌아온다는 점에서는 "우주에는 공간적 한계가 없지 않다"고 말할 수도 있다. 이를 종합하여 표현하면, 위에 열거한 총 4구 가운데 "우주에는 끝이 있지도 않고 없지도 않다"라는 제4구가 될 뿐이다. 그러나 제3구는 모순판단이기에 옳지 않고, 제4구는 우리의 사유에 들어올 수 없는 판단이기에 옳지 않다.

**사구를 대하는 여러 가지 태도**

동서고금을 막론하고, 인간이 머리를 굴려 어떤 사태에 대해 구성해 낸 이론은 이런 사구四句 중 어느 하나일 뿐이다. 초기 불전에서 사상적 중도와 관계하여 사구가 집중적으로 다루어지고 있긴 하지만, 어떤 이론을 이렇게 네 가지 판단으로 정리하는 것은 인도에서 발생한 모든 종교와 철학에서 공유하는 전통이었다.

인도 고대의 종교는 인더스 강 상류인 편잡 지방에서 융성했던 바라문교와 갠지스 강 유역에 퍼져 있던 사문沙門의 종교로 대별되는데, 불교는 이 가운데 후자의 종교 전통에 속한다. 사문이란 노력하는 사람이란 의미를 갖는 산스끄리뜨 슈라마나(Ś-ramaṇaⓈ)의 음사어로, 걸식을 하며 숲에서 명상하거나 고행하는 구도자를 일컫는 말이다. 불전에서는 그 당시 영향력이 있던 대표적인 사문으로, ①도덕부정론자인 뿌라나 까사빠(Pūraṇa Kassapa(P)), ②숙명론자인 막칼리 고살라(Makkhali Gosāla(P)), ③유물론자인 아지따 께사깜발린(Ajita Kesakambalin(P)), ④요소실재론자인 빠꾸다 깟짜야나(Pakudha Kaccayāna(P)), ⑤불가지론자 不可知論인 산자야 벨라티뿟따(Sañjaya Belaṭṭiputta(P)), ⑥자이나(Ja-ina)교의 개조인 니간타 나따뿟따(Niganṭha Nātaputta(P))를 든다. 이들은 불교도가 아닌 외도의 여섯 스승이란 의미에서 육사외도六師外道라고 불렸다. 그런데 이들 가운데 산자야 벨라티뿟따와 니간타 나따뿟따의 사상에 사구와 관계된 내용이 들어 있다.

**사구에 대한 산자야 벨라티뿟따의 대처** - 사구로부터의 회피

산자야는 부처님의 십대제자에 속하는 사리불과 목건련의 출가 전 스승이었는데, 형이상학적 문제에 관한 질문을 받으면 애매한 답변을 함으로써 질문을 회피했다고 한다. 예를 들어 "내세는 존재하는가?"라고 물을 경우 산자야는 다음과 같이 대답했다.

만일 그대가 "내세는 존재하는가?"라고 묻는 경우에 내가 만일 "내세는 존재한다"고 생각한다면 "내세는 존재한다"고 그대에게 대답할 것이다. 그러나 나는 그렇다고 생각하지 않는다. 그럴 것이라고도 생각하지 않는다. 그것과 다르게 생각하지도 않는다. 그렇지 않다고 생각하지도 않는다. 그렇지 않지 않다고 생각하지도 않는다.

만일 그대가 "내세는 존재하지 않는가"라고 묻는 경우에 …… (중략)
만일 그대가 "내세는 존재하면서 존재하지 않는가?"라고 묻는 경우에 …… (중략)
만일 그대가 "내세는 존재하지도 않고 존재하지 않지도 않는가?"라고 묻는 경우에 …… (중략)15)

이 이외에도 "우연히 탄생한 생명체가 있는지 없는지", "선업과 악업의 과보가 존재하는지 아닌지", "여래는 사후에 존재하는지 아닌지"에 대해 물어도 산자야는 위와 같은 방식으로 답변을 회피했다고 한다. 그런데 여기서 산자야에게 제기되는 질문들의 내용이 무엇이든, 공통된 것은 그 질문이 다음과 같이 사구의 방식으로 배열되어 있다는 점이다.

제1구: 내세는 존재하는가?
제2구: 내세는 존재하지 않는가?
제3구: 내세는 존재하면서 존재하지 않는가?
제4구: 내세는 존재하는 것도 아니고 존재하지 않는 것도 아닌가?

그러나 이렇게 사구로 배열된 질문 가운데 그 어떤 것도 산자야는 수긍하지 않는다. 사구로 배열된 형이상학적 질문에 대해 애매모호한 답을 함으로써 질문에서 달아난다. 그래서 산자야는 뱀장어와 같이 미끄러워 잡기 어려운 논의를 벌이는 자라

---

15) *Sāmañña-phala-sutta*, D.N. I, P.T.S., p.58.

고 불리어 왔다. 나중에 다시 정리하겠지만 이런 질문들에 대한 답변을 회피한다는 데 산자야의 특징이 있다.

### 사구에 대한 니간타 나따뿟따의 대처 - 사구의 선언적 수용

그 기원은 오래되었으나 니간타 나따뿟따에 의해 중흥된 자이나교의 인식론에서도 사구와 관계된 내용을 볼 수 있다. 산자야의 지식론이 회의론, 또는 불가지론이라면, 자이나교의 인식론은 상대주의相對主義(syād-vāda), 또는 부정주의不定主義(anekānta-vāda)라고 부를 수 있다. 자이나교에서는 어떤 하나의 문제에 대한 답은 관점(naya)에 따라 달라진다고 주장하였다. 예를 들어 사물은 본체의 관점에서 보면 상주하지만 현상의 관점에서 보면 무상하다고 말할 수 있다는 것이다. 그리고 이들은 어떤 사태에 대해 가능할 수 있는 판단에 다음과 같이 일곱 가지가 있다고 보았다.

① 그것은 A이리라.
② 그것은 A가 아니리라.
③ 그것은 A이고 A가 아니리라.
④ 그것은 말할 수 없으리라.
⑤ 그것은 A이면서 말할 수 없으리라(①+④).
⑥ 그것은 A가 아니면서 말할 수 없으리라(②+④).
⑦ 그것은 A이고 A가 아니면서 말할 수 없으리라(③+④).

외견상 일곱 가지 판단이 나열되어 있긴 하지만, ⑤, ⑥, ⑦은 ①, ②, ③ 각각에 ④가 조합되어 만들어진 것이기에 기본이 되는 것은 ①, ②, ③, ④의 네 가지 판단이다. 사물의 본질과 관계된 얘기는 아니지만, 우리나라의 야사野史에서 하인 둘이 싸우는 것을 본 황희 정승이 그 싸움을 말릴 때 누가 옳은지 판가름해 주기 위해 두 하인 각각에게 그 사연을 들으면서 "네 말이 옳다", "네 말도 옳다"고 했다는 일화는 이런 상대주의적 인식론의 한 예가 될 수 있다. 앞에서 소개했던 산자야 벨라티뿟따와 달리, 자이나교의 상대주의적 인식론에서는 문제에 대한 답변을 회피하지 않는다. 문제가 주어질 때 관점을 설정한 후 일곱 가지 형식의 답변 가운데 어느 하나를 확정한다는 점에서 '선언적選言的(disjunctive) 수용'이라고 그 태도를 규정할 수 있을 것이다.

**사구에 대한 불교적 대처** - 사구 그 자체의 파기

그러면 불교에서는 어떠한가? 불교에서는 사구로 배열된 형이상학적 물음들을 답하기 곤란한 질문이라는 의미에서 난문難問이라고 부르는데, 산자야의 경우 사구로 배열된 난문에 대한 답변을 회피하였고, 자이나교의 경우 관점에 따라 그 가운데 어느 하나가 정답이 될 수 있다고 보았다. 여기서 산자야와 자이나교의 태도 모두 "사구로 정리된 질문 그 자체를 문제 삼지는 않는다"는 점에서 공통된다. 그런 의문, 그런 문제를 당연히

있을 수 있는 문제와 의문으로 간주한 후 그것에서 도망가든지, 그중 어느 하나를 답변으로 선택하는 것이 난문을 대하는 이들의 태도였다.

그러나 불교는 "이런 난문을 떠올리는 사고방식 그 자체를 문제시한다"는 점에서 이들의 태도와 차별된다. 앞에서 초기불전의 중도에 대해 소개하면서 부처님의 침묵, 즉 무기설無記說에 대해 설명한 바 있다. "세간과 자아에 끝이 있는지 없는지, 세간과 자아가 상주하는지 무상한지, 육체와 영혼이 같은지 다른지, 여래가 사후에 존재하는지 아닌지" 등의 문제들이 사구로 배열되어 물어질 때 부처님은 그 사구 가운데 어느 하나를 선택하는 것이 아니라 침묵하신다. 그리고 연기를 설하신다. 그 이유는 질문 자체가 잘못된 분별적 사고방식에 근거한 것이기 때문이다. 그런 난문들은 사구 가운데 어느 것으로도 답할 수 없는 문제도 아니고, 사구 가운데 어느 하나를 선택함으로써 답할 수 있는 문제도 아니다. 이 세상의 참 모습인 연기실상緣起實相에 대해 무지한 우리의 머리가 잘못 제기한 문제일 뿐이다. 불교에서는 산자야와 같이 사구 판단으로 나열된 의문을 방치하지도 않고 자이나교와 같이 사구 판단 중 어느 하나를 선택하지도 않는다. 사구로 배열되어 제기되는 문제 자체를 파기해버린다. 그리고 이를 부수는 도구는 바로 연기緣起에 대한 조망인 것이다.

지금까지 산자야와 자이나교, 그리고 초기불전의 예에서 보았듯이, 사구四句는 불교 내외의 인도 종교 모두 공유하는 판단을 위한 분류방식이었다. 그리고 사구를 대하는 태도에서 불교는 외도와 차별된다. 산자야나 자이나교와 같은 외도의 경우 사구로 배열된 형이상학적 난문 그 자체는 건드리지 않은 채 그에 대한 해결방안을 모색했던 반면, 초기불전의 무기설에서는 그런 난문을 떠오르게 만드는 우리의 일상적 사고방식에 문제가 있다는 점을 지적함으로써 형이상학적 난문 그 자체를 해소시킨다. 그리고 무기설에서 보이는 이런 해소의 정신은 사구비판의 논리에 의해 중관학에 그대로 계승된다.

### 중관학에서 가르치는 사구비판의 논리

중관학에서 가르치는 판단비판, 즉 사구비판이 이렇게 초기불전의 무기설을 계승하고 있긴 하지만, "형이상학적 난문뿐만 아니라 우리의 사유思惟가 만들어낼 수 있는 모든 판단을 그 대상으로 삼는다"는 점과, "논리적인 방식을 사용하여 사구를 비판한다"는 점에서 초기불전의 무기설과 차별된다. 그 비판의 대상으로 삼은 판단의 범위가 형이상학적 판단에서 인간의 모든 판단으로 무한 확장되었고, 대기설법과 개인적 수행이라는 직관적이고 주관적인 방식을 넘어서, 논리적 저술이라는 객관적이고 분석적인 방식을 사용한다는 점에서, 중관학은 무기설의 발전적 계승이다.

중관학적 방식, 즉 중관논리가 고스란히 담겨 있는 《중론》은 어떤 체계를 갖는 논서가 아니다. 총27장에 걸쳐, 우리의 분별적 사유와 그런 사유가 구성해 낸 아비달마 이론에 내재하는 모순을 지적함으로써 중관논리, 즉 공空의 논리를 터득케 해 주는 소위 연습문제집이다. 《중론》에서 별도의 장을 할애하여 판단비판의 논리에 대해 기술하고 있지는 않다. 《중론》에서 가르치는 판단비판의 논리를 파악하기 위해서는 총 450수 남짓한 게송 중에서 판단을 비판하는 게송만 수집한 후, 그 비판방식의 공통점을 추출해 보아야 한다. 《중론》에서 비판의 대상으로 삼는 판단의 종류는 다양하지만, 그 비판방식은 의외로 단순하다. 두 개의 개념이 모인 판단, 즉 '주어+술어'로 이루어진 기초적 판단을 소재로 삼아 《중론》에서 구사되는 판단비판의 논리를 간략히 정리하면 다음과 같다.

    제1구 비판: 술어의 의미를 주어에 내포시킬 경우 의미 중복의 오류를 범한다.
    제2구 비판: 술어의 의미를 주어에서 배제시킬 경우 사실에 위배되는 오류를 범한다.
    제3구 비판: 제1구와 제2구의 연언連言인 제3구는 모순판단이다.
    제4구 비판: ① 제3구의 연언적 부정인 제4구는 우리의 사유에 들어올 수 없는 판단이다. ② 제3구가 비판되면 제4구도 비판된다.

여기서 주어와 술어라는 한쌍의 개념으로 이루어진 단순한 판단을 소재로 삼아 사구비판의 논리에 대해 설명했지만, 주어와 술어의 자리에 원인과 결과가 들어갈 수도 있고, 주체와 작용이 들어갈 수도 있으며, 본체와 현상이 들어갈 수도 있고, 능작能作과 소작所作이 들어갈 수도 있다.

**중관학에서 비판하는 것은 사태에 대한 네 가지 이해방식이다**

예를 들어 '비가 내린다'는 판단은 비라는 주어개념과 내림이라는 술어개념이 결합되어 만들어진 단순판단이다. 물론 여기서 비를 주체, 내림을 작용이라고 규정할 수도 있고, 비를 능작(행위자), 내림을 소작(행위된 것)이라고 규정할 수도 있다. 또 '꽃이 붉다'라는 판단의 경우 주어인 꽃은 본체에 해당하고 붉음이라는 술어는 현상에 해당한다. '눈이 본다'는 판단의 경우 주어인 눈은 주체, 술어개념인 봄은 작용이다. 또 눈과 시각대상이 관계하는 상황을 떠올릴 경우 눈은 능작, 시각대상은 소작에 해당한다.

중관논리에서 판단을 비판하는 논리는, 주어 개념 하나와 술어 개념 하나가 모여 만들어진 가장 단순한 판단뿐만 아니라, 세 개 이상의 개념이 모여 만들어낸 복잡한 문장이나 상황에 대해서도 적용 가능하다. 그러나 이를 쉽게 설명하기 위해 여기서 우리는 두 개의 개념만으로 이루어진 문장만을 소재로 삼고 있다. 그런데 두 개의 개념만으로 이루어졌는데도 불구하고, 두 개의 단어만으로는 도저히 그 상황을 말로 표현해내지 못하는 경우가 많이 있다. 예를 들어 눈과 시각대상이 관계하는 상황의 경우 이 두 개념을 결합하여 문장을 만들면 "눈이 시각대상을 본다"는 식으로 표현될 것이다. 이 경우 주어인 눈과 목적어인 시각대상과 동사인 봄이라는 세 가지 개념이 사용되었다. 눈과 시각대상이라는 두 개의 개념만 사용할 경우 도저히 우리말로 이 상황을 표현할 수가 없다. 그렇다고 해서 "눈이 본다"라고 줄일 경우는 시각대상이라는 개념이 누락되고 만다.

이 이외에 씨앗이 싹으로 되는 상황이나 원인에서 결과가 나오는 상황 역시 씨앗과 싹이나 원인과 결과의 두 개의 개념만으로 표현해 낼 수 없다. "씨앗에서 싹이 나온다"고 표현할 경우, 씨앗과 싹과 나옴이라는 세 개의 개념이 필요하며, "원인에서 결과가 발생한다"고 표현할 경우 원인과 결과와 발생이라는 세 개의 개념이 필요하다.

중관학에서는 이렇게 세 개 이상의 개념이 사용된 상황 역시 사구비판의 논리를 통해 비판한다. 그것이 가능한 이유는 중관학의 사구비판의 논리가 언어화된 판단을 대상으로 삼는 것이 아니라, 언어 이전의 분별적 사유를 그 대상으로 삼기 때문이다. 예를 들어 '비가 내린다'는 판단을 비판할 경우, 이렇게 명제로 된 판단 그 자체를 비판하는 것이 아니라, '비가 내린다'는 판단에 대한 사구적인 이해 방식을 비판한다. 주어인 비가 술어인 내림의 의미를 갖고 있다고 이해하는 경우와 갖고 있지 않다고 이해하는 경우를 구분한 다음, 그 각각에 대해 사구비판의 논리를 구사한다는 말이다. 다시 말해, 중관논리에서는 문장화된 판단 그 자체를 비판하는 것이 아니라, 그런 판단을 대하는 우리의 인지적認知的 태도를 비판하는 것이다. 중관학의 사구비판은 네 가지 판단에 대한 비판이 아니라 하나의 판단에 대한 네 가지 이해방식에 대한 비판이다.

**일상판단에 대한 중관논리적 비판**

우리가 사구비판의 논리를 익히려면 용수의 《중론》을 숙독해야 할 것이다. 그런데 《중론》을 통해 사구비판의 논리를 익히는 것이 쉽지 않은 이유는 비판의 대상이 되는 판단들 대부분이 그에 대한 이해를 위해 전문적 지식이 필요한 아비달마 교학이기 때문이다. 그러나 순수한 사구비판의 논리는 비단 아비달마 교학에서 만들어낸 판단들뿐만 아니라, 우리의 일상적 판단에도 적용될 수 있다. 엄밀히 말하면 순수한 중관학, 순수한 중관논리 그 자체는 아비달마 이론과 무관하다. 용수가 중관논리를 구사하며 비판의 대상으로 삼았던 것이 아비달마 교학이었을 뿐이다. 우리가 중관논리 그 자체만을 파악하고자 할 경우에는 번잡한 아비달마 교학은 오히려 방해가 될 수도 있다. 따라서 먼저 단순한 일상적 판단 몇 가지를 소재로 삼아 사구비판의 논리가 그런 판단들에 적용되는 방식을 완전히 파악한 다음에, 다시 《중론》으로 돌아가 그런 논리가 아비달마 교학에 대해 실제 어떻게 적용되었는지 확인해 보는 것이 중관논리를 익히는 효율적 방법일 것이다.

앞에서 말했듯이 두 개 이상의 개념이 모이면 하나의 판단이 만들어진다. '바람이 분다'는 판단은 바람과 붊이라는 두 개의 개념이 모여 이루어진 것이고, '비가 내린다'는 판단은 비와 내림이라는 두 개의 개념이 모여서 만들어진 것이다. 또, '여기에 돌멩이가 하나 있다'는 판단은 여기와 돌멩이와 하나와 있음이라는 네 개의 개념이 모여 만들어진 판단이다. 우리는 살아가면서 온갖 체험을 하는데 그런 체험 가운데 어떤 하나의 사태事態를 말로 나타내기 위해서는 이렇게 여러 개의 개념을 사용하여 하나의 판단을 만들어내야 한다. 그런데 중관학에서는 이런 판단이 사태에 그대로 대응된다고 볼 경우 논리적 모순에 빠진다고 가르친다.

그러면 '바람이 분다'는 판단을 예로 들어 이에 대해 설명해 보자. 창밖에 바람이 불 때 우리는 '바람이 분다'는 판단을 만들어서 그것을 묘사할 수 있다. 여기서 바람이라는 말은 주어主語로 사용되었고, 분다라는 말은 술어述語로 사용되었다. 중관 논리의 창시자인 용수는 우리에게 다음과 같이 묻는다.

"주어인 바람 속에 술어인 분다는 의미가 들어 있을까, 아니면 들어 있지 않을까?"

그 무엇이 바람이기 위해서는 반드시 불고 있어야 한다. 이 세상에 붊을 갖지 않는 바람은 없다. 그렇다면 "바람이 분다"는 말에서 주어인 바람은 그 의미상 붊을 가진 바람이 되기에 "바람이 분다"고 말할 경우 불고 있는 바람이 다시 분다는 의미가 된다. 분다는 의미가 중복되고 만다. 창밖에서 바람이 불고 있는 하나의 사태를 보고 그것을 묘사하기 위해 "바람이 분다"고 말을 했는데, 결국 "부는 바람이 또 분다"는 뜻이 되고 말았다. "바람이 분다"는 판단은 붊이라는 의미가 주어와 술어 모두에 들어 있는 판단이다. 동어반복同語反復적이다. 보다 엄밀히 말하면 같은 말(同語)이 아니라 같은 의미(同意)가 반복되는 동의반복同意反復적인 판단이다. 예를 들어 '역전驛前 앞'이라는 말의 경우 '앞'이란 뜻이 두 번 들어 있기에 틀린 표현이 되듯이, 또 '처가妻家집'이라는 말의 경우 '집'의 의미가 두 번 들어 있기에 틀린 표현이 되듯이, "바람이 분다"는 말은 '붊'의 의미가 두 번 들어간 말이기에 틀린 표현인 것이다. "꿈을 꾼다"고 말을 할 경우 여기에 사용된 '꿈'이라는 말은 이미 꾸고 있는 꿈을 의미하는데 그것을 다시 '꾼다'고 말을 하니 꾸는 행위를 두 번 하는 꼴이 되고 만다. "얼음이 언다"고 할 경우에도 얼음은 이미 얼어 있는 것인데, 그것이 다시 언다고 말을 하니 '얾'이 두 번 있는 꼴이 되고 만다. 우리가 일상적으로 사용하는 문장들이지만 분석해 보면 이렇게 의미중복의 오류를 범하고 있다.

그렇다면 "바람이 분다"라는 판단에서 주어로 사용된 '바람' 속에 '붊'의 의미가 들어 있지 않다고 보면 어떨까? '붊을 갖지 않은 바람'이 분다는 의미로 이해할 경우 위와 같은 의미중복의 오류를 피할 수 있지 않을까? 그러나 이 경우에는 사실에 위배되는 오류에 빠지고 만다. 이 세상 그 어디를 뒤져 보아도 붊을 갖지 않은 바람은 찾을 수 없기 때문이다. 우리가 생각 속에서 바람이라고 떠올리면, 그것은 반드시 불고 있어야 한다. 붊을 갖고 있어야 한다. 붊을 갖지 않은 바람은 없다. 동화童話

에서는 "바람 나라에 바람들이 옹기종기 모여 살다가, '이제 우리 불기 시작하자'라고 말한 후 불었습니다"라고 표현할 수 있다. 이런 동화적 가상세계에서라면 몰라도 '붊을 갖지 않은 바람'이 어딘가에 있어서, 그것이 '분다'는 일은 이 세상에서 결코 일어날 수 없는 일이다.

우리가 "바람이 분다"는 판단의 의미를 이해하고자 할 때 이렇게 붊을 갖는 바람이 분다고 이해할 수도 없고, 붊을 갖지 않은 바람이 분다고 이해할 수도 없다. 전자는 주어 속에 술어의 의미를 내포시켜서 이해한 것이고, 후자는 주어 속에서 술어의 의미를 배제시켜서 이해한 것이다. 내포시켜 이해할 경우 의미중복의 오류를 범하고, 배제시켜 이해할 경우 사실에 위배되는 오류를 범하고 만다. 술어의 의미를 주어 속에 넣을 수도 없고, 주어에서 빼버릴 수도 없다. 이럴 수도 없고, 저럴 수도 없다. 선사禪師들이 제자를 가르칠 때 던졌던 화두 역시 제자들을 이런 진퇴양난의 딜레마로 몰고 간다. 여기서 "주어 속에 술어의 의미가 들어 있다(有)"는 이해는 사구四句 가운데 제1구적 사고방식이고, "주어 속에 술어의 의미가 들어 있지 않다(無)"는 이해는 제2구적 사고방식이다. 여기에 제3구적 사고방식과 제4구적 사고방식을 추가하면 총 4구가 되는데 이를 정리하면 다음과 같다.

제1구: 주어 속에 술어의 의미가 있다(有).
제2구: 주어 속에 술어의 의미가 없다(無).

제3구: 주어 속에 술어의 의미가 있으면서 없다(有無).
제4구: 주어 속에 술어의 의미가 있지도 않고 없지도 않다(非有非無).

이를 "바람이 분다"는 판단에 적용하여 다시 기술하면 다음과 같다.

제1구: '부는 바람'이 분다.
제2구: '불지 않는 바람'이 분다.
제3구: '불면서 불지 않는 바람'이 분다.
제4구: '부는 것도 아니고 불지 않는 것도 아닌 바람'이 분다.

"바람이 분다"는 하나의 표현이지만 그에 대한 이해방식은 이렇게 네 가지로 나누어질 수 있다. 그러나 위에서 분석해 보았듯이 이 가운데 "술어의 의미가 주어 속에 내포되어 있다"고 보는 제1구적 이해방식은 의미중복의 오류를 범하게 되고, "술어의 의미가 주어 속에서 배제되어 있다"고 보는 제2구적 이해방식은 사실에 위배되는 오류를 범하게 된다.

그리고 '불면서 불지 않는 바람'이라는 제3구는 모순판단이다. 《중론》에서는 이런 제3구를 비판할 때 "빛과 어둠이 공존할 수 없는 것과 같다"는 비유를 사용한다. 또 '불지도 않고 불지 않지도 않는 바람'이라는 제4구 판단은 우리의 사유에 들어올 수 없는 무의미한 사고이기에 비판된다.

하나의 판단에 대한 이해방식을 형식적으로 분류하면 이와 같이 총 4구가 되지만 우리의 일상생활에서 흔히 사용되는 이해방식은 이 가운데 제1구와 제2구뿐이다. 제3구와 제4구는 일상생활에 대해 철학자나 종교인이 어떤 이론을 구성하려고 할 때 만들어지는 억지판단들로, 흔히 쓰이지 않는 판단들이다. 불전에서 총 4구 모두 비판의 대상으로 삼는 경우는 많지 않다. 대개 제1구와 제2구만이 비판의 대상이 된다. 그래서 제1구와 제2구만을 따로 묶어서 불교전문용어로 '이변二邊'이라고 부른다. 양극단의 사고방식이란 의미이다. 《중론》에서도 총 4구 모두를 비판의 대상으로 삼는 게송은 그리 많지 않다. 《중론》의 논리적 게송 대부분은 제1구와 제2구적 사고방식에 대한 비판들이다.

다른 예를 들어 보자. "바람이 분다"는 말이 오류를 범하듯이 "꽃이 핀다"는 말 역시 오류를 범한다. 주어에 사용된 '꽃'은 이미 피어 있는 것이다. 그렇다면 "꽃이 핀다"는 말에는 "피어 있는 꽃이 핀다"는 의미가 들어 있기에 의미중복의 오류를 범하고 만다. 그와 반대로 '피지 않은 꽃'이 이 세상 어딘가에 있어서 그것이 핀다고 생각한다면 사실에 위배되는 오류를 범하게 된다. 피지 않은 꽃은 이 세상 어디에도 없기 때문이다. 피지 않은 꽃을 봉오리라고 부르기에 "봉오리가 핀다"고 말하면 문제가 없지 않느냐고 항변할 수 있겠지만, 봉오리는 결코 필 수가 없다. 봉오리는 피지 않은 것을 의미하기 때문이다. 봉오리는 피지 않은 것이기에 결코 필 수가 없고, 꽃은 이미 피어 있는 것이기에 다시 필 수가 없다.

또 다른 예를 들어 보면, "비가 내린다"는 판단의 경우 비라는 말 속에는 내림의 의미가 내포되어 있다. 비의 모습을 떠올릴 때 그것이 내리고 있는 모습도 함께 떠오른다. 비는 반드시 내림을 수반한다. 따라서 "비가 내린다"는 말을 할 경우 이는 '내리는 비가 다시 내린다'는 의미가 되고 만다. 의미중복의 오류가 발생하는 것이다. 이런 오류를 범하지 않기 위해서 이와 반대로 내리지 않은 비가 저 하늘 위 어딘가에 있어서 그것이 내린다고 가정할 경우, 사실에 위배되는 오류에 빠지고 만다. 내리지 않은 비는 이 세상 어디에도 없기 때문이다. 내리지 않은 상태에서는 구름이지 비가 아니다. 물방울이 응결되어 내리기 시작하면 비가 되고, 내리기 직전에는 구름이라고 불린다. 구름은 아직 내리는 것이 아니기에 내릴 수가 없고, 비는 이미 내리는 것이기에 다시 내릴 수가 없다. 구름도 내릴 수 없고, 비도 내릴 수 없다.

**사구가 비판되는 이유** - 주어와 술어의 연기관계

그러면 이런 모든 판단들에서 이와 같은 논리적 오류가 지적될 수 있는 이유는 무엇일까? 그것은 각 판단에 사용된 주어와 술어가 연기관계에 있기 때문이다. 앞에서 긴 것과 짧은 것의 연기관계에 대해 설명하면서 그 연기관계를 "긴 것이 없으면 짧은 것이 없고, 짧은 것이 없으면 긴 것이 없다"고 표현한 바 있다. 바람과 붊의 경우도 이와 마찬가지다. "바람이 분다"는 판단에서 바람이라는 주어개념과 붊이라는 술어개념은 서로 연

기관계에 있다. "바람이 없으면 붊이 있을 수 없고, 붊이 없으면 바람이 있을 수 없다." 창밖에 바람이 불고 있을 때, 바람이 따로 있는 것도 아니고, 붊이 따로 있는 것도 아니다. 그냥 한 덩어리의 사건이 일어나고 있을 뿐이다. 그런데 그 사건을 말로 표현하기 위해서는 두 개의 개념으로 오려내야 한다. 창밖에서 일어나는 사태를 말로 표현하기 위해 바람이라는 개념과 붊이라는 개념을 만들어내야 한다. 그런데 이 때 만들어진 바람과 붊이라는 개념은 서로 상대방의 의미를 담고 있다. 바람 속에는 붊이라는 의미가 들어 있지만, 붊 속에도 바람이라는 의미가 들어 있다. 바람이라는 주체 없이 붊이라는 작용만 있는 경우는 없으며 붊이라는 작용 없이 바람이라는 주체만 있는 경우는 없기 때문이다.

"비가 내린다"는 판단의 경우도 마찬가지다. "비가 없으면 내림이 없고, 내림이 없으면 비가 없다." 비와 내림은 연기관계에 있는 개념이다. 상대방 없이 홀로 존재할 수 없는 개념이다. 무엇을 긴 것이라고 생각하기 위해서는 반드시 짧은 것을 염두에 두어야 하듯이, 비가 존재하기 위해서는 반드시 내림이 있어야 하고, 내림이 있기 위해서는 반드시 비가 있어야 한다. 사구 가운데 제1구와 제2구에서 발견되는 논리적 오류는 이렇게 주어와 술어의 연기緣起관계에 근거한다. 그리고 제1구적 이해방식에서 발생하는 오류를 '의미중복의 오류', 제2구적 이해방식에서 발생하는 오류를 '사실에 위배되는 오류'라고 명명할 수 있다.[16] "바람이 분다"는 판단을 예로 들어 주어와 술어만으로 이루어진 단순판단이 비판되는 과정을 정리하면 다음과 같다.

① 연기공식: 바람이 없으면 붊이 없고 붊이 없으면 바람이 없다.
② 제1구적 이해방식 비판: "붊을 가진 바람이 분다"면 의미중복의 오류에 빠진다.
③ 제2구적 이해방식 비판: "붊을 갖지 않은 바람이 분다"면 사실에 위배되는 오류에 빠진다.

우리는 지금까지 "바람이 분다"거나 "꽃이 핀다"거나 "비가 내린다"는 등의 일상적 판단들의 예를 통해서 주어와 술어로 이루어진 단순판단이, 술어의 의미를 주어 속에 내포시킬 수도 없고, 주어에서 배제시킬 수도 없는 진퇴양난의 난국에 빠져 있다는 점에 대해 알 수 있었다. 그러면《중론》에서는 이와 같은 단순판단이 봉착하는 진퇴양난을 어떻게 기술하는지 살펴보기로 하자.

### 《중론》을 통해 본 사구비판의 논리

위에서 보았듯이 제1구와 제2구가 비판될 수 있는 논리의 토대는 주어와 술어 간의 연기관계이다. 그래서《중론》의 많

---

16) 이는 자띠(jāti) 논법 가운데 無窮相似(prasaṅga-sama)와 反喩相似(pratidṛṣṭānta-sama)에 해당한다: 김성철,〈용수의 중관논리의 기원〉, 동국대박사학위 논문, 1996, pp.49~60 참조.

은 곳에서 제1구 비판과 제2구 비판의 논리를 기술하기 전에 주어와 술어 간의 연기관계를 먼저 기술한다. 《중론》의 제2장 〈관거래품觀去來品〉의 다음과 같은 게송들에 이와 같은 과정이 그대로 반영되어 있다.

만일 가는 자를 떠나면 가는 작용은 성립되지 않는다. 가는 작용이 없다면 도대체 어떻게 가는 자가 존재하겠는가?
《중론》 제2장 제7게

만일 "가는 자가 간다"면 감이 둘인 오류에 빠진다. 첫째는 가는 자의 감이고, 둘째는 가는 작용의 감이다.
《중론》 제2장 제10게, 〈청목소〉 / 제2장 제11게, 《쁘라산나빠다》

"가는 자가 간다"는 주장, 그런 주장은 오류에 빠진다. 가는 작용 없이 가는 자가 있으며, 그런 가는 자가 간다고 희구하기 때문이다
《중론》 제2장 제11게, 〈청목소〉 / 제2장 제10게, 《쁘라산나빠다》

누군가가 걸어가고 있을 때, 우리는 "철수가 간다"라든지, "바둑이가 간다"라고 표현한다. 무엇이 지나가고 있을 때 "기차가 간다"라든지 "버스가 간다"라고 표현한다. 〈관거래품〉에서는 움직임이나 이동을 나타내는 이러한 판단들을 "가는 자가 간다"는 명제로 단순화시킨 다음에, 이 명제가 범하게 되는 논리적 오류를 지적한다. 철수나 바둑이나 기차나 버스는 가는 자에 해당하며 이 모든 것들이 가는 작용을 하고 있다.

"누군가가 걸어가고 있다"고 할 때, 그 누군가는 가는 자이고 걸어가는 행위는 가는 작용이다. 누군가는 주체이고, 걸어가는 행위는 작용이다. 주체 없이 작용이 있을 수 없고, 작용 없이 주체가 있을 수 없다. "바람이 분다"는 판단에서 주어인 바람이 없으면 술어인 붊이 있을 수 없고, 술어인 붊이 없으면 주어인 바람이 있을 수 없듯이 주어인 가는 자가 없으면 술어인 가는 작용이 있을 수 없고, 역으로 가는 작용이 없으면 가는 자 역시 있을 수 없다. 위의 세 게송 가운데 첫째 게송은 이렇게 가는 자와 가는 작용이 연기관계에 있다는 점을 노래한 게송으로 다시 다음과 같이 정리된다.

    연기관계: 가는 자가 없으면 가는 작용은 없다. 가는 작용이 없으면 가는 자가 없다.

"A가 있으면 B가 있고, B가 있으면 A가 있다"는 식으로 긍정적으로 표현된 연기를 유전流轉연기라고 부르고, "A가 없으면 B가 없고 B가 없으면 A가 없다"는 식으로 부정적으로 표현된 연기를 환멸還滅연기라고 부르는데, 위에 인용한 《중론》 제2장 제7게는 환멸연기에 해당한다. 그리고 이어지는 제10게송〈청목소〉에서는 "가는 자가 간다"는 판단 가운데 주어의 의미를 제1구적으로 이해할 때 발생하는 논리적 오류를 지적하며, 그 다음의 제11게송〈청목소〉에서는 주어의 의미를 제2구적으로 이해할 때 발생하는 논리적 오류를 지적한다. "가는 자가 간다"는 판단은 외견상 감이란 의미가 주어와 술어 모두에 들어 있기에 제1구적 판단인 듯이 보인다. 그러나 중관학에서는 어떤 판단의 외형이 아니라, 판단에 대한 이해방식에 초점을 맞추어 논의를 진행한다. "가는 자가 간다"는 판단의 외형은 제1구이지만, 그에 대한 이해는 총 4구가 모두 가능하다. 이는 다음과 같이 정리된다.

원 판단: '가는 자'가 간다.
제1구적 이해: '감을 갖는 가는 자'가 간다.
제2구적 이해: '감을 갖지 않는 가는 자'가 간다.
제3구적 이해: '감을 가지면서 갖지 않는 가는 자'가 간다.
제4구적 이해: '감을 갖지도 않고 갖지 않은 것도 아닌 가는 자'가 간다.

앞에 인용한 둘째와 셋째 게송에서는 "가는 자가 간다"는 판단에서 주어로 쓰인 가는 자에 대한 이런 네 가지 이해방식 가운데 제1구적 이해와 제2구적 이해만을 비판의 대상으로 삼는다.

"가는 자가 간다"는 판단 중의 가는 자를 감을 갖는 가는 자라고 이해한다면 "감을 갖는 가는 자가 다시 간다"는 말이 되는데, 이때 감이 두 번 있게 되는 오류가 발생한다. 하나는 주어인 감을 갖는 가는 자에 존재하는 '감'이고, 다른 하나는 술어인 간다는 말이 의미하는 '감'이다. 주어 속에 술어의 의미가 내포되어 있기에 의미중복의 오류가 발생하는 것이다. 이와 반대로 "가는 자가 간다"는 판단 중의 가는 자가 감을 갖지 않는

가는 자라고 이해할 경우 "감을 갖지 않는 가는 자가 간다"는 말이 되는데, 이 세상 어디에도 감을 갖지 않는 가는 자는 없다. '가는 자'라는 주어에서 '감'이라는 술어의 의미를 배제시킬 경우에는 이렇게 사실에 위배되는 오류가 발생하고 만다.

그런데 여기서 다음과 같은 문제를 제기할 수 있다: "가는 자가 간다"는 판단의 경우 '가는 자'라는 말이 '감'과 관련된 말이고, '간다'는 말도 '감'과 관련된 말이기에 위와 같이 의미중복의 오류를 지적할 수 있을 것이다. 그러나 만일 그 주어를 바꾸어 "철수가 간다"고 말한다면 이를 어떻게 비판할 수 있을까? 철수라는 말은 감과 무관하지 않은가? 《중론》에 대한 주석서 가운데 하나인 짠드라끼르띠月稱(Candrakīrti:600~670경)의 《쁘라산나빠다, Prasannapadā》를 보면 이런 질문이 등장하는데, 저자는 이어서 이에 대해 다음과 같이 답변한다. 물론 철수라는 말 그 자체는 '감'과 관련된 말이 아니다. 그러나 '철수가 간다'고 말할 때 그 철수는 어떤 철수를 의미하는가? 어떤 상태에 있는 철수를 의미하는가? 철수란 사람이 저기서 걸어가고 있다. 그것을 보고 "철수가 간다"라고 표현했다. 그 철수는 앉아 있는 철수도 아니고, 서 있는 철수도 아니며, 누워 있는 철수도 아니라 가고 있는 철수이다. 그렇다면 "철수가 간다"는 판단은 "가는 철수가 간다"는 것을 의미하기에 이 역시 의미중복의 오류를 범하게 된다.

"가는 자가 간다"는 판단이 봉착하는 이런 오류는 앞에서 "바람이 분다"거나 "비가 내린다"거나 "꽃이 핀다"는 판단 등에 대한 두 가지 이해방식이 범했던 오류와 그 구조가 동일하다. "바람이 분다"거나 "비가 내린다"거나 "꽃이 핀다"거나 "가는 자가 간다"는 사실을 비판하는 것이 아니라, 이런 사실들에 대한 분별적 이해방식을 비판한다는 점을 간과하는 것이 중관학을 올바로 이해하는 관건이 된다. 중관학에서는 어떤 내용을 가르치는 것이 아니라 어떤 사태에 대한 우리의 분별적 이해방식을 해체하는 테크닉을 가르친다.

**중관학의 궁극적 목적은 분별고의 타파**

어떤 사태를 묘사하기 위해 하나의 판단을 작성할 때, 그 판단에 사용된 주어와 술어 각각이 실재한다고 간주할 경우 이렇게 논리적 오류에 빠지고 만다. "바람이 분다"거나 "비가 내린다", "가는 자가 간다"는 등의 판단을 분석함으로써 우리는 제1구 비판의 테크닉과 제2구 비판의 테크닉을 익힐 수 있었는데, 이렇게 단순한 판단을 소재로 삼아 중관논리의 테크닉이 익혀질 경우 우리는 이를 응용하여 갖가지 명제로 표현된 종교적 철학적 의문들에 대해 이를 구사함으로써 그런 의문들을 해소시킬 수 있다.

중관학이 여타의 학문과 다른 점은 그 목적이 종교적인 데 있다는 점이다. 위대한 학문을 건립하기 위해서 중관학이 창안된 것도 아니고, 자신의 명예를 드높이기 위해 용수보살이 중관학을 창안한 것도 아니다. 다른 불교사상과 마찬가지로 중관학 역시 고苦로부터의 해방滅을 그 목표로 삼는다. 그런데 여기서 말하는 고는 분별고分別苦, 즉 분별의 고통을 의미한다.

우리가 살아가면서 겪는 괴로움에는 여러 가지 종류가 있다. 배가 고픈 괴로움이나 질병으로 인한 괴로움과 같은 육체적 괴로움도 있으나 실연의 괴로움이나 열등감의 괴로움과 같은 정신적 괴로움도 있다. "나는 누구일까? 인생은 무엇일까? 이 세상 만물은 도대체 왜 없지 않고 있는가?" 등등의 철학적 고민들 역시 정신적 괴로움에 속한다. 대부분의 사람들은 잘 먹고 잘 사는 것을 추구하며 동물적 삶을 살아간다. 그들이 느끼는 괴로움 역시 물질적 괴로움이나 실연의 괴로움이나 다른 사람과 비교한 열등감과 같은 형이하학적 괴로움일 뿐이다.

그런데 간혹 자아와 인생과 우주의 본질에 대해 의문을 떠올리며 고민하는 사람들이 있다. 이들에게 떠오르는 종교적, 철학적, 형이상학적 고민이 바로 분별의 고통이다. 우리가 머리 굴려서 만들어낸 고민이다. 일반적으로 종교인, 철학자, 과학자들은 이에 대한 분별적 답을 모색함으로써 분별의 고통을 해결하고자 한다. 이런 의문들에 대한 답으로 갖가지 종교관이나 철학이론을 구성해 낸다는 말이다. 그러나 중관학은 그 방식이 일반 철학이나 종교와 다르다. 중관학에서는 이런 분별의 고통을 야기한 철학적 종교적 명제들을 면밀히 분석하여 그런 명제들이 무의미한 것이고 허구의 것임을 드러냄으로써 분별의 고통을 해소시킨다. 어떤 구성적 답을 제시하는 해결이 아니라, 문제의 무의미성을 드러내는 해소이다. 그리고 이를 드러내기 위해 사용되는 것이 연기공식과 제1구 비판의 테크닉과 제2구 비판의 테크닉이다.

예를 들어 "나는 누구인가?"라는 의문에 대해 중관논리를 적용해 보자. 이 의문은 내가 나를 추구해 들어가는 의문이기에 중복의 오류를 범하고 있다(제1구 비판). 그와 반대로 추구되는 나와 추구하는 나가 별개의 개체라면 사실에 위배되는 오류를 범한다(제2구 비판). 하나여야 할 내가 두 개의 개체로 나누어지기 때문이다.

또 "인생은 무엇일까?"라고 의문을 품는 경우, 그런 의문을 품는 것 역시 인생사에 속하기에 중복의 오류를 범한다(제1구 비판). 그와 반대로 그런 의문을 품는 것이 인생과 무관한 행위라고 본다면, 사실에 위배되는 오류를 범하게 된다(제2구 비판).

"이 세상 만물은 도대체 왜 없지 않고 있는가?"라는 의문은 이 세상 만물이 없는 상태를 상정하고 일어난 의문이다. 이 세상 만물이 없음을 생각하기에 이 세상 만물이 있음이라는 생각이 발생한 것이다. 마치 긴 것을 생각하기에 짧은 것이라는 생각이 발생하듯이……. 그런데 이 의문을 떠올린 주체는 이 세상 만물이 없는 상태를 결코 체험한 적이 없고 체험할 수도 없다. 다시 말해 우리 가운데 그 누구라 하더라도 무를 체험할 수 없다. 이 세상 만물이 없는 상태, 즉 무의 상태에서는 우리 역시 존재할 수 없기 때문이다. 따라서 "이 세상 만물은 도대체 왜 없지 않고 있는가?"라는 의문은 사실에 입각한 의문이 아니라, 허구의 의문이다. 어떤 막대를 보고, "이 막대는 왜 이다지도 길까?"라고 의문을 품는 것과 그 구조가 동일한 의문이다. "이 막대가 참으로 길다"는 느낌은 만고불변의 진실한 느낌이 아니라, "짧은 짧음을 염두에 두기에 발생한다"는 사실을 망각하고 있기에 발생한 허구의 느낌일 뿐이다. 그 막대를 볼 때 염두에 두었던 짧은 막대의 생각을 지워버리면 "참으로 길다"는 느낌은 사라진다. 이와 마찬가지로, 이 세상 만물의 없는 상태가 결코 체험될 수 없다는 사실을 자각할 때, 이 세상 만물의 있음에 대한 경이감 역시 사라진다. 연기공식에서 말하듯이, "이것이 없으면 저것이 없다(연기관계)."

의문이 복잡해질수록 중관논리를 통해 그런 의문을 해소시키는 작업 역시 점점 어려워지긴 하지만, 그 근본원리는 마찬가지다. "비가 내린다"는 문장에서, 비는 이미 내리고 있는 것이기에 의미중복의 오류가 발생하고, 내리지 않는 비가 어딘가에 별도로 있어서 그것이 내린다고 볼 경우 사실에 위배되는 오류가 발생하듯이 모든 철학적 종교적 의문에서 이런 두 가지 오류가 발생한다는 점을 파악함으로써 우리는 그런 의문들을 해소시킬 수 있다. 또 비가 없으면 내림이 없고, 내림이 없으면 비가 없다는 주어와 술어의 연기관계 역시 우리의 철학적 종교적 의문을 해소시키는 데 활용된다.

용수가 《중론》 등의 논서를 저술한 목적은 아비달마 교학이 범하는 논리적 오류를 지적하는 데 있었지만, 그때 활용된 중관논리는 아비달마 교학의 이론체계뿐만 아니라 언어와 사유에 의해 구성된 인간의 모든 판단에 대해 적용 가능하다.

### 판단비판 논리의 활용 1 - 인식수단의 실재성 비판

판단의 사실성을 비판하는 사구비판의 논리는 다양한 현상에 적용 가능하다. 앞에서 보았듯이 사구비판의 논리는 우리가 품는 철학적 종교적 의문을 해소시키는 데 사용될 수 있지만, 갖가지 철학적 종교적 이론의 허구성을 드러내는 데 활용될 수도 있다. 미분학의 기초를 배운 사람이 수많은 연습문제를 풀어봄으로써 미분학에 숙달할 수 있듯이, 다양한 종교적 철학적 이론들에 대해 중관논리를 적용시켜 그것을 해체시켜 봄으로써 우리는 중관논리에 숙달할 수 있다. 그러면 불교 내외의 몇 가지 이론들을 소재로 삼아 사구비판의 논리를 연습해 보자.

서양철학에 인식론이라는 분야가 있듯이, 인도철학에도 인식론 분야가 있다. 서양철학의 경우에는 인식론과 논리학이 분리되어 연구되지만 불교를 포함한 인도철학에서는 양자가 함께 다루어지기에 인식논리학이라는 통합적 명칭이 사용되기도 한다. 우리가 어떤 지식을 얻기 위해서는 감각이나 추리와 같은 인식수단에 의존해야 한다. 인도의 전통적 인식논리학인 니야야(Nyāya) 철학에서는, "모든 사물은 인식수단에 의해 파악되는데 인식수단의 종류에 현량現量, 비량比量, 비유량譬喩量, 전승량傳承量의 네 가지가 있다"고 주장한다. 여기서 현량은 감각적 지각과 같은 직접지각을 의미하고, 비량은 추리지를 의미하며, 비유량은 실례를 통한 인식을, 전승량은 성인의 말과 같은 권

위에 의한 인식을 의미한다. 비유량은 비교량이라고 번역되기도 하고, 전승(āgama)을 성언량(또는 증언: śabda)이라고 부르기도 한다. 니야야 철학에서는 이런 네 가지 인식수단을 독립된 실체로 간주하며 이들에 의해 사물이 파악된다고 주장하는데 용수는 《회쟁론廻諍論, Vigrahavyāvartanī》에서 이런 인식수단의 실재성에 대해 다음과 같이 비판한다.

> 만일 갖가지 사물들이 인식수단에 토대를 두고 성립한다면, 그런 인식수단들은 다시 어떻게 성립하는지 말하여라.
> 《회쟁론》 제31게

> 만일 다른 인식수단들에 의해 인식수단들이 성립한다면, 그것은 무한소급하게 될 것이다. 그런 경우에는 최초도 성립하지 않고, 중간도 최후도 결코 성립하지 않는다.
> 《회쟁론》 제32게

> 그것들(인식수단들)이 만일 인식수단들 없이 성립된다면 논의는 파괴된다. 그런 경우 일관성이 훼손되며, (그렇게 성립되는) 특별한 이유를 말해야 한다.
> 《회쟁론》 제33게

"모든 것은 인식수단에 의해 파악된다"라는 주장에서 용수는 두 가지 논리적 오류를 지적한다. 첫째, "모든 것이 인식수단에 의해 파악된다"고 할 경우, 그런 인식수단 역시 모든 것에 포함되기에 그런 인식수단을 파악하는 제2의 인식수단이 필요하게 되고, 제2의 인식수단 역시 모든 것에 포함되기에 그것을 인식하는 제3의 인식수단이 필요하게 된다. 이와 같은 방식으로 제4, 제5, 제6 … 등 무한한 인식수단이 필요하게 된다. 이것이 위의 제31게와 제32게에서 지적하는 첫 번째 논리적 오류로 무한소급의 오류(reductio ad absurdum)이다.

"모든 것이 인식수단에 의해 파악된다"는 주장이 진실이기 위해서는, 인식수단이 모든 것의 존재근거가 되어야 하는데, 그런 인식수단 자체의 성립근거를 추구해 보아도 무한한 추구만 계속될 뿐 그 최초의 근거를 확정할 수 없다면, 모든 것을 파악하는 인식수단은 성립할 수 없다. 왜냐하면 최초의 근거가 확정되어야 중간단계의 근거 역시 확정되며 모든 사물의 최후의 존재근거인 모든 것을 파악하는 인식수단 역시 확정될 수 있기 때문이다 [《회쟁론》 제 32게 후반]. 깊은 수렁에 빠졌을 때 무언가 확고하게 받쳐주는 것이 있다면 그것을 딛고 한 걸음씩 위로 오를 수 있는데, 바닥없이 무한히 빠져 들어가는 수렁이라면 그곳에 빠진 사람은 결코 위로 오를 수 없는 것과 같다. 이와 같은 것이 무한소급의 오류이다 [《회쟁론》 제32게 전반].

둘째, 이런 무한소급의 오류를 피하기 위해 "인식수단만은 그것을 인식하는 다른 인식수단 없이 스스로 성립한다"고 주장한다면, "모든 것은 인식수단에 의해 파악된다"는 애초의 주장이 일관성을 잃고 만다. 인식수단이라는 예외를 인정하는 꼴이 되기 때문이다 [《회쟁론》 제33게].

이런 두 가지 방식을 통해 용수는 "모든 것은 인식수단에 의해 파악된다"는 니야야학파의 주장을 파기한다. 그런데 이런 비판방식의 골격은 앞에서 "바람이 분다"는 판단이나, "비가 내린다", "가는 자가 간다"는 판단이 비판되었던 방식과 그 구조가 다르지 않다. "바람이 분다"는 판단에서 바람이라는 주어에 붊의 의미가 내포되어 있기에 의미중복의 오류가 발생한다고 하였는데, 붊이라는 개념이 성립하기 위해서는 다시 바람이라는 개념을 염두에 두어야 한다. 긴 것을 염두에 두지 않으면 짧은 것이라는 생각이 있을 수 없듯이, 바람 없이 붊만 있는 경우는 이 세상 어디에도 없다. 앞에서는 "바람이 분다"는 판단이 의미중복의 오류를 범한다는 1차적 조망만 소개했지만, 더 면밀히 분석하면 이는 의미가 무한히 중복되는 오류, 즉 무한소급의 오류로 연결된다. 이런 과정은 다음과 같이 정리된다.

○ 원판단: 바람이 분다.
① 의미중복의 오류: '붊을 내포한' 바람이 분다.
② 무한소급의 오류
　'[바람을 내포한] 붊을 내포한' 바람이 분다.
　'[{붊을 내포한} 바람을 내포한] 붊을 내포한' 바람이 분다.
　'[{(바람을 내포한) 붊을 내포한} 바람을 내포한] 붊을 내포한' 바람이 분다.

따라서 "모든 것은 인식수단에 의해 파악된다"는 주장이 범하는 논리적 오류 가운데 첫 번째 것인 무한소급의 오류는 "비가 내린다"는 판단이 범하는 의미중복의 오류와 그 근본구조가 동일하다. 무한소급은 무한한 의미중복에 다름 아니다.

한편, 위에 인용했던 《회쟁론》 제33게의 비판은, 바람이 분다는 판단이 범하는 두 가지 오류 가운데 사실에 위배되는 오류와 그 구조가 동일하다. 앞에서 설명한 바 있지만, 우리가 "바람이 분다"는 판단이 의미중복의 오류에 빠지지 않도록 하기 위해, 그 뜻을 "불지 않는 바람이 어딘가에 있어서 그것이 분다"고 해석할 경우 사실에 위배되는 오류에 빠진다. 불지 않는 바람, 다시 말해 붊의 의미를 내포하고 있지 않은 바람은 이 세상 그 어디에도 없기 때문이다. "모든 것은 인식수단에 의해 파악된다"는 주장의 경우도 이와 마찬가지다. 모든 것을 파악하는 인식수단을 다시 파악하는 제2, 제3의 무한한 인식수단이 요구되는 무한소급의 오류를 피하기 위해 "인식수단만은 그것을 파악하는 제2의 인식수단을 필요로 하지 않는다"고 해석할 경우 "모든 것은 인식수단에 의해 파악된다"는 애초의 전제 가운데 주어인 모든 것의 의미를 훼손하는 오류를 범하고 만다.

"바람이 분다"는 판단과 "모든 것은 인식수단에 의해 파악된다"는 판단은 그 겉모습은 전혀 달라보여도, 각각의 판단에 내재하는 논리적 오류의 구조는 동일하다. 이는 다음과 같이 정리된다.

○ 원판단: 바람이 분다

① 제1구 비판: 무한중복 [무한소급]의 오류
 '[{(…… 바람을 내포한) 붊을 내포한} 바람을 내포한] 붊을 내포한' 바람이 분다.
② 제2구 비판: 사실 [전제]에 위배되는 오류
 붊을 갖지 않은 바람이 분다.

○ 원판단: 모든 것은 인식수단에 의해 파악된다.
① 제1구 비판: 무한소급 [무한중복]의 오류
 인식수단을 파악하는 제2, 제3, 제4……의 인식수단이 요구된다.
② 제2구 비판: 전제 [사실]에 위배되는 오류
 인식수단은 그 존재를 파악하는 제2의 인식수단을 필요로 하지 않는다.


**판단비판 논리의 활용** 2 - 생·주·멸은 실재하는가?

중관학의 판단비판 논리는 "바람이 분다"거나 "비가 내린다"는 식의 일상적 언어나, "모든 것은 인식수단에 의해 파악된다"는 외도外道의 철학적 조망 등을 대상으로 삼아 구사될 수도 있지만, 원래는 불교 내의 아비달마 교학체계를 비판하기 위해 개발되었다. 아비달마 교학은 초기불전에 흩어져 있는 부처님의 가르침을 체계적 이론으로 정리해냈다는 점에서 소중한 가치를 갖는다. 그러나 그렇게 정리하는 과정에서 불교의 대기설법對機說法적 성격, 응병여약應病與藥적 성격은 망각되고 말았다. 용수는 《중론》을 통해 사구비판의 논리를 구사하면서 이 점을 지적하는 것이다. 언어화된 부처님의 교법과 이를 체계적으로 정리한 아비달마 교학은 견고한 피안이 아니라, 우리를 피안으로 실어 나르기 위해 물 위에 떠 있는 흔들리는 뗏목일 뿐이다. 용수는 중관논리를 구사함으로써 언어적 판단의 흔들림을 드러낸다. 다시 말해 아비달마 교학의 실재론적 법法 이론에 내재하는 논리적 오류를 드러낸다. 흔들리는 교학의 뗏목에서 내리게 하여 피안의 땅을 딛게 한다. 그 가운데 몇 가지를 더 예로 들어 보자.

초기불전의 가르침에 근거할 때, 깨달음에 이르게 하는 첫 관문은 무상無常에 대한 자각이다. 모든 것은 한순간도 머물러 있지 않다. 산하대지와 같은 물리적 자연도 변화하지만 우리의 몸과 생각 역시 늙어가며 변화한다. 아무리 행복했던 나날도 결국 사라지고 말며, 찬란했던 우리의 삶도 결국 죽음의 괴로움으로 종지부를 찍는다. 이렇게 모든 것은 무상하기에 궁극적으로 고苦이다. 마음을 의지하여 안주할 곳은 그 어디에도 없다. 홍수에 휩쓸려 떠내려가던 사람이 어딘가에서 섬을 만나면 그곳으로 기어 올라가 쉴 수 있듯이, 우리의 몸과 마음 가운데 영원한 그 무언가가 있다면 그것을 추구하고 그것에 매달리겠지만, 가부좌 틀고 앉아 곰곰이 생각하면서 나의 몸과 마음을 아무리 정밀하게 뒤져 보아도 영원한 것을 찾아낼 수 없다. 우빠니샤드에서 추구하는 영원한 자아인 아뜨만(自我, Ātman)은 그 어디에도 없다. 엄밀하게 관찰해 보니, 우빠니샤드에서 말하는 아뜨만은 단지 매 순간 변하는 식(識, Vijñāna)의 흐름일 뿐이었다. 그 어디에도 아뜨만은 없으며(無我), 그 어떤 것도 아뜨만이 아니다(非我). 이런 조망이 성숙했을 때 수행자는 무상無常하고 궁극적으로 고苦이며 무아無我인 세속을 싫어하게 된다. 세속에 대한 집착에서 해탈하는 것이다. 이렇게 세속에 대한 집착에서 완전히 벗어난 수행자는, 사망 후 다시는 윤회의 세계에 들어오지 않는다. 세속의 세계에 태어나지 않는다. 완전히 사라지는 것이다. 이것이 불교수행의 궁극적 목표인 열반이다.

산하대지 등의 자연물이나 희로애락과 같은 우리의 감성은 발생했다가(生) 머물렀다가(住) 변화했다가(異) 사라지고(滅), 우주는 성립했다가(成) 머물렀다가(住) 파괴되었다가(壞) 텅 비게 되며(空), 모든 생명체는 탄생했다가(生) 늙어가다가(老) 병들어(病) 죽게 된다(死). 여기서 말하는 생주이멸生住異滅이나 성주괴공成住壞空이나 생로병사生老病死 모두 무상無常의 다른 표현이다. 이 가운데 생주이멸을 생주멸 또는 생멸로 줄여서 표현하기도 한다.

물리적 자연이든, 심리적 현상이든 연기한 모든 것은 변화한다. 초기불전에서 말하듯이 모든 행行은 무상하다(諸行無常). 행行의 산스끄리뜨 원어 saṃskāra는 모임을 의미하는 접두어 sam에, 행위를 의미하는 어근 √kṛ에서 파생된 명사 kāra가 결합된 단어로 '(인과 연이) 모여 지음'이라고 직역된다. 인因과 연緣이 모여 이루어진 것, 즉 연기緣起한 것은 모두 무상하다. 그런데 아비달마 교학에서는 인과 연이 모여 이루어진 것을 유위법有爲法이라고 부르고, 무상하다는 표현을 "생주멸의 세 가지 특징

(三相)을 갖는다"는 말로 대체한다. 그래서 "모든 유위법은 생주멸한다"고 표현하는 것이다. 여기에 사용된 유위有爲는 산스끄리뜨 saṃskṛta의 번역어이기에 그 의미가 행과 다르지 않다. kāra가 과거수동분사 kṛta로 대체되었을 뿐이다. "제행은 무상하다"는 초기불전의 선언은 아비달마 교학의 시대가 되자 "모든 유위법은 생주멸의 세 가지 특징을 갖는다"는 이론적 진술로 보다 정교하게 표현되었던 것이다.

또, 아비달마 교학에서는 모든 법들을 유위법과 무위법의 두 가지로 분류한다. 위에서 설명했듯이, 유위란 인연이 모여 지어진 것을 의미한다. 무위(asaṃskṛta)는 유위와 반대의 것으로 인연이 모여 지어진 것이 아닌 것을 의미하는데,《구사론》에서는 허공무위와 택멸擇滅무위와 비非택멸무위의 세 가지를 이런 무위법에 포함시킨다. 택멸무위는 사성제의 이치를 철견徹見하여 얻어지는 멸제滅諦, 즉 열반을 의미하고, 비택멸무위는 발생할 수는 있었지만 인연이 결여되어 발생하지 않은 법을 의미하며, 허공무위란 텅 빈 허공을 의미한다. 번뇌의 경우 있던 번뇌를 제거함이 택멸무위의 체득이요, 없던 번뇌가 발생하지 않게 함이 비택멸무위의 체득이다.

어쨌든 이 세 가지 무위법을 제외한 나머지 법들은 모두 유위법이다. 물질(色法), 마음(心王法), 느낌과 생각과 갖가지 번뇌 등의 마음작용(心所法), 마음과 무관한 조작(心不相應行法)의 네 부류의 법들은 모두 유위법에 속한다. 《구사론》에 나열된 이러한 법들은 다음과 같이 정리된다.

5위 75법

| | |
|---|---|
| 유위법<br>(72가지) | 색법 - 5근, 5경, 무표색無表色: 11가지 |
| | 심왕법 - 육식六識 전체: 1가지 |
| | 심소법 - 수, 상과 갖가지 번뇌 등: 46가지 |
| | 심불상응행법 - 생, 주, 멸, 명, 구, 문 등: 14가지 |
| 무위법(3가지) | 허공, 택멸, 비택멸 |

여기서 색, 심왕, 심소, 심불상응행, 무위의 다섯 부류를 5위位라고 하는데, 5위의 항목 아래에 총 75가지 법들이 소속되어 있다는 의미에서 이를 '5위 75법 이론'이라고 부른다. 여기서 특기할 것은 마음의 세부적인 작용을 의미하는 심소법인데 총 46가지 심소 중 수受와 상想을 제외한 44가지가 모두 행行에 속한다. 심소법 내의 이런 44가지 행들을 마음과만 관계된 행이란 의미에서 심상응행心相應行이라고 부른다.

위의 표에서 보듯이 앞에서 얘기한 생, 주, 멸은 이러한 5위 75법 가운데 심불상응행법에 속한다. 심불상응행이란 마음과 무관한 행이란 의미이다. 생주멸의 경우 우리 마음 안팎의 사건 모두에 적용된다. 우리 마음속 번뇌도 발생했다가(生) 머물다가(住) 소멸하지만(滅), 물질세계에서 일어나는 모든 사건들도 발생했다가 머물다가 소멸한다. 생주멸은 이렇게 심불상응행법 속하는 법인데, 상위의 분류법인 무위법과 유위법의 구분에서 심불상응행법은 다시 유위법에 속한다. 따라서 생주멸 역시 유위법에 속한다. 그런데 앞에서 말했듯이 아비달마 교학에서는 "모든 유위법은 생주멸한다"고 가르친다. 다시 말해 모든 유위법은 생주멸의 세 가지 특징(三相)을 갖는다고 가르친다.

여기서 문제가 발생한다. 유위법에 속하는 생주멸이 다시 생주멸이라는 세 가지 특징을 가져야 하기 때문이다. 다시 말해 생주멸 역시 '생주멸'해야 한다는 말이다. 발생은 발생하고 머물다가 소멸한다. 이와 마찬가지로 머묾 역시 발생했다가 머물다가 소멸하고, 소멸 역시 발생했다가 머물다가 소멸한다. 용수는《중론》제7〈관삼상품〉에서 아비달마 교학의 생주멸 이론이 마주치게 되는 이러한 난국을 다음과 같이 지적한다.

> 만일 생주멸이 다시 유위법의 특징을 갖는다면 무한소급의 오류에 빠지고, (생주멸이) 유위법의 특징을 갖지 않는다면 생주멸은 유위법이 아닌 꼴이 된다.
>
> 《중론》 제7장 제3게

생주멸 가운데 생, 즉 발생을 소재로 삼아 이 게송의 의미를 설명하면 다음과 같다. 예를 들어 어린아이가 탄생할 때, 어린아이도 발생하지만, 탄생도 발생한다. 또 탄생이 발생한다고 할 때, 그러한 탄생의 발생도 발생한다. 그리고 탄생의 발생이 발생함 역시 발생하게 된다. 탄생의 발생이 발생함 역시 발생하게 되는 것도 발생한다.……논의가 끝이 나지 않는다. 이것이 무한소급의 오류이다. 그래서 위의 게송에서 "만일 생주멸이 다시 유위법의 특징을 갖는다면 무한소급의 오류에 빠진다"고 비판하는 것이다.

그렇다고 해서 이런 무한소급의 오류를 피하기 위해서 "생주멸만은 생주멸하지 않는다"고 규정할 수도 없다. 유위법, 즉 인연이 모여 지어진 모든 것은 생주멸이라는 세 가지 특징을 갖는데, 생주멸이 이런 세 가지 특징을 갖지 않는다면, 생주멸은 유위법이 아니란 말이 되기 때문이다. 유위법이 아니라면 무위법이어야 하는데, 무위법에는 허공, 택멸무위, 비택멸무위의 셋만 있을 뿐 생주멸은 포함되지 않는다. 위의 게송에서 말하듯이 생주멸이 유위법의 특징을 갖지 않는다면 생주멸은 유위법이 아닌 꼴이 되는데 그럴 수도 없다.

"모든 행은 무상하다"는 초기불전의 가르침을 아비달마 교학에서 "모든 유위법은 생주멸한다"는 말로 대체시키긴 했지만, 그것이 말로 표현된 이상 내적 논리적 모순에서 벗어날 수가 없다. 이렇게 말로 표현된 갖가지 이론에서 논리적 모순을 지적해 내는 것이 바로 용수의 중관학이다. 그런데 우리가 명심해야 할 것은 중관학적 방식을 통해 도출된 결론적 명제들을 중관학의 내용으로 오해해서는 안 된다는 점이다. 우리의 언어와 사유에 의해 구성된 갖가지 이론들의 논리적 모순을 지적하는 테크닉이 중관학이다. 중관학은 내용을 갖지 않는다. 중관학은 하나의 방식方式이다.

중관학은 수학과 같다. 예를 들어 곱셈을 배울 때, 교사가 풀어준 문제의 답을 외워서는 안 되고 문제를 푸는 테크닉을 익혀야 하듯이, 중관학을 공부할 때에도 우리의 분별적 사유가 만들어낸 갖가지 이론들을 해체시키는 테크닉을 익히기 위해 노력해야 하며 그를 통해 도출된 결론을 암기하려고 해서는 안 된다는 말이다. 중관학적 방식을 통해 도출된 결론들은 뻔하다. 다음과 같이 모든 불교이론들을 부정하면 된다. 윤회는 없다. 열반은 없다. 연기공식은 논리적 모순에 빠진다. 인과응보설 역시 논리적 모순을 갖는다. 해탈도 없고 속박도 없다. 시간은 존재하지 않는다. 과거도 없고, 현재도 없고 미래도 없다.…… 등등.

그러나 중관학을 공부하고자 할 때 이러한 결론적 명제들은 중요하지 않다. 우리가 마주치는 갖가지 철학적 문제들, 우리에게 떠오르는 갖가지 종교적 의문들을 해체시키는 테크닉을 익히는 것이 중관학 공부의 관건이 된다. 어떤 곱하기 문제와 답을 외우고 있는 사람에게 바로 그 문제를 다시 제시할 때 그는 얼른 그에 대한 답을 말할 수 있다. 자신이 외웠던 문제이기 때문이다. 이때 남들에게 그는 곱하기에 능통한 사람으로 보일 수 있다. 그러나 그에게 새로운 문제를 제시할 때 그는 그에 대해 답을 내지 못한다. 우리가 중관학을 공부할 때 바로 이 점을 명심해야 한다. 테크닉을 익히려고 해야지 답을 외우려 해서는 안 된다. 그리고 연기緣起에 근거한 사구비판四句批判의 논리는 모든 철학적 종교적 고민과 이론을 풀어서 해체시키는 중관학의 테크닉이다.

앞에서 "바람이 분다"는 단순 판단이 비판되는 방식과 "모든 것은 인식수단에 의해 인식된다"는 인식이론이 비판되는 방식의 공통점에 대해 설명한 바 있다. 그런데 여기서 소개한 "모든 유위법은 생주멸한다"는 이론이 비판되는 방식 역시 이들이 비판되었던 방식과 마찬가지다. 먼저 "바람이 분다"는 판단이 중관학적 방식에 의해 비판되는 과정에 대해 기술해 보자.

○ 원판단: 바람이 분다.
① 연기공식: 바람이 없으면 붊이 없고 붊이 없으면 바람이 없다.
② 제1구적 이해방식 비판: "붊을 가진 바람이 분다"면 의미중복의 오류에 빠진다.
③ 제2구적 이해방식 비판: "붊을 갖지 않은 바람이 분다"면 사실에 위배되는 오류에 빠진다.

"모든 유위법은 생주멸한다"는 판단이 비판되는 과정은 다음과 같이 정리된다.

○ 원판단: 모든 유위법은 생주멸한다.
① 연기공식: 유위법이 아니면 생주멸하지 않고, 생주멸하지 않으면 유위법이 아니다.
② 제1구적 이해방식 비판: 생주멸 역시 유위법이기에 생주멸해야 하며 결국 무한소급의 오류에 빠진다.
③ 제2구적 이해방식 비판: 생주멸이 유위법이 아니라면 "유위법 내의 심불상응행법에 생주멸이 소속되어 있다"는 애초의 전제에

위배된다.

이 가운데 ②제1구적 이해방식 비판에서 말하는 무한소급이란 무한중복에 다름 아니기에 "바람이 분다"는 판단이 범하는 의미중복의 오류와 그 구조가 같고, ③제2구적 이해방식 비판에서 말하는 애초의 전제에 위배됨은 "바람이 분다"는 판단이 범하는 사실에 위배되는 오류와 그 구조가 같다. "바람이 분다"는 판단이나, "모든 것은 인식수단에 의해 인식된다"는 판단이나, "모든 유위법은 생주멸한다"는 판단은 외견상 그 모습이 전혀 다른 판단들임에도 불구하고 중관논리에 의해 비판되는 방식은 동일하다. 그 대상이 무엇이 되었든 우리는 하나뿐인 우리의 머리를 굴려서 그에 대해 생각하기 때문이다.

어쨌든, "모든 유위법은 생주멸한다"는 판단에서 무한소급의 오류와 전제에 위배되는 오류를 지적받은 아비달마 논사는 이런 오류에서 벗어나기 위해 다시 새로운 이론을 구성해 낸다. 애초에 전제가 되었던 아비달마 교학에 약간의 손질을 가하는 것이다. 그것은 생생生生, 주주住住, 멸멸滅滅이라는 보조개념을 추가하는 것이었다. 앞에서 생주멸을 유위법의 특징이란 의미에서 상相(lakṣaṇa)이라고 불렀는데, 여기서 추가한 생생, 주주, 멸멸은 이런 상에 수반된 특징이란 의미에서 수상隨相(anulakṣaṇa)이라고 불린다.

5위 75법 이론에서는 유위법인 심불상응행법 속에 생, 주, 멸만이 들어 있었다. 그래서 논리적 오류가 지적되었다. 그런데 생생, 주주, 멸멸이라는 새로운 심불상응행법을 설정하여 추가할 경우 위와 같은 무한소급의 오류에서 벗어날 수 있다는 것이다. 생생이란 생을 발생시키는 생이란 의미이고, 주주란 주를 머물게 하는 주란 의미이며, 멸멸이란 멸을 소멸하게 하는 멸이란 의미이다. 그리고 5위 75법 이론에서 설정했던 생, 주, 멸 각각은 본래의 생, 주, 멸이란 의미에서 본생本生, 본주本住, 본멸本滅이라고 다시 명명된다. 이런 고안에 근거하여 아비달마 논사가 제시하는 새로운 이론은 다음과 같다.

> 생생은 오직 본생만 발생하게 할 뿐이며, 본생이 다시 생생을 발생하게 한다.
> 《중론》 제7장 제4게

새롭게 도입된 생생은 오직 본생의 발생에만 관여할 뿐 다른 역할은 하지 않는다. 그리고 이런 생생의 발생에는 본생이 관여한다는 말이다. 예를 들어 우리 마음속에서 탐욕이 발생할 때, 탐욕도 발생하지만 이와 함께 탐욕의 발생도 발생한다. 이때 말하는 탐욕의 발생을 본래적인 발생이란 의미에서 본생本生이라고 부른다.

그런데 이런 본생은 유위법에 속하기에 생, 주, 멸이라는 세 가지 특징을 갖는다. 탐욕과 같은 유위법도 모두 발생했다가 머물다가 소멸하지만, 여기서 말하는 '발생' 역시 발생했다가 머물다가 소멸하며, '머묾' 역시 발생했다가 머물다가 소멸하고, '소멸' 역시 발생했다가 머물다가 소멸하는 것이다. 아비달마 논사는 이런 과정이 무한소급의 오류에 빠지지 않게 하기 위해서 이 가운데 발생의 발생을 생생이라고 명명하여 독립된 법으로서 자신들의 법체계에 추가하였다. 이들은 생생 이외에도 주주와 멸멸을 설정하였는데, 생생은 본생, 본주, 본멸을 생生하게 하는 역할을 하고, 주주는 본생, 본주, 본멸을 주住하게 하는 역할을 하며, 멸멸은 본생, 본주, 본멸을 멸滅하게 하는 역할을 한다. 그래서 어떤 사물이 발생했다가 머물다가 소멸할 때, ①그 사물과 ②본생, ③본주, ④본멸의 삼상三相, 그리고 ⑤생생, ⑥주주, ⑦멸멸이라는 삼수상三隨相의 총 7가지 법이 관여한다는 새로운 주장을 내세웠던 것이다.17)

이렇게 생생, 주주, 멸멸을 추가할 경우 "모든 유위법은 생, 주, 멸의 세 가지 특징을 갖는다"는 아비달마 이론은 분명히 무한소급의 오류에서 벗어난다. 만일 본생의 발생에 다시 본생이 관여한다면, 무한소급의 오류에 빠질 텐데, 본생의 발생에는 본생이 아니라 생생이 관여하기에 무한소급의 오류를 피해가는 것이다. 그러나 물에 빠지지 않으려다가 불 속에 들어가는 격으로, 새롭게 고안된 생생, 주주, 멸멸의 수상隨相 이론은 무한소급의 오류는 피해가지만, 악순환의 오류와 만나고 만다. 이어서 용수는 삼수상三隨相의 이론이 만나게 되는 이런 악순환에

---

17) 유위법의 특징을 생주이멸生住異滅의 사상四相으로 설명하는 《구사론》에서는 이런 7가지 법에 본이本異와 이이異異를 추가하여 총 9가지 법을 말한다.

대해 아래와 같이 노래한다.

> 만일 생생이 본생을 발생하게 하는 것이라면, 생생은 본생에서 발생하는 것인데, 어떻게 본생을 생할 수 있겠는가?
> 《중론》 제7장 제5게

> 만일 본생이 생생을 발생하게 하는 것이라면, 본생은 생생에서 발생하는 것인데, 어떻게 생생을 생할 수 있겠는가?
> 《중론》 제7장 제6게

수상隨相 이론에 의하면 본생의 근거는 생생이다. 그런데 이 생생은 확고부동한 것이 아니라, 본생에 근거를 둔다. 악순환이다. 위의 게송에서 용수는 이를 지적하는 것이다. 예를 들어 닭의 근거를 물을 때 달걀이라고 답할 수 있다. 그러나 그 답으로 문제가 종결된 것은 아니다. 달걀의 근거는 닭이기 때문이다. 수상 이론에는 "닭이 먼저냐, 달걀이 먼저냐?"라는 식의 악순환이 내재한다. 이와 반대의 조망도 마찬가지다. 달걀의 근거를 물을 때 닭이라는 대답이 문제를 해결하지 못하듯이, 생생의 근거를 본생이라고 설정해도 악순환의 오류에서 벗어나지 못한다.

### 무한소급과 악순환은 어떻게 다른가?

"닭이 먼저냐, 달걀이 먼저냐?"라는 물음에 대한 대답과 그에 대한 비판은 두 가지 방향으로 이루어질 수 있다. 하나는 존재론적 접근이고, 다른 하나는 인식론적 접근이다. 닭의 근거를 물었을 때 구체적으로 어떤 달걀을 지목하게 되는데, 그 달걀은 다시 다른 어떤 닭이 낳은 것이다. 또 그 어떤 닭 역시 다른 달걀에서 부화한 것이다. 시간적으로 무한히 거슬러 올라가도 확고한 근거가 찾아지지 않는다. 이는 존재론적 접근이다. 이런 오류를 무한소급의 오류라고 부르며 이는 다음과 같이 정리된다.

닭1 ← 달걀1 ← 닭2 ← 달걀2 ← 닭3 ← 달걀3 ← 닭4 ……

이와 달리 "닭이 먼저냐, 달걀이 먼저냐?"라는 물음에 대한 대답과 그에 대한 비판이 인식론적으로 이루어지는 경우는 다음과 같이 정리된다.

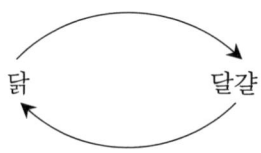

이는 악순환이다. "도대체 닭이란 것이 어디서 나왔는가?"라고 물을 때, "달걀이란 놈에서 나왔다"고 대답할 수 있지만, "그런 달걀이란 놈은 도대체 어디서 나온 것인가?"라고 물을 때 다시 닭이라고 대답해야 하기에 논의가 순환하고 만다. 구체적인 어떤 닭의 근거에 대해 묻는 것은 존재론적 물음인데 결국 무한소급의 오류를 초래하며, 개념화된 닭의 근거에 대해 묻는 것은 인식론적 물음인데 악순환의 오류를 발생시키는 것이다.

다른 예를 들어보자. 어떤 막대기를 보고 긴 것이라는 생각이 들기 위해서는 반드시 짧은 것을 염두에 두어야 한다. 긴 것이라는 생각은, 짧은 것이라는 생각에 의존하여 발생한다. 즉 연기緣起한 것이다. 그래서 우리는 연기의 의미를 설명할 때, "짧은 것이 있어야 긴 것이 존재한다"는 점을 예로 들기도 한다. "짧은 것에 의존하여 긴 것이 존재한다"거나 "긴 것에 의존하여 짧은 것이 존재한다"는 명제는, 원래 짧은 것이나 원래 긴 것이 존재한다고 착각하는 사람에게 연기와 공空의 의미를 알려 주는 훌륭한 가르침이 된다. 그런데 이 역시 언어와 생각에 의해 구성된 판단인 이상 중관논리의 비판에서 벗어나지 못한다.

"짧은 것에 의존하여 긴 것이 존재한다"는 말이 진실이기 위해서는 짧은 것은 확고부동하게 존재해야 한다. 그러나 짧은 것이라는 생각은 긴 것을 염두에 두었을 때만 가능한 생각이다. 짧은 것과 긴 것의 연기관계를 표현하는 이 명제에 대한 비판 역시 인식과 존재라는 두 가지 차원에서 이루어질 수 있다. 우리가 어떤 막대기를 보고 길다는 생각을 하기 위해서는 그 이전에 보았던 짧은 막대를 염두에 두고 있어야 한다. 그런데 염두에 둔 짧은 막대에 대해 과거에 짧다고 생각했던 것은 다시 그 이전에 보았던 긴 막대와 비교하였기 때문이다. 이는 존재론적 접근이고 결국 다음과 같은 무한소급의 오류가 발생한다.

짧은 막대1 ← 긴 막대1 ← 짧은 막대2 ← 긴 막대2 ← ……

이와 달리 짧다는 생각은 길다는 생각에 의존하지만, 그런 길다는 생각 역시 짧다는 생각에 의존하기에 악순환이 발생한다고 숙고熟考하면서, "짧은 것에 의존하여 긴 것이 존재한다"는 명제를 비판하는 것은 인식론적 접근이다. 이는 다음과 같이 정리된다.

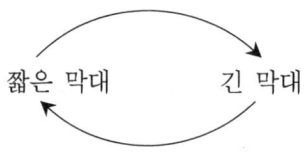

앞에서 보았듯이 "모든 유위법은 생주멸한다"는 판단에 대해 《중론》 제7장 제3게에서는 무한소급의 오류를 통해 비판하고 《중론》 제7장의 제5게와 제6게에서는 악순환의 오류를 통해 비판하는데, 전자는 존재론적 비판이고 후자는 인식론적 비판이다. 생주멸을 실재하는 존재로 취급하면서 그 존재 근거를 물어 들어갈 때 논의는 무한히 소급하며, 생주멸을 우리 인식의 범주로 취급하면서 그 근거로서 생생, 주주, 멸멸이라는 범

주를 새롭게 설정할 때 논의는 악순환에 빠진다.

**악순환과 중관논리**

앞에서 "모든 유위법은 생주멸한다"는 판단이 무한소급의 오류에 빠진다는 점을 지적하면서 이를 중관논리의 제1구 비판 및 제2구 비판에 대응시킨 바 있다. 무한소급이든, 악순환이든 그것에서 제1구 비판 및 제2구 비판의 논리를 추출해 내는 것이 중관논리를 익히는 방법이다. 그러면 "생생이 본생을 생하고 본생이 생생을 생한다"는 새로운 이론이 범하는 악순환의 오류를, "바람이 분다"는 판단이 중관논리에 의해 비판되는 방식과 대비해 보자. 논의의 중복을 피하기 위해 "본생이 생생을 생한다"는 판단에 대한 설명은 생략한다.

○ 원 판단: 생생이 본생을 (생하고 본생이 생생을) 생한다.
① 연기공식: 생생에 의해 본생이 (있고 본생에 의해 생생이) 있다.
② 제1구적 이해방식 비판: 생생이 본생을 생한다면, 미리 생생이 존재해야 하고, 이렇게 미리 생생이 존재하기 위해서는 본생이 그런 생생을 생했어야 하기에 본생 역시 이미 존재했다는 말이 된다. 이미 존재하는 본생이 다시 생생에 의해 발생한다면 두 번 생하는 꼴이 된다(또는 이미 존재하는 본생은 생생에 의해 다시 발생할 필요가 없다).
③ 제2구적 이해방식 비판: 생생이 본생을 생하기 위해서는 생생이 미리 존재해야 하는데, 아직 본생이 생하기 전에는 생생이

미리 존재할 수 없다. 따라서 존재하지 않는 생생이 본생을 생할 수는 없다.

- ○ 원 판단: 바람이 분다(바람이 붊이라는 작용을 한다).
- ① 연기공식: 바람이 없으면 붊이 (없고 붊이 없으면 바람이) 없다.
- ② 제1구적 이해방식 비판: 바람이 붊이라는 작용을 한다면, 미리 바람이 존재해야 하고, 이렇게 미리 바람이 존재하기 위해서는 붊 역시 미리 있었다는 말이 된다. 이미 존재하는 붊인데 다시 분다면 바람이 두 번 부는 꼴이 된다(또는 이미 불고 있었다면 다시 불 필요가 없다).
- ③ 제2구적 이해방식 비판: 바람이 붊이라는 작용을 하기 위해서는 바람이 미리 존재해야 하는데, 아직 붊이라는 작용이 있기 이전에는 바람이 미리 존재할 수 없다. 따라서 존재하지 않는 바람이 붊이라는 작용을 할 수는 없다.

그 어떤 판단이든 총 4구적 방식에 의해 이해할 수 있지만, 《중론》에서 비판의 대상으로 삼은 것은 총 4구 가운데 주로 제1구적 이해방식과 제2구적 이해방식이다. 그런데 앞에 인용했던 《중론》 제7장 제5게와 제6게에서 보듯이 "생생이 본생을 생하고 본생이 생생을 생한다"는 판단에 대한 비판에서는 제1구적 이해방식에 대한 비판은 생략되어 있다. 제2구적 이해방식에 대한 비판만 게송으로 만들어서 제시하고 있는 것이다.

**판단비판 논리의 활용 3 – 불과 연료의 의존관계에 대한 비판**

앞에서 "짧은 것에 의존하여 긴 것이 존재한다"는 판단이 악순환에 빠져 있다는 점에 대해 소개한 바 있다. 그리고 "연기緣起에 대해 설명할 때, 흔히 이런 의존관계를 예로 들지만, 이 역시 언어와 생각에 의해 구성된 판단이기에 중관논리의 비판에서 벗어나지 못한다"고 말하면서 그 논리적 모순을 지적한 바 있다. 이제 몇 가지 예를 더 들어가면서 관계성關係性을 비판하는 중관논리를 훈련해 보기로 하자.

《중론》 제10 〈관연가연품觀燃可燃品〉에서는 불과 연료의 실재성, 불과 연료의 관계가 검토된다. 제8게에서 용수는 다음과 같이 말한다.

> 만일 불이 연료에 의존하여 존재하고 연료가 불에 의존하여 존재한다면, 그 두 가지 중 어느 것이 미리 성립되어 있어서 불이나 연료를 존재하게 하겠느냐?
> 《중론》 제10장 제8게

> 만일 불이 연료에 의존하여 존재한다면, 성립된 불이 다시 성립하는 꼴이 된다. 또 이와 같다면 불 없는 연료 역시 존재하리라.
> 《중론》 제10장 제9게

앞에서 개념의 실체성을 논파할 때, 불과 연료의 예를 들면서 불도 홀로 존재할 수 없고, 연료도 홀로 존재할 수 없다는 점에 대해 설명한 바 있다. 연료 없는 불은 이 세상 어디에도 없다. 성냥불이든, 장작불이든, 라이터의 불이든 각각 성냥개비, 장작, 가스 등의 연료를 필요로 한다. 연료의 경우도 마찬가지다. 불 없는 연료는 이 세상 어디에도 있을 수 없다. 헛간에 쌓여 있는 장작은 엄밀히 말해 장작이 아니다. 불이 붙어야 장작이 될 수가 있다. 라이터 속에서 출렁이는 액화가스도 연료가 아니다. 그래서 불도 실체가 없고, 연료도 실체가 없다. 불교 전문용어로 표현하면, 불도 무자성無自性하고 연료도 무자성하다. 불도 공空하고 연료도 공하다. 불과 연료 모두 연기緣起한 것들이다. 우리는 이런 연기적 조망을 "불과 연료는 서로 의존하여 존재한다"는 문장으로 표현하기도 한다. 불은 연료에 의존하여 존재하고, 연료는 불에 의존하여 존재한다는 말이다.

그런데 여기서 문제가 발생한다. "불이 연료에 의존하여 존재한다"고 할 때, 불이 연료에 의존하기 위해서는, 의존하기 이전에 불이 미리 존재하고 있어야 한다. 어떤 작용이 있기 위해서는 그 작용의 주체가 미리 있어야 하는 것과 마찬가지다. 주체가 있어야 작용을 할 수 있듯이, 불이라는 주체가 있어야 의존이라는 작용을 할 수가 있을 것이다.

그런데 불이라는 주체가 미리 존재한다면, 불을 성립시키기 위해 굳이 다시 연료에 의존할 필요가 없을 것이다. 이와 반대로 불이라는 주체가 미리 존재하지 않는다면 아예 의존이라는 작용을 할 수조차 없다. "불이 미리 존재하면 연료에 의존할 필요가 없고, 불이 존재하지 않는다면 연료에 의존할 수가 없다." "연료가 불에 의존하여 존재한다"고 하는 경우도 이는 마찬가지다. "연료가 미리 존재하면 불에 의존할 필요가 없고, 연료가 미리 존재하지 않는다면 불에 의존할 수가 없다."

위의 게송《중론》제10장 제8게에서 "그 두 가지 중 어느 것이 미리 성립되어 있어서 불이나 연료를 존재하게 하겠느냐?"고 반문하는 것은 "불이 존재하지 않는다면 연료에 의존할 수가 없다"는 점과 "연료가 미리 존재하지 않는다면 불에 의존할 수가 없다"는 점을 말한 것이고,《중론》제10장 제9게에서 "만일 불이 연료에 의존하여 존재한다면, 성립된 불이 다시 성립하는 꼴이 된다"고 기술하는 것은 "불이 미리 존재하면 연료에 의존할 필요가 없다"는 점을 말한 것이다.

이렇게 의존관계가 설정되지 않는 것은 불과 연료뿐만이 아니다. 긴 것과 짧은 것 역시 연기적인 대립쌍이지만, 그 발생에 대해 "긴 것과 짧은 것은 서로 의존하여 발생한다"고 분별적으로 표현할 경우 논리적 오류를 범하고 만다. 의존이라는 작용을 하기 위해서는 긴 것과 짧은 것이라는 주체가 미리 존재해야 하는데, 이렇게 긴 것과 짧은 것이 미리 존재한다면 긴 것과 짧은 것을 발생시키기 위해 굳이 다시 서로 의존할 필요가 없다. 이와 반대로 긴 것과 짧은 것이 아직 존재하지 않는다면 주체가 없는 것이기에 서로 의존할 수가 없다.

불과 연료, 긴 것과 짧은 것뿐만 아니라 연기적으로 발생한 대립 쌍들에 대해 서로 "의존하여 성립한다"고 규정할 수가 없다. 이를《중론》에서는 다음과 같이 노래한다.

만일 어떤 존재가 의존하여 성립되는 것이라면 아직 성립되지 않은 것에는 어떻게 의존할 수 있겠는가? 만일 성립되고 나서 의존하는 것이라면 이미 성립이 끝났는데 의존할 필요가 무엇 있겠는가?
《중론》 제10장 제11게

아직 성립되지 않은 존재는 의존이라는 작용을 할 수가 없고, 이미 성립되어 있는 존재는 서로를 성립시키기 위해 다시 의존할 필요가 없다. 그렇다고 해서 "불이 연료에 의존하지 않는다"고 말할 수도 없다.

연료에 의존한 불은 없다. (연료에) 의존하지 않아도 불은 없다. 불에 의존한 연료는 없다. (불에) 의존하지 않아도 연료는 없다.
《중론》 제10장 제12게

중관논리를 통해 "불은 연료에 의존하여 존재한다"는 점을 비판한다고 해서 "불은 연료에 의존하지 않고 존재한다"는 점을 주장하는 것은 결코 아니다. 중관학은 다만 비판만 할 뿐이지, 비판 이후에 그 무엇인가를 제시하지 않는다. 중국적 중관학인 삼론학三論學을 집대성한 수隋의 길장吉藏(549~623C.E.)은 이런 중관학적 방식을 파사현정破邪顯正이라고 불렀다. 일반 사회에서 파사현정이라고 말할 때에는 삿된 것을 물리치고 나서 옳은 것을 새롭게 드러내는 것인 파사후현정破邪後顯正을 의미한다. 그러나 중관학에서 말하는 파사현정이란 파사후현정이 아니라 파사즉현정破邪卽顯正을 의미한다. 삿된 것을 물리치는 것만으로 모든 목적이 성취된다. 삿된 것을 물리치는 것 자체가 그대로 옳은 것을 드러내는 일이다. 이는 초기불교의 가르침인 사성제四聖諦의 궁극적 목표인 열반이 멸의 경지를 드러내는 것이 아니라 고苦의 소멸일 뿐이라는 점과 그 맥을 같이 한다.

지금까지 불과 연료의 예를 통해 의존관계가 비판되는 과정에 대해 검토해 보았지만, 우리가 중관학을 통해 습득해야 할 것은 "불이 연료에 의존하여 존재한다"는 점이 논리적 오류를 범한다는 결론이 아니라, 그런 판단이 비판되는 방식이다. 이 역시 앞에서 설명했던 "바람이 분다"거나 "비가 내린다"거나 "꽃이 핀다"는 판단이 비판되는 방식과 동일하다. 앞에서는 "바람이 분다"는 판단과 대비시켜서 중관학의 판단비판의 논리를 익혀 보았지만, 이번에는 "비가 내린다"는 판단과 대비시켜 보자.

○ 원 판단: 불은 연료에 의존하여 존재한다.
① 연기공식: 불이 없으면 연료가 없고, 연료가 없으면 불이 없다.
② 제1구적 이해방식 비판: 존재하는 불은 다시 연료에 의존할 필요가 없다.
③ 제2구적 이해방식 비판: 존재하지 않는 불은 연료에 의존할 수가 없다.

○ 원 판단: 비가 내린다.
① 연기공식: 비가 없으면 내림이 없고, 내림이 없으면 비가 없다.
② 제1구적 이해방식 비판: 존재하는 비는 다시 내릴 필요가 없다 ('내림을 갖는 비'는 이미 내리고 있기에 다시 내릴 필요가 없다).
③ 제2구적 이해방식 비판: 존재하지 않는 비는 내릴 수가 없다 ('내림을 갖지 않는 비'는 이 세상 그 어디에도 없기에 아예 내릴 수가 없다).

**모든 판단이 오류를 범하는 이유**

지금까지 우리가 일상에서 사용하는 판단을 대상으로 중관논리를 구사해 보기도 하고 《중론》에 등장하는 몇 가지 게송들에서 구사되는 중관논리를 분석해 보기도 했다. 일상판단이든, 아비달마 교학이론이든 논리적 오류를 범하는 이유는 그러한 것들이 모두 생각의 분할을 통해 작성된 판단이라는 점에 있다.

우리는 하나의 강우降雨 사건을 비와 내림이라는 두 개의 개념으로 분할하여 "비가 내린다"는 판단을 만들어 낸다. 그러나 비와 내림은 서로를 내함內含하고 있다. 비는 내림의 의미를 띠고 있고, 내림은 비의 의미를 띠고 있다. 내림을 갖지 않는 비는 있을 수 없으며, 비 없이 내림만 존재하는 경우는 있을 수 없다. "내림이 없으면 비가 없고, 비가 없으면 내림이 없다." 비와 내림 각각은 연기緣起한 개념일 뿐 외따로 실재하지 않는다. 그럼에도 불구하고 강우 사건을 남에게 전달하기 위해서는 어쩔 수 없이 주체인 비와 작용인 내림으로 분할하여 "비가 내린다"는 판단으로 표현해야 한다. 이런 생각의 분할이 바로 분별이다.

우리는 한 덩어리인 인식의 세계에서 인식수단과 인식대상을 분할해 내어 "인식수단으로 인식대상을 인식한다"고 말하고, 하나의 영역인 유위법의 세계에서 생주멸과 생주멸 이외의 유위법 사이에 선을 그어 "모든 유위법은 생주멸한다"는 이론을 만들어 내며, 한 덩어리인 감의 현상에서 주체인 가는 자와 작용인 가는 작용을 분할하여 "가는 자가 간다"고 표현하고, 봄이라는 하나의 사건에서 눈과 시각대상을 분할하여 "눈이 시각대상을 본다"고 분별하는 것이다. 한 생각 떠올리기 위해서는 반드시 분할해야 한다. 분할은 생각의 숙명이다.

앞에서 말한 바 있지만 우리의 생각은 마치 가위(Scissors)와 같아 이 세계를 자의적恣意的으로 오려서 갖가지 개념들을 만들어 내고, 그렇게 오려진 개념들을 주워 모아 다양한 판단들을 작성하는 것이다. 우리가 사용하는 모든 개념들은 생각의 가위에 의해 오려진 것이라는 점에서 태생적으로 허구의 것들임에도 불구하고, 그런 개념들이 독립적으로 실재하는 것인 양 간주하면서 일상적 판단은 물론이고 종교적 철학적 판단들을 만들어내는 것이다. 그리고 그런 판단들을 소재로 삼아 종교적 철학적 고민을 시작한다. 분별고分別苦의 탄생이다. 이런 분별고에서 논리적 오류를 찾아내어 이를 해소시키는 논리가 바로 중관논리이다.

### 판단비판 논리의 활용 4 - 선가禪家의 격언에 대한 비판

지금까지 분석해 보았듯이 일상판단이든 철학적 이론이든 그것이 생각에 의해 구성된 것이고, 말로 표현된 것인 이상 중관논리의 비판을 피해갈 수 없다. 선禪불교적 격언의 경우도 이는 마찬가지다. 불립문자를 표방하는 선이지만, 선 전통에서 우리는 문자로 가득한 선사들의 어록을 볼 수 있다. 역설적逆說的이다. 선가禪家에서는 말한다. "문자를 세우지 말라(不立文字)", "입만 열면 그르친다(開口卽錯)", "모든 집착을 다 내려놓아라(放下着)."……이런 격언들이 선가에서 금과옥조金科玉條와 같이 여기는 교훈적인 말이긴 하지만, 말로 표현된 판단인 이상 논리적 모순을 안고 있는 것이다.

불립문자를 예로 들어 보자. 불립문자란 "문자를 세우지 말라"는 뜻이다. 불교의 진리를 깨닫는 데 문자는 오히려 방해만 될 뿐이다. 진리를 달에 비유할 경우 문자와 언어는 달을 가리키는 손가락과 같아서, 결코 달일 수가 없다.

그런데 엄밀히 보면 불립문자는 자가당착에 빠진 말이다. 이러한 불립문자라는 격언이 만고불변하고 보편타당한 진리이기 위해서는, 불립문자라는 문자도 세우지 말아야(不立) 할 것이다. 그러나 이 말을 하는 당사자 스스로는 '불', '립', '문', '자'라는 네 개의 문자를 세우고 있다. 자가당착이다. 역설逆說(paradox)이다. 선의 종장宗匠 육조 혜능慧能(638~713) 스님 역시《단경壇

經》 말미의 제10 〈부촉품付囑品〉에서 불립문자의 자가당착에 대해 다음과 같이 지적한 바 있다.

> 공에 집착하는 사람 중에 불경佛經을 비방하면서 "문자를 사용하지 말라(不用文字)"고 주장하는 자가 있다. 그러나 이미 "문자를 사용하지 말라"며 말을 해 버렸다.…… 또 다음과 같이 말씀하셨다. 어떤 사람들은 "문자를 세우지 말라(不立文字)"고 주장하는데, 바로 여기에 사용된 세우지 말라(不立)는 두 글자 역시 문자이니라. 그들은, 누군가가 설법하는 것을 볼 때면 그를 비방하면서 그가 문자에 집착한다고 말한다. 그대들은 모름지기 다음과 같은 점을 알아야 하느니라. 스스로 미혹한 것은 어쩔 수 없지만, 게다가 불경佛經까지 비방하다니……. 불경을 비방해서는 안 된다. 그 죄와 업장이 한량없느니라.18)

"문자를 사용하지 말라"면서 이 말을 한 당사자는 이미 문자를 사용해 버렸고, "문자를 세우지 말라"면서 자기 스스로는 '문자를 세우지 말라'는 문자를 세우고 있다. 모두 자가당착이다. 육조 혜능은 이를 지적하는 것이다. 언어와 문자를 벗어난 깨달음을 추구하는 선禪이지만, 진정한 선은 "문자를 사용하지 말라"는 도그마(dogma)를 넘어선다.

다른 예를 들어 보자. 개구즉착開口卽錯 "입만 열면 그르친다"

---

18) 執空之人有謗經 直言不用文字 既云不用文字 人亦不合語言 只此語言 便是文字之相 又云 直道不立文字 卽此不立兩字 亦是文字 見人所說 便卽謗他言著文字 汝等須知 自迷猶可 又謗佛經 不要謗經 罪障無數:《六祖大師法寶壇經》, 대정장48, p.360b.

는 뜻이다. 불교의 진리를 말로 표현해 보았자 모두 그르칠 뿐이라는 선가禪家의 또 다른 격언이다. 그러나 "입만 열면 그르친다"고 말하는 당사자는 자신의 입을 열어서 이 말을 하고 있다. 자기 자신이 먼저 그르치고 있는 것이다. 자가당착이며,. 역설이다.

"모든 집착을 다 내려놓아라(放下着)." 지당한 말이다. 불교수행자가 해탈하기 위해서는 모든 집착을 다 내려놓아야 한다. 돈이나 명예, 이성이나 음식에 대한 집착 모두를 다 내려놓아야 한다. 그러나 이렇게 모든 집착을 다 내려놓으려고 할 때, 절대로 내려놓지 못하는 것이 한 가지 있다. 그것은 "모든 집착을 다 내려놓아라"고 하는 격언이다. 이 격언만은 머리 위에 소중히 올려놓고 있다. 떠받들고 있다. 역시 자가당착이며 역설이다.

"마음을 비워라." 좋은 말이다. 불교수행자는 마음을 비워야 한다. 그러나 이 역시 자가당착을 야기한다. "마음을 비운다"는 마음이 마음속을 가득 채우고 있기 때문이다.

이렇게 불립문자, 개구즉착, 방하착, "마음을 비워라." 등등 선가의 격언들에서 자가당착이 발생한다고 해서 이런 격언들이 쓸모없다는 것은 결코 아니다. 아무리 훌륭한 말도 그것이 말인 이상 논리적 모순을 피할 수 없다. 지금 필자가 여기에 쓴 말도 마찬가지다. 여기서 필자는 "아무리 훌륭한 말도 그것이 말인 이상 논리적 모순을 피할 수 없다"고 썼는데, 이런 말만은 논리적 모순에서 벗어난 것인 양 가장假裝을 하고 있기 때문이다. 이 역시 말이기 때문에 논리적 모순을 피할 수 없어야 할 것이다. 그렇다면 이 말은 틀린 말이 되어야 한다. 어떤 말도 할 수 없다. 다 틀리기 때문이다.

또, 지금 여기서 "어떤 말도 할 수 없다"고 쓰긴 했지만, 이렇게 쓰면서 "어떤 말도 할 수 없다"는 말만은 할 수 있는 말인 양 위장偽裝을 했다. 또 이어서 "다 틀리기 때문이다"라고 쓰긴 했지만, 이 말만은 틀리지 않은 말인 양 가장을 했다. 어떤 말도 할 수 없다면서 "어떤 말도 할 수 없다"는 바로 그 말을 버젓이 하고 있다. "다 틀리기 때문이다"라는 말이 진리이기 위해서는 이 말 역시 틀려야 하지만 틀리지 않은 말인 양 버젓이 하고 있다. 결국 우리는 보편적 진리에 대해 입도 뻥긋하지 못한다.

또, 지금 여기서 "우리는……입도 뻥긋하지 못한다"고 하면서 입을 뻥긋거리고 있다. 자가당착이다. 무슨 결론을 내리고 해도 자가당착을 피할 수 없다.

또, 지금 여기서 필자는 "무슨 결론을 내리고 해도 자가당착을 피할 수 없다"고 말하면서 바로 이런 말만은 자가당착과 무관한 것처럼 시늉을 하고 있다. 끝이 안 난다. 지금 여기서 "끝이 안 난다"라고 쓰면서 논의에 끝을 내려 한다. 또, "논의에 끝을 내려 한다"고 쓰면서 어떤 저의底意를 발견한 것처럼 말하지만, 이런 말에는 어떤 저의도 없는 것처럼 쓰고 있다.

불교에서 가르치는 언어와 사유의 한계는 바로 이런 논리적 한계를 의미한다. 물론 필자의 이 말에서도 자가당착이 발견되지만, 이제 분석을 그치기로 하겠다. 우리에게 떠오르는 종교적 철학적 고민인 분별고分別苦를 타파한다는 것은 모든 분별을 없애는 것이 아니라, 모든 분별의 내적 모순을 자각하는 것이다. 어떤 고민을 해도 다 엉터리다. 제법실상諸法實相과 무관한 고민이다. 다시 말해 이 세상의 참모습과 아무 관계가 없는 고민이다. 이 세상은 고요하다. 삶이니, 죽음이니, 인생이니, 나니, 너니 하는 소란한 생각들을 집어넣을 수가 없다. 동요하는 것은 우리의 생각일 뿐이다. 모든 존재는 원래 고요하다. 의상 스님의 법성게에서 제법부동본래적諸法不動本來寂이라고 가르치듯이……

### 자가당착과 역설逆說 그리고 중관논리

그러면 불립문자, 개구즉착, 방하착 등과 같은 선가의 격언들이 자가당착에 빠져 있다는 점과 중관논리는 도대체 무슨 관계가 있을까? 결론을 먼저 말하면, 자가당착과 중관논리 모두 우리 사유의 한계와 관계될 뿐만 아니라, 우리의 사유를 비판하는 방식이 동일하다. 이에 대해서는 뒤에서 다시 상세히 설명하기로 하고, 여기서 먼저 논의의 폭을 넓혀보자.

불립문자不立文字라는 말은 자가당착에 빠진 말이다. 서양에서는 이러한 자가당착을 패러독스(paradox)라고 부른다. 패러독스와 수학의 만남은 서양 지성사에 일대 혁명을 일으켰다. 수학을 이데아(Idea)의 학문으로 간주했던 플라톤(Platon:429~347 B.C.E.) 이래 근 2000년 이상 서구인들은 수학적 원리를 불변의 진리, 절대적 진리로 간주하였다. 그러나 영국의 버트란트 러셀(Bertrand Russell:1872~1970)이 패러독스를 이용하여 집합론集合論에서 결함을 지적한 이후 수학은 보편학문으로서의 지위를 상실하게 되었다. 집합론을 위기에 빠뜨린 러셀의 착상은 거짓말쟁이 패러독스(Liar Paradox)에 근거한다. 거짓말쟁이 패러독스는 다음과 같다.

> 그리스 남쪽에 크레타라는 섬이 있다. 그런데 크레타섬은 해상무역의 중심지이기에 주민들의 대다수가 상인들이다. 그래서 거짓말을 잘한다. 크레타섬에 에피메데스라는 철학자가 살고 있었는데 이를 통탄하면서 다음과 같이 말한다. "크레타섬에 사는 사람들은 모두 거짓말쟁이다."

그런데 여기 인용한 에피메데스의 말은 패러독스를 야기한다. 에피메데스는 "크레타섬에 사는 사람들은 모두 거짓말쟁이다"라고 말을 했는데, 그 역시 크레타섬에 사는 사람 중 하나이기 때문에 그도 거짓말쟁이가 아닐 수 없고, 그가 거짓말쟁이라면 "크레타섬에 사는 사람들은 모두 거짓말쟁이다"라는 그의 말 역시 거짓말이어야 하기 때문이다. 그리고 그의 말이 거짓말이라면, 크레타섬에 사는 사람들은 거짓말쟁이가 아니어야 한다. 그렇다면 "크레타섬에 사는 사람들은 모두 거짓말쟁이다"라는 말이 참말이어야 한다. 그렇다면 크레타섬에 사는 사람들은 모두 거짓말쟁이라는 말이다.……에피메데스의 말에서 의미를 찾으려고 할 때, 우리의 생각은 어느 한쪽의 의미로 안착하지 못하고 무한히 동요하게 된다. 에피메데스의 말은 얼핏 들으면 의미를 갖는 말 같아 보이지만, 이렇게 무의미한 말이다. 의미의 세계에 들어오지 못하는 말이다. 역설에 빠진 말이다.

러셀은 이런 역설에 근거한 하나의 고안을 통해 집합론의 결함을 드러낸다. 럿셀의 고안은 다음과 같다:

먼저 집합을 두 가지로 구분한다. 하나는 자기 자신도 그 집합 내에 포함되는 집합인데 러셀은 이런 집합을 특수집합이라고 명명한다. 다른 하나는 자기 자신은 그 집합 내에 포함되지 않는 집합으로 보통집합이라고 명명된다. 예를 들어 어떤 도서관에 소장된 책들의 제목을 모두 기록해 놓은 '장서목록'은 특수집합이다. 왜냐하면 장서목록이라는 제목 역시 장서목록이라는 책에 기록되어 있어야 하기 때문이다. 이와 달리 '모든 도시'라는 집합의 경우는 보통집합이다. 모든 도시는 낱낱의 도시와 다르기 때문이다. 러셀은 특수집합과 보통집합에 대해 이렇게 규정한 후 다음과 같이 묻는다. '보통집합 전체'라는 집합은 보통집합인가 특수집합인가?

이 물음에 대해 답을 해보자. 만일 '보통집합 전체'라는 집합을 보통집합으로 본다면, 자기 자신 역시 그 원소 중에 포함되어야 할 것이다. 그런데 자기 자신을 그 원소로 삼는 집합은 특수집합이어야 하기에 혼란에 빠진다. 이와 달리 만일 '보통집합 전체'라는 집합을 특수집합으로 본다면, 자기 자신은 그 원소에 포함되지 않아야 하기에 '보통집합 전체'라는 집합은 특수집합이 아니어야 하고, 특수집합이 아닌 것은 보통집합뿐이기에, '보통집합 전체'라는 집합은 보통집합이어야 한다. 다시 말해 '보통집합 전체'라는 집합이 특수집합이라면 보통집합이어야 하고, 보통집합이라면 특수집합이어야 한다. 이런 주장을 하려고 하면 저런 결론이 나오고, 저런 주장을 하려고 하면 이런 결론이 나올 뿐 논의는 안착하지 못한다. 집합론의 역설이다.19)

거짓말쟁이 패러독스의 논리구조에서 착안하여 럿셀은 집합론의 한계를 드러내었고, 이는 괴델(Gödel:1906~1978)의 손을 거치면서 "자연수론을 포함하여 무모순인 모든 공리계에서, 증명도 안 되고 반증도 안 되는 명제가 반드시 하나 이상 존재한다"는 불완전성정리不完全性定理를 탄생시킨다. 괴델은 수학적 이성의 한계를 수학적으로 증명해 보인 것이다. 플라톤 이래 서구인들에 의해 보편적 진리로 간주되어 왔던 수학은 러셀과 괴델 등에 의해 그 허점을 드러내기 시작하였고, 결국 수학의 존립 근거에 대해 연구하는 '수학기초론'이란 학문의 성립을 보게 된다. 수학의 한계는 분별의 한계에 다름 아니다. 러셀과 괴델의 논의는 중관학과 그 맥을 같이한다.

그러면 이런 역설은 어째서 발생하는 것일까? 앞에서 분석해 보았듯이 불립문자나 개구즉착, 방하착이라는 선가의 격언들 모두 자가당착에 빠진 말들이다. 역설을 일으킨다. 러셀은 자기지칭自己指稱(self-reference)이 역설의 원인이라고 주장한 바 있다.

---

19) 김용운 김용국, 《집합론과 수학》, 우성문화사, 1989, p.387.

그렇다. 그 어떤 역설이든 자기지칭적이다. "나는 언제나 거짓말만 한다"라고 말을 할 경우 그 말 자체도 거짓말의 범위에 포함되기에 자기지칭적인 말이다. 불립문자라는 글을 쓸 경우 그 글자 자체도 역시 문자의 범위에 포함되기에 자기지칭적인 글이다.

 그런데 여기서 좀 더 깊이 생각해 보면 우리는 자기지칭보다 더 근본적인 원인을 발견하게 된다. 그것은 생각의 분할이다. 앞에서 말한 바 있지만 이런 분할을 불교용어로 분별이라고 부른다. "나는 언제나 거짓말만 한다"고 무심코 말을 하게 되는 것은 "나는 언제나 거짓말만 한다"는 말은 거짓말의 범위에 포함되지 않을 것이라고 착각하기 때문이다. 다시 말해 내가 하는 다른 모든 말들은 거짓말의 범위에 포함되지만, 나는 언제나 거짓말만 한다는 말만은 거짓말의 범위에 포함되지 않는다고 가정하기에 그런 발화를 의미 있는 발화인 것처럼 내뱉게 되는 것이다. 이 때 내가 하는 모든 말의 범위에 선線이 그어진다. 분별이 일어나는 것이다. "나는 언제나 거짓말만 한다"는 말과 '이 말 이외의 다른 모든 말들' 사이에 선을 긋기 때문에 무심코 이런 발화를 하는 것이다. 이렇게 무심코 선을 긋는 행위가 생각의 분할, 즉 분별이다. 불립문자라는 말 역시 마찬가지다. 문자의 세계를 분할했기 때문에 그런 발화에 오류가 없는 것인 양 착각하게 되는 것이다. "불립문자"라고 말을 하는 순간, 문자의 세계에서 불립문자라는 문자와 그 밖의 다른 모든 문자들 사이에 보이지 않는 선이 그어진다. 그리고 불립문자라는 발화를 통해 모든 문자들을 배격하고자 한다. 그러나 불립문자 역시 문자이기에 다른 모든 문자와 함께 배격되어야 하는 운명에 처한다. 자가당착이 발생하는 것이다. 그리고 이렇게 분할을 통해 자가당착이 일어난다는 점이 역설과 중관논리의 공통점이다.

앞에서 "비가 내린다"는 판단을 예로 들어, 중관논리가 구사되는 방식에 대해 고찰해 본 적이 있다. "비가 내린다"는 판단에 대해 우리는 두 가지 방식으로 이해할 수 있는데, 하나는 내림을 내포한 비가 내린다고 이해하는 것이고, 다른 하나는 내림을 내포하지 않은 비가 내린다고 이해하는 것이다. 전자의 경우 "내림을 내포한 비가 다시 내린다"고 이해하는 것이기에 의미중복의 오류가 발생하고, 후자의 경우 내림을 내포하지 않은 비가 그 어딘가에 존재한다고 보는 것이기에 사실에 위배되는 오류가 발생한다. "나는 거짓말쟁이다"라는 말이나 불립문자라는 말에서 발생하는 오류 역시 이와 구조가 동일하다. "나는 언제나 거짓말만 한다"라는 말 역시 나의 거짓말에 포함되기에 자가당착에 빠진다. 러셀이 자기지칭이라고 규정한 것은 이런 자가당착의 측면과만 관계된다. 그렇다고 이런 자가당착에서 벗어나기 위해서 "나는 언제나 거짓말만 한다"라는 말만은 거짓말이 아니라고 주장한다면 이는 사실에 위배된다. "나는 언제나 거짓말만 하는 것은 아니다"라는 주장이 되고 말아 애초의 주장과 어긋나기 때문이다. 불립문자라는 선가의 격언은 자가당착에 빠진다. 불립문자라는 말 역시 문자이기 때문이다. 그렇다고 해서 불립문자만은 문자가 아니라고 할 경우 사실에 위배된다. 불립문자는 엄연히 불, 립, 문, 자라는 네 개의 문자로 이루어진 말이기 때문이다. "비가 내린다"와 "나는 언제나 거짓말만 한다"와 "불립문자"라는 세 가지 명제에서 이렇게 논리적 오류가 발생하는 구조는 다음과 같이 정리된다.

○ 원판단
비가 내린다: '비'와 '내림'의 분할
나는 언제나 거짓말만 한다.: '나의 다른 말'과 '바로 이 말'의 분할
불립문자:'다른 모든 문자'와 '불립문자'의 분할

① 제1구적 이해 비판
"비가 내린다"라는 말의 '비'는 내림을 갖기에 내림이 두 번 있는 꼴이 된다.
"나는 언제나 거짓말만 한다"는 말 역시 거짓말이어야 하기에 자가당착에 빠진다.
'불립문자'라는 문자 역시 문자이기에 자가당착에 빠진다.

② 제2구적 이해 비판
"비가 내린다"는 말의 '비'에 내림이 없다고 보면 사실에 위배된다.
"나는 언제나 거짓말만 한다"는 말만은 거짓말이 아니라면 사실에 위배된다.
'불립문자'만은 문자가 아니라면 사실에 위배된다.

불교의 가르침은 모두 발견된 진리이기에, 누구든지 어떤 사태의 정체에 대해 곰곰이 생각해 볼 경우 불교의 가르침과 만날 수 있다. 러셀이 수학적 사유의 한계를 지적할 때 근거로 삼았던 역설(paradox)은 용수가 사구판단의 오류를 지적하기 위해 구사하는 중관논리와 그 맥을 같이한다.

**역설의 궁지에서 응병여약應病與藥의 방편으로**

위에서 생각의 분할, 다시 말해 분별分別 때문에 역설이 발생한다고 설명한 바 있다. 비가 내릴 때, 비와 내림이 별개의 존재라고 분별하기 때문에 의미중복과 사실위배의 오류가 발생한다. 불립문자라는 발화는 불립문자라는 문자와 불립문자 이외의 문자를 분별했기 때문에 자가당착의 오류와 사실위배의 오류를 발생시킨다. 그러면 이런 분별을 버리면 모든 문제는 해결될까? 그러나 "분별을 버린다"는 것 역시 생각과 언어에 의해 이루어져 있는 이상 자가당착을 피하지 못한다. 누군가가 "분별을 버려라!"라고 말을 할 경우 그 당사자 스스로는 분별과 분별이 아닌 것을 분별하고 있기 때문이다. 이뿐만 아니다. 우리는 "시비是非(옳고 그름)를 가리지 말라!"는 가르침도 많이 듣는다. 그러나 "시비를 가리지 말라!"는 말을 하는 당사자는 시비를 가리는 것은 비非(그릇된 것)이고 시비를 가리지 않는 것이 시是(옳은 것)라고 그 스스로 시비를 가리고 있기 때문에 이 역시 역설을 발생시킨다. 또 "모든 것이 공하다"는 《반야경》의 가르침 역시 역설에 빠져 있다. "모든 것이 공하다(一切皆空)"면, 모든 것이 공하다는 그 말도 역시 공해야 하기 때문이다. 중관학은 《반야경》에서 가르치는 일체개공一切皆空을 논증하는 불교학이라고 규정할 수 있는데, 그런 일체개공 역시 말로 표현된 이상 자가당착을 피할 수 없다. 남의 말에서 자가당착을 지적하지만, 그렇게 지적하는 말 역시 말로 표현된 이상 자가당착을 피할 수 없다.

그러면 어떻게 해야 할까? 무슨 말을 해야 자가당착을 피할 수 있을까? 도대체 자가당착을 피할 수 있기나 한 것일까? 용수의 《회쟁론》은 바로 이런 난국을 해명하기 위해 저술되었다. 《회쟁론》의 논적은 "모든 것에 실체가 없다"고 보는 공空 사상을 비판하기 위해서 용수를 향해서 다음과 같이 말문을 연다.

> 만일 그대가 "모든 사물들의 실체는 그 어디든 존재하지 않는다"고 말한다면, 실체를 갖지 않는 그대의 바로 그 말은 결코 실체를 부정할 수 없다. 《회쟁론》 제1게

> 그렇다고 해서 만일 바로 그 말만은 실체를 갖고 있다고 말한다면, 그대의 주장은 파괴된다. 그렇게 말하는 경우 그대의 말에는 불일치함이 있으며, 그대는 그런 불일치함에 대해 특별한 이유를 말해야 한다. 《회쟁론》 제2게

여기서 논적은 "모든 사물은 공하다"는 말을 "모든 사물은 실체가 없다"는 말로 대체한 후 그 말이 역설에 빠져 있음을

지적한다. 용수가 말하듯이 "모든 사물에 실체가 없다"면, "모든 사물에 실체가 없다"는 말도 모든 사물 속에 포함되기에 이 역시 실체가 없는 말이어야 한다. 그러나 실체가 없는 말로 어떤 의미를 나타낼 수는 없다. 실체가 없는 말로 실체를 부정하는 발화를 할 수 없다는 것이다(제1게). 이와 반대로 "모든 사물은 실체가 없다"는 말만은 실체를 갖는다면, 모든 사물 가운데 어떤 것은 실체가 없고, 어떤 것은 실체가 있는 꼴이 되기에 불일치함이 있게 된다(제2게). 논적은 제1게를 통해 자가당착의 오류를 지적하고, 제2게를 통해 사실위배의 오류를 지적한다. 전자는 중관논리의 제1구 비판에 해당하고, 후자는 제2구 비판에 해당한다. "모든 사물에 실체가 없다"는 말이 중관학의 명제라고 하더라도 그것이 언어로 표현된 이상 중관논리의 비판에서 벗어나 있을 수는 없는 것이다. 《회쟁론》의 논적은 이 이외에도 여러 측면에서 "모든 사물은 실체가 없다"는 말의 내적 모순을 지적하는데, 이에 대한 용수의 답변들 가운데 핵심이 되는 게송은 다음과 같다.

> 혹은, 예를 들어 어떤 자가 허깨비 여인에 대해 "이것은 진짜 여인이다"라고 그릇되게 인식하는 것을, 다른 허깨비가 파기하는 것과 같다. 실체가 없는 말로 실체가 있다는 착각을 파기하는 것은 바로 이와 같으리라. 《회쟁론》 제27게

어떤 남자가, 마술사가 만든 아름다운 허깨비 여인을 진짜

여인으로 착각하여 애욕을 일으킬 때, 부처님께서 신통력으로 다른 허깨비를 만들어 그 허깨비 여인을 파기한다. 이때, 허깨비 여인에 대한 그 남자의 애욕은 사라진다. 이와 마찬가지로 누군가가 사물에 대해 실체가 있다고 착각할 때 "모든 사물은 실체가 없다"고 말함으로써 그 사람의 착각을 제거해 줄 수 있다. "모든 사물은 실체가 없다"는 말 역시 실체가 없는 것이긴 하지만, 실체에 대한 착각을 제거해 주는 작용을 한다는 점에서 가치가 있다. 용수 역시 "모든 사물이 자성이 없다"는 말이 자가당착에 빠져 있다고 본다. 그러나 자가당착에 빠진 말도 그 공능功能을 갖는다는 점에서 가치가 있다. "모든 사물은 실체가 없다"거나 "모든 것이 공하다"는 말은 존재를 묘사하는 말이 아니라, 존재에 대한 우리의 잘못된 인식을 시정해 주는 역할을 하는 말이다. 이런 《회쟁론》의 해명은 초기불교 이래 면면히 이어져 온 대기설법對機說法, 응병여약應病與藥, 선교방편善巧方便의 정신과 그 맥을 같이 한다.

  불교 교설의 이런 구조에 대해 좀 더 쉽게 이해하기 위해 다른 예를 들어보자. 누군가가 집을 새로 짓고 담장을 흰 페인트로 칠한 후 그 담벼락에 붉은 페인트로 '낙서금지'라고 써넣을 경우 이는 자가당착에 빠진 어리석은 행위가 되고 만다(①). '낙서금지'라는 낙서로 자기 집 담장을 더럽혔기 때문이다. 그러나 낙서금지라는 글씨가 낙서임에도 불구하고 피치 못하게 이 글씨를 써야 하는 경우가 있다. 새로 칠한 담장을 누군가가 계속 낙서를 할 경우에(②), 그 위에 낙서금지라는 말을 씀으로써 앞으로 발생할 낙서를 방지할 수 있다(③). 아무도 낙서하지 않는 담장에 낙서금지라고 쓸 경우 이는 자가당착에 빠진 어리석은 행위가 되고 만다(①). 그러나 선행先行하는 낙서가 있으며 앞으로도 그런 낙서가 계속될 것이라고 예상될 때(②), 그런 낙서들 위에 큼지막하게 낙서금지라는 문구를 쓴다면, 그 역시 낙서임에도 불구하고 다른 낙서를 방지해 주는 역할을 한다(③). "병이 있는 경우 그 병에 따라 약을 준다"는 응병여약의 방식이다. 선행하는 낙서가 병이라면, 낙서금지라는 낙서는 그 병을 치료하는 약이다. 병의 진행이 그치면 그에 대한 약은 더 이상 필요하지 않다. 낙서금지라는 낙서로 인해 다른 낙서가 중단되면, '낙서금지'라는 낙서도 지우고 다른 낙서도 모두 지운다(④).

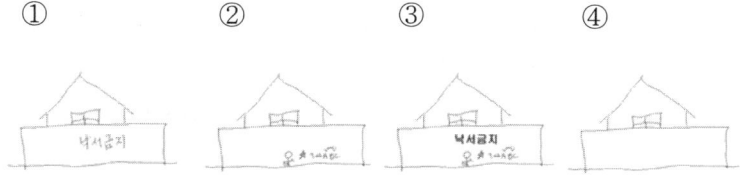

초등학교 교실에서 선생님이 자리를 비운 사이에 아이들이 심하게 떠들 때, 누군가가 일어나서 "떠들지 마!"라고 소리칠 수 있다. 이 때 "떠들지 마!"라는 소리 역시 소리이지만, 다른 소리를 잠재우는 역할을 한다. 교실이 조용해진 후에는 더 이상 "떠들지 마!"라는 소리를 낼 필요가 없다.

'낙서금지'라는 글씨가 다른 낙서를 방지하기 위해 씌어진 것이지, 낙서를 하기 위해 씌어진 것이 아니듯이, 또 "떠들지 마!"라고 소리치는 것이 다른 소리를 잠재우기 위한 것이지 더 큰 소리를 내기 위한 것이 아니듯이, "모든 사물에 실체가 없다"는 말은 "모든 사물에 실체가 있다"는 착각을 시정해 주기 위해 발화發話된 것이지 "모든 사물에 실체가 없다"는 주장을 하기 위해 발화된 것이 아니다. '없음'을 주장하는 말이 아니라, 있다는 착각을 시정해 주는 말이다. 《회쟁론》에서 용수는 이를 다음과 같이 비유한다.

> 집에 데와닷따(Devadatta)가 존재하지 않는 상황에서 "집에 데와닷따가 있다"고 누군가가 말할 수 있다. 그런 상황에서 (다른) 누군가가 "그(데와닷따)가 (집에) 없다"고 반박할 수 있다. 그 말은 데와닷따의 부재不在를 지어내는 것이 아니라, 단지 집에 데와닷따가 존재하지 않는다는 사실을 알려줄 뿐이다. 그와 같이, "사물들에 실체가 없다"는 이 말은 사물들의 '무無실체'를 지어내는 것이 아니라, 실체의 부재를 알려준다.
> 《회쟁론》 제63게 주석

집에 데와닷따라는 사람이 없는데도 불구하고, 누군가가 집에 데와닷따가 있다고 착각할 때, "집에 데와닷따는 없다"고 말함으로써 그의 착각을 시정해 줄 수 있다. 공사상의 경우도 이와 마찬가지다. 모든 것이 공하다거나 모든 사물에 실체가 없다는 분별을 심어주기 위한 것이 아니라, 사물에 실체가 있다는 착각을 제거해 주기 위한 선교방편善巧方便이다.[20]

## 3. 추론의 타당성 비판

**답파答破와 자띠(Jāti), 그리고 《중론》 제24 관사제품의 비판 방식**

앞에서 우리는 중관논리를 반논리학反論理學이라고 규정한 바 있다. 그리고 논리학의 3대 주제인 개념론, 판단론, 추리론에 대비시켜 중관논리적 방식에 대해 설명해 왔다. 중관논리에서는 공空과 연기緣起에 근거하여 개념의 실체성을 비판하고, 사구비판의 논리에 의해 판단의 사실성을 비판한다. 그러면 이제 그 마지막 과정으로 추론의 타당성이 중관논리에 의해 어떻게 비판되는지 알아보자.

용수의 《중론》이 초기불전의 연기설과 무기설에 근거하여 저술된 것이지만, 그 독특한 논리적 방식은 인도논리학의 자띠(Jāti)논법에서 유래한다.[21] 고대 인도의 의학서인 《짜라까상히따, Caraka Saṃhitā》 제3장 8절에서는 내과의사가 갖추어야 할

---
20) 이상 역설과 관련된 자세한 논의에 대해서는 '김성철, 〈逆說과 中觀論理〉, 《伽山學報》 제6집, 1997'을 참조하기 바람.
21) 김성철, 〈용수의 중관논리의 기원〉, 동국대박사학위논문, 1996 참조.

논리학의 지식을 소개하면서 답파答破(Uttara)라는 이름으로 자띠에 대해 다음과 같이 설명한다.

> 그러면 (답파, uttara)란 무엇인가? 답파라는 것은 동질성에 의해 지목된 원인에 대해 이질성을 말하거나 이질성에 의해 지목된 원인에 대해 동질성을 말하는 것이다. 예를 들어 원인과 동질적인 질환들이 있다. 냉병은 [그] 원인과 동질적이라고 말한다. 즉, [냉병의 원인은] 추운 계절 찬바람과의 접촉이라고 말한다. [이에 대한 (답파)로] 다른 자는 [다음과 같이] 말할 것이다: 원인과 이질적인 질환들이 있다. 예를 들면 다음과 같다. 신체의 일부분에 있어서 타는 듯 뜨겁게 부패하는 동상의 경우는 원인과 이질적이다. [그 원인은] 추운 계절 찬바람과의 접촉이다. 이와 같은 반대를 담고 있는 것이 (답파)이다.22)

누군가가 평생 환자를 진료하다가 질병과 그 원인에 대한 한 가지 통찰력이 생겼다. 대부분의 질병은 그 원인과 동질적이란 것이다. 예를 들어 찬바람을 오래 쐴 경우 냉병에 걸리게 되는데, 이때 냉병의 증상도 추운 느낌이며 냉병의 원인도 찬바람의 추위인 것이다. 그러나 이는 모든 질병에 대해 보편화시킬 수 없는 통찰이기에 논적論敵은 이와 상반된 내용을 담은 통찰을 제시한다. 예를 들어 찬바람을 오래 쐴 경우 동상에 걸릴 수도 있는데, 이때 동상의 증상은 뜨거운 느낌이지만 그 원인

---
22) 위의 책, pp.299~300.

은 찬바람의 추위인 것이다. 뜨거움과 추위는 상반된다. 이런 실례에 근거할 때 대부분의 질병은 그 원인과 이질적이라는 주장도 할 수 있을 것이다. 이것이 답파答破적 비판이다. 여기서 논적은 자신의 통찰을 보편적 진리라고 주장하는 것이 아니다. 상대방이 치우친 주장을 하기에 이를 비판하기 위해 그와 상반된 통찰을 제시했을 뿐이다. 이를 통해 상대방이 자신의 주장을 폐기하면 논적 역시 자신의 주장을 폐기한다. 이런 과정은 다음과 같이 정리된다.

○ 원래의 추론
주장: 질병은 그 원인과 동질적이다.
실례: 마치 냉병과 같이

○ 답파적 추론
주장: 질병은 그 원인과 이질적이다.
실례: 마치 동상과 같이

이렇게 《짜라까상히따》의 답파에서 그 시원을 찾을 수 있는 자띠논법은 《방편심론方便心論》 제4장에서는 상응이라는 이름으로 다루어지며 《니야야수뜨라, Nyāya-Sūtra》 제5장에서 본격적으로 다루어지는데 《방편심론》의 경우 자띠논법이 올바른 비판법으로 간주되는 반면, 《니야야수뜨라》에서는 잘못된 논법으로 취급된다. 《방편심론》의 관점과 마찬가지로 자띠를 정당한 논법으로 수용한 용수는 이를 초기불교의 연기설 및 《반야경》의 공사상과 결합하여 중관논리를 창안함으로써 공성을 논증하는 다양한 게송들을 빚어낸다. 그리고 용수의 저술 가운데 《중론》 제24〈관사제품〉에서 논적의 추론적 사유를 비판할 때 자띠논법이 적극 활용되는 모습을 볼 수 있다.《중론》 제24〈관사제품〉은 공사상에 대한 논적의 비판으로 시작한다. 논적은 다음과 같이 말한다.

> 만일 일체가 모두 공空하다면 생生도 없고 멸滅도 없다. 그렇다면 사성제도 존재하지 않는다.　　《중론》 제24장 제1게

> 사성제가 존재하지 않기에 고苦를 봄(見)과 집集을 끊음(斷)과 멸滅을 증득함(證)과 도道를 닦음(修)이 모두 있을 수 없다.
> 　　　　　　　　　　　　　　　　　　　동 제2게

> 이런 것들이 존재하지 않기 때문에 네 가지 도과道果는 존재하지 않는다. 사과四果가 존재하지 않기 때문에 향向을 얻은 자도 역시 존재하지 않는다.　　　　　　　　　　　동 제3게

> 만일 여덟 현성賢聖이 존재하지 않는다면 승보僧寶도 존재하지 않는다. 사성제가 존재하지 않기 때문에 법보法寶도 역시 존재하지 않는다.
> 　　　　　　　　　　　　　　　　　　　동 제4게

> 법보와 승보가 존재하지 않기 때문에 불보도 역시 없다. 이처럼 공을 설하는 자는 삼보를 파괴한다.　　　　　동 제5게

《반야심경》이나《중론》 귀경게에서 불생불멸不生不滅이라고 선언하듯이 반야공사상과 그를 논증하는 중관학에서는 모든 것이 공하며 생生도 없고 멸滅도 없다고 가르친다. 그런데 불교의 핵심교리인 사성제가 성립하기 위해서는 생과 멸이 모두 존재해야 한다. 사성제의 가르침에서는 집集으로 인해 고苦가 생하고 집을 멸하면 고가 멸한다고 가르치기 때문이다. 생도 없고 멸도 없다면 고가 생할 수도 없고 멸할 수도 없을 것이다. 〈관사제품〉의 논적은 위의 제1게송을 통해 공사상과 사성제교리 간의 모순을 지적하면서 공사상에 대한 비판을 시작하는 것이다.

모든 것이 괴로움뿐(一切皆苦)이라는 고성제苦聖諦는 이해해야 하고(見, 解), 그런 괴로움들의 원인인 탐·진·치·만의 온갖 번뇌를 의미하는 집성제集聖諦는 끊어야 한다(斷). 이때 모든 괴로움이 사라진 열반인 멸성제滅聖諦가 증득되는데(證), 이를 위해 팔정도八正道의 도성제道聖諦를 닦아야 한다(修). 사성제 각각을 이렇게 '해(견)→단→증→수' 해야 사향사과四向四果의 성자가 될 수 있다. 사과란 수다원須陀洹(Śrota āpanna), 사다함斯陀含(Sakṛdāgamin), 아나함阿那含(Anāgamin), 아라한阿羅漢(Arhat)의 네 가지 성위를 가리키고, 사향이란 이런 사과 직전의 단계를 가리키는데, 사향사과의 성자를 모두 합하여 '여덟 현성'이라고 부른다. 수다원은 예류豫流 또는 입류入流라고 번역된다. 성자의 흐름에 들어갔다는 의미이다. 예를 들어 우리가 갠지스 강물의 흐름에 들어갈 경우 반드시 바다에 이르게 되듯이, 예류과의 수행자는 내생에 많아야 7회 욕계에 태어난 후 아라한이 되거나 색계 이상에서 열반에 이른다. 사다함은 내생에 한 번만(一) 욕계에 와서(來) 태어난 후 아라한이 되거나 색계 이상에서 열반하게 되는 성자로 일래一來라고 번역된다. 아나함은 내생에 욕계에 돌아오지 않고(不還) 색계 이상에서 열반하는 성자로 불환不還이라고 번역된다. 아라한은 모든 번뇌를 끊었기에 내생에 다시는 윤회의 세계에 태어나지 않는 성자이다.

이런 사과四果의 성자 모두 무아의 이치를 통달했다는 점에서는 공통되지만, 세속적 욕망과 다른 번뇌를 얼마나 제거했는가에 따라 사과의 위계가 달라진다. 대승불교의 시대가 되면, 비구, 비구니, 사미, 사미니, 식차마나의 출가 오중五衆 모두를 승보로 간주하지만, 초기불교에서는 이 여덟 현성만을 승보僧寶로 간주하며 귀의의 대상으로 삼았다.

이러한 수행론에 의거할 때 사성제가 없다면, 사성제 각각을 해→단→증→수할 수도 없고, 이를 통해 도달되는 사과의 성자도 있을 수가 없으며, 결국 승보의 존재가 부정된다. 승보가 부정되면 불보와 법보를 포함한 삼보가 모두 부정된다. 논적의 이런 비판의 요점은 "모든 것이 공하다면 삼보가 파괴된다"는 것이었다. 그런데 용수는 이에 대해 반박하면서 추론의 타당성을 비판하는 논법인 자띠논법을 다음과 같이 구사한다.

> 만일 일체의 것이 공하지 않다면 생멸生滅은 존재하지 않는다. 그렇다면 사성제四聖諦의 진리도 존재하지 않는다.
> 《중론》 제24품 제20게

고苦를 보는 것이 있을 수 없는 것처럼 집集을 끊고 멸滅을 증득하며 도道를 닦는 것 및 사과四果도 역시 모두 옳지 않다.
동 제27게

만일 사과가 존재하지 않는다면 사향을 획득한 자도 존재하지 않는다. 이렇게 '여덟 현성'이 존재하지 않기에 승보도 존재하지 않는다.
동 제29게

사성제가 존재하지 않기 때문에 법보도 역시 존재하지 않는다. 법보와 승보가 존재하지 않는데 어떻게 불보가 존재하겠는가?
동 제30게


앞에서 논적은 "모든 것이 공하다면 삼보가 파괴된다"며 공사상을 비판했는데, 용수는 "모든 것이 공하지 않다면 삼보가 파괴된다"는 상반된 견해를 제시함으로써 논적을 비판한다. 공사상에 대한 논적의 비판과 그에 대한 용수의 반박을 추론식의 형태로 바꾸어 정리하면 다음과 같다.

○ 논적
주장: 삼보가 파괴된다.
이유: 모든 것이 공하기 때문이다.

○ 용수
주장: 삼보가 파괴된다.

이유: 모든 것이 공하지 않기 때문이다.

앞에서 소개한 《짜라까상히따》의 답파에서는 상반된 주장을 병치並置하고 있지만, 여기서는 상반된 이유를 병치한다. 그런데 여기서 용수가 "모든 것이 공하지 않다면 삼보가 파괴된다"는 귀류법적 추론을 제시한다고 해서 "모든 것이 공하다"는 것을 주장하는 것은 아니다. "모든 것이 공하다"는 발언은 "모든 것은 자성이 있다"는 생각을 비판하기 위해 제시되었을 때에만 존립가치가 있다. 앞에서 '낙서금지'의 예를 통해 설명했듯이, 공사상은 선행하는 잘못을 비판하기 위한 도구로써 제시될 때에만 그 진가를 발휘한다. "모든 것이 공하다"는 명제가 확고한 주장으로 간주될 때 용수는 다시 다음과 같이 말하며 공空조차 비판한다.

> 만일 공空하지 않은 존재가 있다면 응당 공한 존재가 있어야 한다. 실제 공하지 아니한 존재가 없는데 어떻게 공한 존재가 있을 수 있겠는가?　　　　　《중론》 제13장 제8게

《반야경》에서는 이러한 조망을 공공空空이라고 표현한다. "공도 공하다"는 의미이다. 사물에 자성이 있다고 착각하는 사람에게 자성이 없다는 점을 알려 주기 위해 공(비어있음)이란 표현을 쓰는 것이지, 공을 주장하는 것이 아니다. 공을 하나의 주장으로 간주하는 사람을 위해서는 공空조차 부정한다. 비단 공

뿐만 아니라 불생불멸不生不滅, 무시무종無始無終, 무상無常, 무아無我 등의 부정표현들은 생멸生滅, 시종始終, 상주常住, 유아有我 등 선행하는 분별을 제거해 주기 위한 도구로써 제시된 것일 뿐이다. 이런 언어를 통해 생멸, 시종, 유아라는 착각이 제거되면, 불생불멸, 무시무종, 무아라는 교설 역시 폐기된다.

### 비정립적 부정을 통한 중도의 구현

중관논리에서 어떤 개념의 실체성을 비판할 때, 연기緣起의 이치에 근거하여 그 개념이 공함空性을 드러내지만, 그 목적은 공성에 안주케 함이 아니라 중도中道의 구현에 있다. 예를 들어 누군가가 어떤 막대기에 대해 길다고 생각할 때, 우리는 그 막대기가 길지 않다고 말할 수 있다. 이때 길지 않다는 부정否定 표현의 역할은 두 가지로 해석될 수 있다. 하나는 길다의 반대 개념인 짧다는 의미를 나타내는 역할이고, 다른 하나는 길다는 생각을 시정하는 역할이다. 전자와 같은 부정을 '정립적定立的 부정(paryudāsa pratiṣedha)'이라고 부르고 후자와 같은 부정을 '비정립적非定立的 부정(prasajya pratiṣedha)'이라고 부른다. 정립적 부정(positional negation)은 상대부정, 또는 명사名辭부정이라고 번역되기도 하고, 비정립적 부정(non-positional negation)은 절대부정, 또는 명제命題부정이라고 번역되기도 한다. 중관논리의 부정은 후자에 해당한다. 정립적 부정은 부정의 대상과 상반된 그 무엇을 정립하기 위한 부정이지만, 비정립적 부정은 잘못된 생각을 시정해 주기 위한 부정이다. 비단 공空의 부정뿐만 아니라 불생불멸, 무아, 무상 등 불교의 모든 부정표현들은 비정립적 부정이다.

불생불멸, 무아, 무상, 무자성 등의 부정표현을 정립적 부정으로 이해할 경우, 우리의 생각은 생멸과 상반된 불생불멸, 유아와 상반된 무아, 상주함과 상반된 무상함, 자성과 상반된 무자성의 극단에 안주하게 되는데, 이는 이율배반의 한 축인 단견斷見일 뿐이다. 그러나 불생불멸, 무아, 무상, 무자성 등을 비정립적 부정으로 이해할 경우 우리의 생각은 이율배반의 양극단에서 벗어나 중도로 향하게 된다. 연기와 공성은 동전의 양면과 같고, 공성과 중도 역시 동전의 양면과 같아 서로 다른 것이 아니다.

### 《중론》 제24장의 삼제게에 대한 재조명

연기와 공성과 중도에 대한 이런 조망을 용수는 다음과 같이 노래한다.

연기緣起인 것 그것을 우리들은 공성空性이라고 말한다. 그것(공성)은 의존된 가명假名이며 그것(공성)은 실로 중中의 실천(中道)이다.

yaḥ pratītyasamutpādaḥ śūnyatāṃ tāṃ pracakṣmahe/ sā prajñaptirupādāya pratipatsaiva madhyamā//

《중론》 제24장 제18게

이 게송에서는 연기와 공성과 가명과 중도라는 네 가지 술어가 사용되고 있지만, 동아시아 불교전통에서는 공성과 가명과 중도만 추출하여 이를 삼제게三諦偈라고 불렀다. 세 가지 진리를 담은 게송이란 의미이다. 천태 지의智顗(538~597)는 공성과 가명과 중도라는 이 세 가지 술어를 세 가지 진리란 의미에서 삼제三諦라고 부르면서 삼제원융관三諦圓融觀이라는 관법觀法을 창출해 내었다. 우리의 마음에서 일어나는 일체법은 그대로 모두 공성이고, 가명이고, 중도이다.

이런 공성과 가명과 중도는 별개의 것이 아니라, 일심一心 또는 일념一念, 또는 일체법의 세 측면일 뿐이다. 일체법은 인연에서 발생하기에 공空하고, 실체가 없기에 가假이며, 일체법 그대로 법성에서 벗어난 것이 아니기에 중中인 것이다. 이런 조망이 천태의 삼제원융관이다. 그런데 이 게송에서 용수가 원래 말하고자 한 것은 공성과 가명과 중도의 일치가 아니라, 가명을 연기로 대체한 연기와 공성과 중도의 일치이다. 이는 《회쟁론》 말미의 다음과 같은 게송에서 확인된다.

> 공성과 연기와 중도가 하나의 의미임을 선언하셨던 분, 함께 견줄이 없는 붓다이신 그 분께 예배 올립니다.
> 《회쟁론》 제71게

여기서는 '가명'이라는 술어가 사용되지 않는다. 그러면 위의 삼제게에 삽입된 '의존된 가명'이라는 문구의 의미는 무엇이고 역할은 무엇일까? 짠드라끼르띠의 《중론》 주석서인 《쁘라산나빠다》에서는 제24 〈관사제품〉의 삼제게에 대해 다음과 같이 해석한다.

또, 이렇게 자성이 공성인 것은 '의존된 가명(prajñaptir upādāya)'이다. 바로 그것이야말로 '의존된 가명인 공성'이라는 점이 확립된다. 바퀴 등 수레의 구성요소에 의존하여 수레가 가명된다. 그런 경우 자기의 구성요소에 의존된 가명은 자성으로서 불생이며, 자성으로서 불생인 것은 공성이다. 자성으로서의 불생을 특징으로 하는 공성은 중中의 실천임이 확립된다. 왜냐하면 자성으로서 불생인 것에는 존재성이 없기 때문이다.
또 자성으로서 불생인 것에는 소멸이 없기 때문에 비존재성도 없다. 이렇게 있음과 없음의 두 가지 극단을 벗어나기 때문에 모든 것의 자성적 불생을 특징으로 하는 공성을 중의 실천, 즉 중도라고 말한다. 이와 같이 연기라는 말은 공성, 의존된 가명, 중의 실천이라는 독특한 의미들을 갖는다.[23]

---

23) yā ceyaṃ svabhāvaśūnyatā sā prajñaptir upādāya /saiva śūnyatā upādāya prajñaptir iti vyavasthāpyate /cakrādīnyupādāya rathāṅgāni rathaḥ parajñapyate /tasya yā svāṅgānyupādāya prajñaptiḥ sā svabhāvenānutpattiḥ /yā ca svabhāve{na}nutpattiḥ sā śūnyatā /saiva svabhāvānutpattilakṣaṇā śūnyatā madhyamā pratipad iti vyavasthāpyate /yasya hi svabhāvenānutpattis tasyāstitvābhāvaḥ /svabhāvena cānutpannasya vigamābhāvān nāstitvābhāva iti /ato bhāvābhāvāntadvayarahitatvāt sarvasvabhāvānutpattilakṣaṇā śūnyatā madhyamā pratipan madhyamo mārga ity ucyate /tad evaṃ pratītyasamutpādasyaivaitā viśeṣasaṃjñāḥ śūnyatā upādāya prajñaptir madhyamā pratipad iti //: Prasanapadā [Louis de la Vallée Poussin, Mūlamadhyamakakārikās(Mādhyamikasūtras) de Nāgārjuna avec la Prasanapadā commentaire de Candrakīrti, Bibliotheca Buddhica IV, St. Pétersbourg, 1903~1913], p.504.

수레, 그 자체는 실재하지 않지만 바퀴, 굴대 등 그 구성요소가 모임으로써 수레라는 이름이 거짓되게 부여(假名)된다. 수레는 이렇게 자성을 갖지 않기에 발생하는 것도 아니며, 발생하지 않는 것은 그 자성이 공하고, 그 자성이 공한 것은 있는 것도 아니고 없는 것도 아니기에 중도라는 것이다. 여기서 혼란이 발생한다. 앞에 인용한 삼제게에서는 공성이라는 말이 의존된 가명이라고 서술하는데 짠드라끼르띠는 수레와 같은 사물의 이름을 '의존된 가명'이라고 해석하는 것이다.

그런데 구마라습이 한역한 《중론》〈청목소〉를 면밀히 검토해 보면, '의존된 가명(prajñaptir upādāya)'이라는 말에서 '가명(prajñapti)'은 '공성'을 가리키는 말이며, '의존된(upādāya)'은 '공성의 방편적 성격'을 의미함을 알게 된다. 먼저 삼제게에 대한 구마라습의 한역문을 보자.

여러 가지 인연에서 발생한 법을 나는 무無라고 말한다.
또 가명假名이라고도 하고 또 중도의中道義라고도 한다.

衆因緣生法 我說卽是無 亦爲是假名 亦是中道義

여기서 산스끄리뜨 원문의 공성을 무로 번역하고 있지만 별 문제될 것은 없다. 옳게 사용하면 공이란 말을 사용하든 무란 말을 사용하든 아무 문제가 안 되지만, 잘못 사용하면 무라고 쓰든 공이라고 쓰든 모두 단견斷見이 될 뿐이다. 옳게 사용한다는 것은 공이나 무를 진제를 규명하는 도구(방편)로 사용하는 것이고, 잘못 사용하는 것은 공이나 무를 도그마적 이론으로 간주하는 것(공견空見, 무견無見)이다. 구마라습이 동일한 문장을 번역하면서 공과 무를 혼용한 것은, 후학들에게 공성의 방편적 성격을 알려주기 위한 절묘한 트릭(trick)이었을지도 모른다.

그런데 이 한역문은 산스끄리뜨 원문과 많은 점에서 차이가 난다. 앞에 인용했던 산스끄리뜨문에서는 연기와 공성과 의존된 가명과 중의 실천(중도)을 동치시키고 있었는데, 여기서는 연기한 법과 공(무)과 가명과 중도의中道義를 동치시키고 있다. 구마라습이 사용한 한문용어들을 산스끄리뜨로 복원하여 양자를 비교하면 다음과 같다.

pratītyasamutpāda(연기) → pratītyasamutpanna dharma(연기한 법)
śūnyatā(공성) → śūnya(공, 무)
prajñaptir upādāya(의존된 가명) → prajñapti(가명)
madhyamā pratipad(중도) → madhyamāpratipadasya artha(中道義)

어느 한 술어만 변화시킨 것이 아니라, 네 가지 술어를 모두 바꿔 쓰고 있다. 여기서 우리는 역경가 구마라습의 천재성을 엿볼 수 있다. 산스끄리뜨 원문에서는 추상적 원리가 술어로 사용되었는데, 구마라습은 이를 구체적 존재의 차원으로 단계를 낮추어 번안翻案해내고 있다. 원리에 대해 말하는 게송을 한 단계 낮추어 법에 대해 말하는 게송으로 의역한 것이다. 구마라습의

한역문에 대한 이런 통찰을 염두에 두면서 이어지는 〈청목소〉
의 풀이를 보면, '의존된 가명'의 의미가 명확히 드러난다.

> 여러 가지 인연에서 발생한 법을 나는 공이라고 말한다. 왜 그런
> 가. 여러 가지 조건이 갖추어져 화합할 때 사물이 발생하는데, 이
> 런 사물은 여러 가지 인연에 속하기 때문에 그 자성이 없으며 자
> 성이 없기 때문에 공하다. 공도 역시 공하다. 다만 중생을 인도하
> 기 위해서 가명으로 설한 것이다. 유와 무의 양극단에서 벗어나기
> 에 중도라고 명명한다. 이런 존재에는 자성이 없기에 있다고 말할
> 수 없고 공도 없기에 없다고 말할 수도 없다.[24]

앞에 인용했던 짠드라끼르띠의 주석에서는 '의존된 가명'이
'수레'와 같은 사물의 이름을 가리키는 것으로 설명되어 있었
는데, 여기서 '가명'이 가리키는 것은 '공'이다. 이런 〈청목소〉
의 풀이는 의존된 가명을 공성과 동치시키는 산스끄리뜨 원문
의 의미에도 그대로 부합된다. 그리고 중생을 인도하기 위해서
라는 설명에 의거할 때, '의존된'이란 말은 '중생의 착각에 의
존하여 설해지는'이라는 의미로 풀이할 수 있으며, 이는 공성
의 가르침의 방편적 성격을 나타내는 어구로 볼 수 있다. 이러
한 조망 아래서 행간의 의미를 모두 드러내어 삼제게를 다시
기술하면 다음과 같다.

---

24) 衆因緣生法 我說卽是空 何以故 衆緣具足 和合而物生 是物屬衆因緣故無
自性 無自性故空 空亦復空 但爲引導衆生故 以假名說 離有無二邊故名爲
中道 是法無性故不得言有 亦無空故不得言無: 《中論》 青目疏, 대정장30, p.
33b.

연기緣起인 것, 그것을 우리들은 공성空性이라고 말한다. 그것(공성)은 (사물에 자성이 있다고 생각하는 중생의 착각에) 의존된 가명假名이며, 그것(공성)은 실로 (유견有見이나 상견常見과 같은 치우친 생각邊見을 시정해 주는) 중中의 실천이다.

### 중도를 지향하는 작용으로서의 방편 논리

반야공사상, 또는 중관논리에서 "모든 사물에 자성이 있다"는 논적의 생각을 비판하기 위해 공성이라는 부정표현을 사용하였지만, 공성이라는 말은 지시대상을 갖는 표현이 아니다. 실체를 갖는 표현이 아니다. 《회쟁론》에서 가르치듯이 허깨비가 있다고 착각할 때 그런 착각을 시정해 주기 위해 만들어진 또 다른 허깨비와 같이, 선행하는 착각이 있을 때 그것을 시정해 주기 위해 발화되는 거짓 이름일 뿐이다. 사물에 자성이 있다는 착각이 선행할 때 그런 자성의 존재를 부정하기 위해 공성이라고 말하는 것이다. 사물에도 자성이 없지만, 사물의 자성을 비판하기 위해 발화되는 공성 역시 실체가 없다. 그래서 "공도 역시 다시 공하다"고 말한다. 공성이라는 말은 홀로 발화될 수 없고 반드시 선행하는 착각에 의존하여 발화된다. 공성은 사물에 자성이 있다는 착각에 의존하(여 발화되)는 가명이다.

우리의 인식도 연기적緣起的으로 작동되지만, 불교를 가르치는 일도 연기적으로 이루어진다. 긴 막대를 염두에 두어야 어떤 막대에 대해서 짧다는 규정을 할 수 있듯이, 어떤 착각이 선행할 때 그런 착각을 시정해 주는 가르침이 베풀어진다. 가르침이라는 행위에도 자성이 없는 것이다. 불교의 가르침은 도그마가 아니라 병에 따라 약을 주는 일(應病與藥)과 같은 방편시설方便施設이다. 공성이라는 발화는 주장이 아니라, 자성이 있다는 착각을 시정하는 작용이다. 공성의 부정은, 선행하는 잘못이 있을 때에 한하여 발화될 수 있는 비정립적非定立的(Non-positional) 부정이다. 그리고 이런 공성의 발화에 의해 구현된 중도 역시 실체가 아니라 작용이며 실천이다.

공성의 발화를 통해 구현되는 중도의 정신은, 판단의 사실성을 비판할 때에도 그대로 계승된다. "비가 내린다"는 판단을 이해할 때, "(내림을 갖는 비)가 내린다"고 이해하게 되면 의미가 중복되는 오류에 빠진다. 그렇다고 해서 "(내림을 갖지 않는 비)가 내린다"고 이해할 수도 없다. 사실에 위배되는 오류에 빠지기 때문이다. 제1구적 이해도 틀리고, 제2구적 이해도 옳지 않다. 만일 (내림을 갖는 비)라는 이해를 비판하는 부정이 정립적 부정이라면, 이와 상반된 (내림을 갖지 않는 비)라는 이해가 긍정되어야 할 것이다. 그러나 (내림을 갖지 않는 비)라는 이해 역시 비판된다. 사구비판은 사구 모두에 대한 비판이다. 제1구를 비판한다고 해서 제2구가 인정되는 것은 아니며, 제2구를 비판한다고 해서 제1구가 인정되는 것은 아니다. 제3구를 비판한다고 해서 제4구가 인정되는 것은 아니며 제4구를 비판한다고 해서 제3구가 인정되는 것은 아니다. 판단의 사실성을 비판하는 사구비판四句批判에서 구사하는 부정 역시 중도를 지향하는 작용이다. 그리고 그렇게 구현된 중도 역시 어떤 고정된 사실이 아니라 활발발活潑潑한 작용이다.

추론의 타당성을 비판하는 자띠논법의 취지 역시 중도의 구현에 있다. 앞에서 보았듯이《중론》제24〈관사제품〉에서 용수는 "모든 것이 공하다면 삼보가 파괴된다"고 주장하는 논적의 귀류법적 추론을 비판하기 위해 "모든 것이 공하지 않다면 삼보가 파괴된다"는 상반된 귀류법적 추론을 제시한다. 논적과 용수 모두 귀류법적 추론을 사용하지만 논적의 그것은 "모든 것은 공하지 않다"는 점을 정립하기 위해 제시된 것인 반면, 용수의 그것은 "모든 것은 공하다"는 점을 정립하지 않는다. 부정이 정립적 부정과 비정립적 부정으로 구분되듯이, 귀류법적 추론도 다른 주장의 정립을 위한 귀류법적 추론과 다른 주장을 정립하지 않는 귀류법적 추론의 두 가지로 갈라진다. 용수가 제시하는 추론은 후자에 속하며 우리의 추론적 사유를 중도로 향하게 하는 작용으로서의 추론이다.

개념, 판단, 추론이라는 세 단계의 과정을 통해 전개되는 우리의 사유 모두를 비판하는 중관논리를, 중도를 구현하기 위한 작용으로 해석할 때, 다음과 같은 게송들의 취지가 살아난다.

> 만일 이미 색色이 존재한다면 색의 인因은 소용없다. 만일 색이 존재하지 않는다고 해도 역시 색의 인은 소용없다.
> 《중론》제4〈관오음품〉제4게

만일 모든 존재가 그 자성이 있다면 어떻게 변화할 수 있겠느냐?
만일 모든 존재가 자성이 존재하지 않는다면 어떻게 변화가 있겠
느냐?                           동 제13 〈관행품〉 제5게


색의 인因 속에 색이 이미 존재한다는 것을 비판한다고 해서 색이 존재하지 않는다고 주장하는 것이 아니고, 색이 존재하지 않는다는 것을 비판한다고 해서 색이 존재한다고 주장하는 것이 아니다. 사물에 자성이 있다는 것을 비판한다고 해서 사물에 자성이 없다고 주장하는 것이 아니고, 사물에 자성이 없다는 것을 비판한다고 해서 사물에 자성이 있다고 주장하는 것이 아니다. 이들 게송에 담긴 귀류법적 추론은 상반된 주장을 제시하기 위한 것이 아니라, 우리의 이율배반적 사유를 단지 비판만 할 뿐이다.

제24 〈관사제품〉에서는 공사상에 대해 귀류법적으로 비판하는 추론과 이를 다시 귀류법적으로 반박하는 추론이 별도의 게송으로 분리되어 있었는데, 여기서는 이런 두 가지 추론을 하나의 게송 내에 병치하고 있다. 이율배반적 추론을, 때론 분리된 게송으로 제시하거나, 때론 하나의 게송 내에 병치함으로써 용수는 우리의 사유를 중도中道로 이끈다.

## 4. 《중론》의 이제설과 공견의 위험성

**두 가지 진리** - 진제와 속제

앞 절에서 우리는 《중론》 제24 〈관사제품〉을 예로 들면서 중관논리의 추론비판 방식에 대해 알아보았다. 또 관사제품 제18게인 삼제게三諦偈를 통해 '공성'과 '의존된 가명'과 '중도'의 진정한 의미에 대해 분석해 보았다. 그런데 〈관사제품〉에서 우리가 주목해야 하는 가르침은 중관학의 진속이제설眞俗二諦說이다. 중국적 중관학인 삼론학을 집대성한 길장吉藏(549~623)은 중관학의 핵심이 '이제'에 있다고 말한다. 흔히 중관학을 공성의 의미를 구현하는 학문이라고 평하지만, 공성의 의미를 구현하는 일은 진제와 속제의 이제 가운데 진제眞諦를 구현하는 일에 해당하기에 '이제'라는 한마디에 중관학의 모든 내용이 포괄된다. 앞에서 보았듯이 〈관사제품〉의 논적이 "모든 것이 공하다면 삼보가 파괴된다"는 논지로 공사상을 공격할 때, 용수는 "모든 것이 공하지 않다면 삼보가 파괴된다"는 자띠(Jāti)논법을 구사함으로써 이를 반박하는데, 그와 함께 용수는 논적에게 다음과 같은 이제의 가르침을 제시한다.

부처님들의 교법은 두 가지 진리에 의거한다. 세간에서 행해지는 진리와 승의로서의 진리이다.

dve satye samupāśritya buddhānāṃ dharmadeśanā/ lokasaṃvṛtisatyaṃ ca satyaṃ ca paramārthataḥ//

《중론》 제24〈관사제품〉제8게

여기에 표현된 두 가지 진리는 이제二諦(satya dvaya)를 의미하고, 세간에서 행해지는 진리는 속제俗諦(saṃvṛti-satya), 승의로서의 진리는 진제眞諦(paramārtha-satya)를 의미한다. 그런데 논적은 이와 같은 이제의 가르침을 모르기 때문에 공사상을 오해했다는 것이다. 〈관사제품〉의 논적은 불생불멸을 말하는 공성의 가르침과 생멸에 근거한 사성제의 가르침을 병치한 후 그 모순을 지적하면서, "모든 것이 불생불멸의 공성이라면 사성제와 팔정도와 사향사과와 삼보 등 불교가 모두 파괴된다"고 비판하지만, 진속이제설에 의거할 때 불생불멸과 공성의 가르침은 진제에 해당하고, 사성제와 팔정도와 사향사과와 삼보의 가르침은 속제에 해당하기에 서로 모순하지 않는다. 속제에서는 세속을 건립하지만, 진제에서는 세속이 파기된다. 속제는 우리의 분별에 입각한 가르침이고, 진제는 우리의 분별을 파기하는 가르침이다.

이러한 이제설에 의해서 불교교리의 내적 상충을 해소하는 모습은 《대품반야경大品般若經》의 주석서인 용수의 《대지도론大智度論》 도처에서 발견된다. 과거, 현재, 미래의 세 가지 시간대가 불가득이고 공하다는 가르침은 진제이고 이런 세 가지 시간대의 존재를 말하는 가르침은 속제이다. 무아설은 진제지만 자아의 윤회를 말하는 것은 속제이다. 속제에서는 생사도 있고 동서남북의 방위도 있고 중생도 있지만, 진제에서는 생사도 없고 방위도 없고 중생도 없다. 진제에서는 부처도 없고 중생도 없고 선도 악도 없으며, 행주좌와가 다 선禪이기에 선을 닦을 것도 없다고 말하지만, 속제에서 우리는 부처가 못 된 중생이고 악을 그치고 선을 행해야 하며 가부좌 틀고 앉아서 열심히 선을 닦아야 한다. 중관학을 공부하려 할 때 대부분의 사람들은 중관논리를 통해 구현되는 공성, 즉 진제에 대해서만 규명해 내려 하지만, 결코 속제를 무시하거나 잊어서는 안 된다. 혹은 중관논리를 통해 구현되는 진제로서의 공성을 속제적 규범으로 오해해서는 안 된다.

**진제에 대한 집착** - 위험한 공견空見

　중관논리를 통해 공성을 구현하는 것은 더러운 옷감을 빨래비누로 세탁하는 일에 비유된다. 비누를 이용하여 옷감에 묻은 때를 제거했다고 해서 세탁이 모두 끝난 것이 아니다. 옷감에 아직 비눗기가 묻어 있기 때문이다. 비눗기가 묻어 있는 옷을 입고 다닐 경우 외관은 깨끗할지 몰라도 비누냄새가 펄펄 풍겨

남을 불쾌하게 만들고 자신의 피부도 손상된다. 맑은 물을 이용하여 비눗기조차 모두 씻어내야 비로소 빨래하는 일이 완성된다.

　공성 역시 이와 마찬가지다. 중관논리를 통해 우리의 사유를 비판함으로써 공성을 드러내긴 하지만, 그때 사용된 부정적 표현이나 공성이 어떤 이념으로 간주되어 마음속에 남아 있어서는 안 된다. 예를 들어 "발생이 존재한다"거나 "행위자가 존재한다"는 우리의 일반적인 생각이 중관논리를 통해 비판된다고 해서 "발생이 존재하지 않는다"거나 "행위자가 존재하지 않는다"는 부정적 생각에 고착되어서는 안 된다는 말이다. 중관논리를 통해 공성을 구현하는 일은 잘못된 이론들을 비판하는 작용이지, 공성의 이론을 제시하는 작업이 아니다. 이렇게 이론으로 오해된 공성을 공견空見(śūnyatādṛṣṭi)이라고 부르는데, 용수는 《중론》제13〈관행품觀行品〉에서 그 위험성에 대해 다음과 같이 경고한다.

> 공성空性이란 갖가지 세계관에서 벗어남이라고 승자勝者들에 의해 교시되었다. 그러나 공성의 세계관(śūnyatādṛṣṭi)을 가진 사람들은 구제불능이라고 말씀하셨다.
> 　　　　《중론》 제13〈관행품〉 산스끄리뜨 제8게

　《중론》제24〈관사제품〉의 논적이 "모든 것이 공하다면 삼보가 파괴된다"고 말하면서 공성의 가르침을 비판했던 것은 공성의 가르침을 공의 세계관으로 오해했기 때문이다. 그런데 공성의 가르침을 비판하는 논적뿐만 아니라, 공성의 가르침을 믿고 수용하고자 하는 사람도 그 근기가 깊지 않은 이상 공성의 가르침을 오해할 수 있다. 무지한 비판자의 경우는 공성의 가르침을 거부하지만, 잘못된 수용자의 경우는 모든 가치판단을 상실할 수 있다.

전자보다 후자가 더 위험하다. 구제불능이기 때문이다. 《중론》〈청목소〉에서는 "병이 들었을 때 그 병에 따라 약을 복용하면 치료할 수가 있는데 그 약으로 다시 병이 생긴다면 더 이상 치료할 수가 없는 것과 같으며, 장작에 불이 붙었을 때는 물을 부어 불을 끌 수 있지만 물에 불이 나면 더 이상 끌 수 없는 것과 같다"[25]는 비유로 공견의 위험성에 대해 설명한다. 공견이란 '작용'으로서의 진제를 '이론'으로 이해하는 것이고, 진제를 속제와 같은 방식으로 이해하는 것이며, 공성을 표현하는 비정립적 부정을 정립적 부정으로 이해하는 것이다.

중관논리를 통해 세계의 실상에 대해 천착해 들어갈 때, 윤회와 열반의 경계가 무너지고, 번뇌와 보리의 경계가 무너지며, 중생과 부처의 차별이 없어지고, 선과 악의 경계가 무너지는데, 이는 모두 진제眞諦의 일일 뿐이다. 세속의 세계에서 우리는 번뇌로 가득 차서 윤회하는 중생이기에 보리를 추구하며 성불과 열반을 지향하면서 선하게 살아가야 한다. 엄연히 속제가 존재한다. 그런데 이제二諦의 구분에 무지한 사람은 무차별적인 진

---

25) 《中論》, 대정장30, 18c.

제의 가르침을 세속의 가르침과 병치시킨다. 윤회와 열반이 다르지 않다는 경문을 빙계로 삼아 열반을 추구하지도 않고, 중생이 부처와 다르지 않다는 경문에 근거하여 자신이 부처라는 교만한 마음을 품게 되고, 번뇌와 보리에 차별이 없기에 번뇌를 제거하려 하지도 않으며, 선과 악을 분별하지 않기에 악을 행하고도 죄책감을 느끼지 않는다.

그러나 이것은 공견空見으로 남도 해치고 스스로도 해치는 사견邪見일 뿐이다. 이런 공견을 갖고 살아가는 것은, 빨래를 하다 말고 비누냄새가 펄펄 풍기는 옷을 입고 다니는 것과 마찬가지다. 《중론》 제24 〈관사제품〉의 다음과 같은 게송은 공견에 빠진 이런 사견인邪見人을 겨냥한다.

잘못 파악된 공성은 지혜가 열등한 자를 파괴한다. 마치 잘못 잡은 뱀이나 잘못 닦은 주술과 같이.
《중론》 제24 〈관사제품〉 산스끄리뜨 제11게

독사를 잡을 때 물리지 않으려면 독사의 목을 잡아야 한다. 꼬리를 잡으면 독사가 고개를 틀어서 나를 문다. 중관논리에 의해 구현되는 공성도 독사와 같아서 제대로 파악할 경우 나에게 득이 되지만 잘못 잡을 경우 오히려 나를 해친다. 독사를 잘못 잡느니 아예 잡지 않는 것이 낫듯이 공성에 대해 오해하는 것보다 공성에 대해 아예 모르는 것이 낫다. "선무당이 사람 잡는다"는 속담이 있다. 무당이 푸닥거리를 제대로 할 경우 질병도 치료되고 집안의 우환이 사라진다. 그러나 잘못할 경우 환자의 병세가 오히려 악화되고, 집안의 우환이 더 심해진다. 푸닥거리를 잘못하느니 아예 하지 않는 것이 낫듯이 공성에 대해 오해하느니 아예 모르는 것이 낫다.《대지도론》에서는 공성에 대해 오해한 사견인邪見人과 공성에 대해 올바로 파악한 관공인觀空人의 양자를 비교하는데 그 일부를 소개하면 다음과 같다.26)

| 사견인 | 관공인 |
|--------|--------|
| 1. 모든 법을 파괴해서 공空이 되게 한다. | 1. 모든 법이 원래 진공眞空이라서 불파불괴不破不壞한 것임을 안다. |
| 2. 모든 법이 다 공하여 없다고 말하면서 모든 법의 공상空相을 취해서 희론한다. | 2. 모든 법이 공함을 알지만 그 상相을 취하지도 않고 희론戱論을 벌이지도 않는다. |
| 3. 비록 입으로는 일체가 공하다고 말하지만 욕심이 날 때는 욕심을 내고 화가 날 때는 화를 내고……뽐내고……어리석고 스스로 기만한다. | 3. 공을 참되게 알아서 마음에 동요가 없고 어떤 번뇌도 생기지 않는다. 허공이 불에 타지 않고 비에 젖지 않는 것과 같다. |
| 4. 금세에 폐악인이 되고 내세에는 지옥에 떨어진다. | 4. 금세에는 명예를 날리고 후세에는 부처가 된다. |
| 5. 공공삼매空空三昧가 없다. | 5. 공공삼매가 있다. |

---

26) 대정장25, pp.193c~194a.

공성의 가르침을 아예 모를 경우 세속의 상식적 규범을 지키면서 그나마 선량하게 살아갈 수 있다. 그런데 아직 탐욕과 분노 등의 번뇌가 많이 남아 있는 사람이 세속의 분별을 모두 파기하는 공성의 가르침을 어설프게 수용하여 입으로는 '모든 분별이 끊어진 공성'을 말하지만, 그 행동은 막행막식인 폐인이 될 수 있는 것이다. 공성의 가르침은 극약과 같다. 제대로 사용하면 죽어가는 사람을 살리는 기사회생의 명약이 되지만 잘못 사용하면 많은 사람을 죽인다. 공성의 가르침은 무시무종의 윤회고輪廻苦를 벗어나는 지름길이지만, 이를 오해할 경우 가치판단을 상실한 폐인이 되어 지옥고地獄苦를 면치 못한다.

공성의 가르침은 장작불을 지필 때 사용되는 불쏘시개와 같다. 불붙은 장작을 잘 태우기 위해서는 장작 하나를 불쏘시개로 사용하여 장작들을 이리저리 뒤적이면 된다. 그리고 불길이 살아나면 장작으로 사용하던 불쏘시개를 다시 불 속으로 던져 태워버린다. 이와 마찬가지로 공성의 가르침을 통해 우리의 모든 분별을 제거하지만, 궁극적으로는 공성의 가르침이라는 분별 역시 던져 버린다. 목욕을 할 때 손으로 온몸에 비누를 칠하여 때를 씻어내지만 나중에는 그 손에도 비누를 칠하여 때를 씻어내듯이, 세속의 분별을 버리기 위해 사용된 공성의 분별 역시 궁극에 가서는 씻어내 버린다. 낙서로 더럽혀진 벽에 '낙서금지'라는 낙서를 함으로써 다른 낙서가 모두 중지될 때 다른 낙서들과 낙서금지라는 낙서를 지워서 벽을 깨끗이 만드는 것과 마찬가지다. 궁극적으로 보면 공성 역시 하나의 분별일 뿐이기에 공성 역시 공하다空亦復空. 공조차 해체하는 이런 조망을 공공삼매空空三昧라고 부른다.

### 사견인邪見人의 세계관 - 아유법공

한문불교 전통에서는 아공我空과 법유法有와 법공法空이라는 개념을 사용하여 대승과 소승의 가르침을 구분한다. 소승은 아공법유我空法有를 주장하고 대승은 아공법공我空法空을 가르친다는 것이다. 아공법유란, "자아는 없지만 법은 존재한다"는 것을 의미하고 아공법공이란 "자아도 없고, 법도 존재하지 않는다"는 것을 의미한다. 예를 들어, 《구사론》에서 말하는 이 세상의 구성요소인 75가지 법 낱낱은 존재하지만(法有) 자아는 존재하지 않는다(我空)고 보는 것이 아공법유 이론이고, 자아도 없고(我空) 이런 75가지 법도 모두 실체가 없다(法空)고 보는 것이 아공법공 이론이다. 그런데 여기에 사용된 아我, 법法, 유有, 공空이라는 네 가지 개념을 사용하여, 불교수행자가 가질 수 있는 세계관을 분류하면 다음과 같이 정리된다.

① 자아도 존재하고 법도 존재한다(我有法有): 세속적 수행자
② 자아는 존재하지 않지만 법은 존재한다(我空法有): 소승 수행자
③ 자아도 존재하지 않고 법도 존재하지 않는다(我空法空): 대승 수행자
④ 자아는 존재하지만 법은 존재하지 않는다(我有法空): 공견의 수행자

윤회의 세계에서의 향상을 추구하는 세속적 수행자는 자아도 있다고 생각하고 자아와 세계의 구성요소인 법도 존재한다고 생각한다. '아유법유'적인 세계관이다(①). 소승 수행자는 무아를 추구하지만 낱낱의 법에는 실체가 있다고 본다. '아공법유'적인 세계관이다(②). 대승 수행자는 아공과 법공을 모두 추구한다. '아공법공'적 세계관이다(③). 그리고 공을 오해하여 공견을 갖게 된 수행자는, 법공은 추구하지만 아집은 전혀 버리지 못한다. 이는 '아유법공'의 세계관으로 가장 잘못된 사견邪見이다(④). 아상我相을 버리지 못했기에 탐욕과 분노와 교만은 정화되지 않은 상태인데 법공만은 추구한다. 법(法, dharma)은 인간과 세상의 구성요소이기도 하지만, 부처님의 가르침이기도 하고, 우리 생각의 기초인 개념이기도 하다. 부처님은 개념적 언어를 사용하여 인간과 세상을 낱낱의 요소들로 분석하여 가르침을 베푸셨기에 법이라는 하나의 단어에 개념, 요소, 가르침이라는 의미가 모두 들어간다. 아유법공의 수행자는 공성을 추구하면서 머리만 굴릴 뿐, 탐욕과 분노와 교만과 같은 자신의 감성은 직시하지 못한다 .

《반야경》에서 가르치는 공성은 법공이다. 중관논리 역시 법공을 논증한다. 물론《중론》에 행위자, 주체, 아뜨만 등 자아의 실재성을 논파하는 내용이 담겨 있긴 하지만, 이때의 자아는 법으로서의 자아이다. 개념으로서의 자아란 말이다. 현실 속에서 분노와 탐욕과 교만의 구심점 역할을 하는 감성적 자아가 아니라 개념적 자아일 뿐이다. 감성적 자아가 해체되어야 진정한 아공이 체득된다.

티베트에서는 불교를 현교顯敎와 밀교密敎로 양분한다. 밀교는 숨겨진 가르침이란 의미인데, 금강승金剛乘(Vajrayāna)이라고 불리기도 하고 불교 딴뜨리즘이라고 불리기도 한다. 현교는 드러난 가르침이란 의미이며 소승과 대승의 일반적 가르침이 이에 해당한다. 티베트에서는 현교 수행이 어느 정도 완성된 사람에 한해 밀교에 입문할 자격을 주는데, 현교의 대부분은 탐욕과 분노와 교만을 제거하는 감성적 수행에 할애되며 그런 수행의 말미에 인지적認知的 수행인 중관학이 위치한다. 감성을 어느 정도 정화한 후 인지를 정화하게 하는 것이다. 반야종般若宗이라고도 불리는 동아시아 선종禪宗의 간화선 수행도 중관학과 같은 인지적 수행이다. '견성 후에 습기를 제거한다'든지, '견성 후에 보림保任한다'는 선가의 격언은 인지와 감성의 분리를 예증한다.

감성의 정화 없이 인지의 해체만 추구하다가 아유법공의 공견空見을 갖게 되어 가치판단이 상실되고 막행막식의 수렁에 빠진 폐악인은 어떻게 하면 그 수렁에서 탈출할 수 있을까? 그것은 속제俗諦의 건립에 있다. 지계, 보시, 참회 등 속제의 분별적 가르침을 실천함으로써, 공견에 빠졌던 사견인은 소생한다. 앞에서 공견을 가진 사람은 구제불능이라고 가르치는 《중론》 제13 〈관행품〉 제8게를 인용한 바 있다. 그러나 《중론》 제24 〈관사제품〉 제8게에서 보듯이 공견은 이제二諦에 대한 무지에서 비롯되며 이제 가운데 오로지 진제만 추구함으로써 공견에 빠진 것이기에, 그동안 방기放棄했던 속제에 충실함으로써 우리는 공견에서 벗어날 수 있다. 속제란 분별을 통해 가르쳐진 진리이다. 나와 남을 구분하여 남에게 베풀고, 선과 악을 구분하여 철저한 지계와 참회의 삶을 살며, 산란함과 고요함을 구분하여 항상 고요히 좌선하고 살아갈 때 우리는 공견의 수렁에서 벗어날 수 있다.

**진속이 균등한 보살의 삶** - 육바라밀

그러나 궁극적 지향점은 공에 대한 조망인 진제와 세속적 선행인 속제가 함께하는 진속균등眞俗均等의 삶이다. 대승보살의 실천덕목인 육바라밀六波羅蜜이 이런 진속균등의 삶을 대변한다. 보시바라밀, 지계바라밀, 인욕바라밀, 정진바라밀, 선정바라밀, 반야바라밀이 육바라밀인데, '보시, 지계……반야'의 여섯 가지 덕목과 이런 덕목에 바라밀이 부가된 육바라밀은 다르다. 단순한 보시는 베푸는 자와 받는 자와 베푸는 물건이 존재한다는 생각 위에서의 베풂이며, 단순한 지계는 선과 악을 분별하는 지계행持戒行이고, 단순한 인욕은 억지로 참는 것이며, 단순한 정진은 바쁘게 노력하는 것이고, 단순한 선정은 가부좌 틀고 앉은 좌선일 뿐이고, 단순한 반야는 "자아가 없다"는 아공我空의 지혜일 뿐이다. 이런 여섯 가지 덕목의 실천은 내생의 행복이나 소승의 아라한을 목표로 삼을 뿐이다. 앞의 다섯 덕목을 실천할 때 내생에 사람이나 하늘나라에 태어나는 인천人天의 과보를 받게 되고, 무아의 반야를 체득할 때 아라한이 될 수 있다.

그러나 육바라밀은 이와 다르다. 예를 들어 보시바라밀의 경우 베풀되 베푸는 자와 받는 자와 베푸는 물건이라는 세 가지 요소가 공하다는 자각 하에서의 베풂으로 삼륜청정三輪淸淨의 베풂이며, 지계바라밀은 계목을 의식하지 않아도 그 행동이 단 한 치도 계목에 어긋나지 않는 지계행으로 공자 나이 70에 터득한 종심소욕불유구從心所慾不踰矩(멋대로 행동해도 그 행동이 윤리규범에 어긋나지 않는다)의 경지가 이에 해당하고,…… 반야바라밀에서는 '자아가 없다'는 아공과 '자아의 구성요소인 색, 수, 상, 행, 식의 오온 역시 공하다'는 법공의 자각이 함께한다. 보시바라밀의 경우 삼륜청정三輪淸淨의 조망이 진제에 해당하고, 보시행이 속제에 해당하기에 진속균등의 실천이고, 지계바라밀의 경우 계목의 공성에 대한 자각이 진제에 해당하고 지계행이 속제에 해당한다. 이 역시 진속균등의 실천이다. 《금강경》에서 가르치는 '티가 나지 않는 베풂(無住相布施)'에서 '티 나지 않음' 은 바라밀의 진제적 조망이고 '베풂'은 속제에 해당한다. 기독교의 소의경전인 《신약성서》에서 예수는 "오른손이 하는 일을 왼손이 모르게 하라"고 명령하는데, 이는 무주상보시의 정신과 상통한다. 그러나 무주상보시의 정신이 보다 철저해질 때 우리는 오른손이 하는 일을 오른손도 모르게 한다. 내가 베풀고도 베풀었다는 생각을 하지 않는다. 이것이 진정한 보시바라밀이며, 진정한 무주상보시며 진정한 티가 나지 않는 베풂이다. 《열반경》에서는 다친 외아들을 돌보는 부모와 같은 행위가 무주상보시라고 가르친다. 다친 외아들을 도와주는 부모에게 '아들을 돕는다'는 생각, 즉 '아들에게 보시한다'는 생각이 떠오를 리가 없다. 그저 가슴이 아플 뿐이다. 그래서 자기 자신에게도 '티가 나지 않는 베풂'이 가능한 것이다.

《대품반야경》에 의하면 바라밀은 두 가지 의미를 갖는다고 한다. 하나는 공에 대한 조망이고 다른 하나는 대자비심이다. 공에 대한 조망은 상구보리와 관계되고 대자비심은 하화중생과 관계된다. 법공에 대한 자각과 대자비심을 모두 갖춘 범부가 대심범부大心凡夫, 즉 보살마하살인 것이다. 대승보살의 육바라밀행에서는 세속적 선행善行과 그에 대한 진제적 조망이 균등하다. 중관학을 통해 터득된 진제는 세속적 선행을 성불을 향한 보살의 육바라밀행으로 승화시킨다.

### 이제의 유동적 구조

지금까지 진속이제眞俗二諦의 중요성에 대해 설명하였다. 이제二諦의 이론은 공성에 대한 오해를 시정해 주는 역할도 하지만 육바라밀에서 보듯이 대승불교의 실천덕목에도 그대로 반영된다. 대승불교인의 인지認知와 실천 모두 이제가 바탕이 된다. 그런데 여기서 한 가지 의문이 발생한다. 도대체 무엇이 진제이고 무엇이 속제인가? 공과 무아를 말하고 일체법을 부정하는 무차별적 가르침은 모두 진제이고 사물의 자성과 자아의 윤회를 말하는 분별적 가르침은 모두 속제인가? 그렇지는 않다. 진제와 속제는 고정된 내용을 갖지 않는다. 진속의 내용이 유동적이라는 점에 이제설의 묘미가 있다. 이런 유동적 이제 이론은 불교를 영원히 살아 숨쉬게 만드는 묘책이기도 하다.

 소승과 대승의 가교역할을 하는 《성실론成實論》에서는 '자아가 있다'는 생각은 속제이고 색, 수, 상, 행, 식의 오온은 진제라고 가르친다. 그러나 《반야경》의 가르침에 의거할 때 오온은 속제에 해당하고 공성이 진제에 해당한다. 또, 초기불전에 속하는 《아함경》도처에 무아의 가르침이 등장하지만, 다음과 같은 《잡아함경》의 경문에서는 무아조차 부정된다.

 이와 같이 내가 들었다. 어느 때인가 부처님께서 왕사성 가란타죽원에 머물고 계실 때 바차 종족의 출가자가 부처님 계신 곳으로 와서 합장한 후 다음과 같이 여쭙고 한편에 물러나 앉았다: "어떠하옵니까, 구담이시여, 자아가 있습니까?" 그 때에 세존께서는 묵묵히 앉아 답을 하지 않으셨다. 그런 질문을 두세 번 되풀이해도 세존께서는 역시 두세 번 모두 답을 하지 않으셨다. 그때 바차 종족의 출가자는 다음과 같이 생각하였다: '내가 세 번 사문 구담에게 물었는데 답을 하지 않는다. 돌아가 버려야겠다.'

 그때 아난존자는 부처님 뒤에서 부처님께 부채를 부쳐드리고 있었는데, 이를 보고 다음과 같이 부처님께 여쭈었다: "세존이시여 저 바차 종족의 출가자가 세 번이나 물었는데 세존께서는 어째서 답을 하지 않으셨습니까? 이 어찌 저 바차 종족 출가자의 잘못된 사견을 더 늘이는 꼴이 되지 않겠습니까? 저 사람은 자기의 질문에 사문 구담께서 답을 하지 못했다고 떠들 것입니다." 부처님께서 아난에게 말씀하셨다.

"내가 만일 자아가 있다고 답했다면 그가 원래 갖고 있던 잘못된 사견만 더 키우는 꼴이 되느니라. 만일 무아라고 답했다고 해도 그가 원래 어리석은 자인데 어찌 그 어리석음을 더 키우는 꼴이 되지 않았겠느냐. 앞에서 그는 자아가 있다고 말했었지만 그 다음부터는 단멸론에 빠지게 될 것이니라. 원래 갖고 있던 유아有我라는 생각은 상견常見이고, 지금 갖는 단멸론은 단견斷見이니라. 여래는 양극단(二邊)을 떠난 중도中道에 의거하여 다음과 같이 설하느니라: 이러한 것이 있기에 이러한 것이 있고, 이러한 것이 일어나기에 이러한 것이 생한다. 즉, 무명을 연하여 행이 있고……생로병사우비뇌고가 소멸한다." 부처님께서 이 경을 설하시자 아난존자는 부처님의 말씀을 듣고 기뻐하며 받들어 행하였다.27)

이 경문의 경우 진제와 속제라는 명칭이 직접 등장하지는 않지만, 초기불전 도처에서 교시되던 무아를 단견의 극단이라고 비판하고 중도를 제시한다는 점에서 이제의 유동적 구조를 암시한다. 부처님 당시 세속의 종교인들은 영원한 자아, 즉 아뜨만을 추구하였다. 그러나 부처님은 "그런 아뜨만은 없다"는 의미에서 무아의 가르침을 베풀었다. 앞에서 설명한 바 있지만 이런 무아설에 사용된 '무'는 틀렸다는 비판적 의미를 갖는다. "아뜨만이 존재한다는 생각은 틀렸다"는 것이다. 인간과 세계를 이루고 있는 구성요소인 색, 수, 상, 행, 식의 다섯 가지 모

---

27) 《雜阿含經》. 대정장2, p.245b: 앞의 p.53 각주에 원문 게재.

두 마치 폭류瀑流와 같이 무상하기에 그 어디에도 영원한 아뜨만은 존재하지 않는다. 이런 무아의 가르침을 체득한 수행자는 아뜨만을 추구하던 수행을 버리고, 윤회에서 벗어나는 수행에 몰두하게 된다. 무엇을 잡는 것이 아니라 모든 것을 놓아 버리는 열반을 추구하게 되는 것이다. 제행무상諸行無常, 제법무아諸法無我, 열반적정涅槃寂靜의 삼법인은 이렇게 유기적으로 얽혀 있다.

그런데 이런 삼법인 중 하나인 무아의 가르침이 위의 경문에서는 지양止揚되고 있다. 그 이유는 무엇일까? 불교 발생 초기에는 무아가 최고의 가르침이었지만 세월이 흘러 이런 무아의 가르침이 널리 알려지게 되자, 무아를 아뜨만에 대한 비판이 아니라, 하나의 세계관으로 이해하는 무리들이 생겨나게 되었다. 위의 경문에 등장하는 질문자인 바차 종족의 출가자 역시 그런 무리 가운데 하나였던 것이다. 소위 무아견無我見을 갖는 사람들이 나타나게 된 것이다. 그러나 위의 경문에서 말하듯이 무아견은 단견斷見이며 허무주의에 다름 아니다.

교설의 이런 변천 과정에 대해 조감함으로써 우리는 이제가 변증법적 구조를 갖는다는 점을 알게 된다. 아뜨만에 집착하여 이를 추구하는 자에게는 이를 비판하는 무아의 가르침이 베풀어진다. 이때 자아를 의미하는 아뜨만은 속제이고 "그런 자아는 없다"는 무아는 진제이다. 그러나 이런 무아의 가르침을 다시 하나의 이론으로 간주하여 집착하는 자에 대해서는 무아가 부정되고 중도의 가르침이 베풀어진다. 이때 무아는 속제로 전

락하고 "유아도 아니고 무아도 아니다"라는 중도가 진제로서 제시된다. 여기서 우리는 진제가 비판하는 작용이지 어떤 내용을 갖는 도그마가 아님을 알게 된다. 비판하는 작용이 도그마로 변할 경우 이를 재비판하는 새로운 진제가 제시된다. 다시 말해 진제가 속제로 추락할 때, 새로운 진제가 제시된다.

공성의 경우도 마찬가지다. '사물에 자성이 있다'는 생각을 비판하기 위해 공성의 가르침이 제시되지만, 공성의 가르침이 도그마로 간주되는 것을 방지하기 위해서 공공空空의 가르침이 제시된다. 또 이런 공공의 가르침이 궁극인 것은 아니다. 《금강삼매경金剛三昧經》에서 보듯이 공공에 집착할 때에는 더 나아가 공공역공空空亦空(공공도 역시 공하다)의 가르침이 제시된다. 이는 속제화된 공공의 가르침을 비판하는 새로운 진제이다. 그렇다고 해서 가장 후대에 등장하는 진제가 최고의 가르침인 것은 아니다. 그 어떤 차원의 진제라고 하더라도 선행하던 속제적 분별을 타파해 준다는 점에서 궁극의 역할을 한다. 아뜨만론이 성행할 때는 무아의 가르침만으로 불교의 궁극 목표에 도달할 수 있다. 그러나 무아의 가르침에 집착할 때는 중도의 가르침으로 불교의 궁극 목표를 제시한다. 더 나아가 중도에 집착할 때는 중도조차 버린다. 이렇게 이제는 고정된 내용을 갖지 않는다.

자아의 존재를 비판하기 위해 오온설을 이용하여 무아를 가르치지만, 이런 오온에 대해 다시 집착할 경우 오온을 모두 파기하는 공空의 가르침이 제시된다. 그러나 이런 공에 대해 집착하면 다시 공공空空의 가르침이 제시되고 공공의 가르침에 집착할 때에는 공공역공空空亦空의 가르침이 제시된다. 진제가 속제화할 때마다 계속 새로운 진제가 제시되는 것이다. 본서 후반부에서 다시 설명하겠지만 이제설의 이러한 변증법적 성격에 대해 교학적으로 자세히 규명하는 사상이 삼론학의 삼종이제설三種二諦說, 또는 삼중이제설三重二諦說이며, 선사禪師들이 벌이는 격외문답格外問答 역시 이제의 이러한 변증법적 성격을 염두에 둘 때 보다 쉽게 이해된다.

# 3장

# 중관사상의 전개

불교는 발견된 진리라고 한다. 석가모니 부처님께서 보리수 아래 앉아 선정에 들어 발견하신 것이 바로 연기緣起의 이치였다. 마음과 물질, 인간과 세계, 삶과 죽음, 과거와 현재와 미래 등 이 세상 모든 것을 지배하는 유일무이의 법칙이 바로 연기법이다. 중관학에서 가르치는 것이 바로 연기법이다.

## 1. 인도의 주석학

**현존하는 《중론》 주석서**

**앞**의 제2장에서 우리는 논리학의 개념론, 판단론, 추리론에 대비시켜서 반논리로서의 중관논리를 익혀보았으며, 중관학의 핵심사상인 이제설의 의미, 공견의 위험성 등에 대해 알아보았다. 그런데 이런 모든 논의의 바탕이 되는 것이 용수의 《중론》이다. 《중론》의 논의 방식이 독특한 점은 연기緣起와 공이라는 불교사상의 정수를 계속 재생산할 수 있도록 고안되어 있다는 점이다. 즉, 연기와 공에 대해 개념이 아니라 논리를 통해 가르친다.

소승 아비달마 문헌이나 유식 문헌의 경우 갖가지 개념을 사용하여 불교를 설명하는데, 개념이란 시대와 문화에 따라 그 의미(內包)와 범위(外延)에 변화가 오기에, 후대의 사람이나 다른 언어권에 속한 사람이 그 원래의 뜻을 파악하기가 쉽지 않다. 그러나 논리는 시대와 장소를 초월한다. 수학적 방법으로 세계를 해석하는 물리학 이론에 숙달할 경우 시공을 초월하여 누구나 동일한 관찰과 실험을 반복할 수 있듯이,《중론》에서 구사되는 중관논리에 숙달할 때 누구나 연기와 공의 진정한 의미를 정확히 파악할 수 있으며, 불교의 종교성과 불교의 철학과 불교의 윤리와 불교적 실천행을 언제 어디서든지 재생산할 수 있다.

그런데 이렇게 연기와 공의 진정한 의미에 대해 가르치는 중관논리에 숙달하기 위해서는 《중론》의 게송 하나하나의 의미에 대해 깊이 천착해야 하고, 이를 위해서는 《중론》 주석서의 도움이 필수적이다. 《중론》의 탄생 이후 인도에서는 많은 주석서가 저술되었는데 인도인이 찬술한 1차적인 주석서 가운데 현존하는 것은 다음과 같다.

① 용수龍樹(Nāgārjuna:150~250경)의 《무외소無畏疏》(티베트 역)
② 청목靑目(Piṅgala:400이전)의 《중론中論》(한역)
③ 붓다빨리따佛護(Buddhapālita:470~540경)의 《불호주중론佛護注中論》 (티베트 역)
④ 안혜安慧(Sthiramati:510~570경)의 《대승중관석론大乘中觀釋論》(한역)
⑤ 청변靑辨(Bhāvaviveka:500~570경)의 《반야등론석般若燈論釋》(티베트 역, 한역)
⑥ 짠드라끼르띠月稱(Candrakīrti:600~670경)의 《쁘라산나빠다淨明句, Prasanmapadā》(산스끄리뜨 원문, 티베트 역)

이 이외에 청변의 《반야등론석》을 다시 해설한 아왈로끼따브라따觀誓(Avalokitavrata:~800?)의 《반야등광주般若燈廣注》가 티베트 역으로 온전히 남아 있고, 《중론》의 게송 가운데 일부를 순서 없이 인용하면서 《중론》의 가르침에 의거하여 《반야경》의 공사상을 해설한 무착無着(Asaṅga:310~390경)의 《순중론의입대반야바라밀경順中論義入大般若波羅蜜經》(간략히 줄여 《순중론》이라고 부른다)이 한역으로 전해온다.

### 자립논증파와 귀류논증파의 유래

《중론》은 대승불교의 반야공사상을 해명한 논서이다. 서력기원 전후에 발생한 대승불교는 인도 북방지역으로 전파되는데, 티베트에서는 서력기원 후 7세기 경 불교가 전파된 이래 지금까지 계속 현교顯敎의 정상에 《중론》이 자리한다. 그런데 위에 열거한 《중론》 주석서의 내용 가운데, 후대 티베트 학승들의 관심을 끈 것은 붓다빨리따→청변→짠드라끼르띠로 이어지는 논쟁이었다. 처음 논쟁의 포문을 연 인물은 청변이었다. 청변은 《반야등론》을 통해 붓다빨리따의 《중론》 주석방식을 비판하였으며, 곧 이어 등장한 짠드라끼르띠는 《쁘라산나빠다淨明句, Prasannapadā》를 통해 붓다빨리따를 옹호하면서 청변의 논지를 반박한다. 청변이나 짠드라끼르띠가 학파적 의식을 갖고 논쟁에 임했던 것은 아니었고, 이어지는 인도 내의 불교전통에서도 이런 논쟁에 대해 학파적 의미를 부여하지는 않았지만, 《쁘라산나빠다》를 티베트어로 번역했던 역경승 빠찹니마닥(Pa tshab nyi ma grags①:1055~1145?C.E.)이 청변 계통을 랑귀빠(Raṅ rgyud pa①), 짠드라끼르띠 계통을 태귈와(Thal 'gyur ba①)

라고 명명하면서 학파적 분류가 시작된다.28) 서구의 현대학자들에 의해 랑귀빠는 쁘라상기까(Prāsaṅgika), 태궐와는 스와딴뜨리까(Svātantrika)라는 산스끄리뜨로 복원되었으며, 현대의 한문 불교권에서는 전자를 자립논증파自立論證派 또는 자속파自續派, 후자를 귀류논증파歸謬論證派 또는 응성파應成派라고 번역한다.29) 《중론》에 기술된 명제들을 주석할 때, 주석자 스스로 추론식을 작성하여 논증해야 한다고 주장한다는 점에서 청변 계통을 자립논증파라고 부르고, 대론자의 주장을 오류에 빠뜨림으로써 논증해야 한다고 주장한다는 점에서 짠드라끼르띠 계통을 귀류논증파라고 부르는 것이다. 그러면 먼저 청변이, 자립적 추론식을 작성함으로써《중론》을 주석할 것을 주장하게 된 계기는 무엇이고, 그 방식은 어떠한지 살펴보기로 하자.

---

28) Georges B.J. Dreyfus & Sara L. McClintock(Editors), *The Svātantrika-Prāsaṅgika Distinction, Wisdom Publication*, Boston, p.19.
29) 자립논증파와 귀류논증파는 현대 일본 학자들의 번역어이고, 자속파와 응성파는《보리도차제론》의 한역자인 중국의 근세 학승 법존法尊(1902~1980)의 번역어이다.

## 1) 중관학과 불교인식논리학의 만남
### — 청변의 자립논증

**논의의 소재** - 《중론》 제1 〈관인연품〉의 사종불생게

앞에서 말했듯이 《중론》에 대한 전통적 주석방식에 반기를 들면서 중관학 전통에 파란을 일으킨 인물은 청변이었다. 다음과 같은 《중론》 제1 〈관인연품〉 제1게에 대한 붓다빨리따의 주석을 청변이 비판하자, 청변의 비판을 다시 짠드라끼르띠가 반박하면서 붓다빨리따→청변→짠드라끼르띠로 이어지는 일단의 논쟁이 이어진다.

그 어떤 것이건 어느 곳에 있건 간에, 스스로건 남他으로부터건 그 양자로부터건 무인無因으로건 사물들의 발생은 결코 존재하지 않는다.

na svato nāpi parato na dvābhyāṃ nāpyahetutaḥ/ utpannā jātu vidyante bhāvāḥ kvacana ke cana//

諸法不自生 亦不從他生 不共不無因 是故知無生
　　　　　　　　　　《중론》 제1 〈관인연품〉 제1게

《중론》 서두의 귀경게에서는 불생, 불멸, 불상, 부단, 불일, 불이, 불래, 불거라는 여덟 가지 부정표현, 소위 팔불八不에 의

해 연기緣起(pratītyasamutpāda)를 규정하는데,30) 여기 인용한 〈관인연품〉 제1게에서는 팔불 가운데 첫 번째 것인 불생(anutpāda)을 논증하기 위해 생生에 대한 이론을 다시, ①자생自生(스스로 발생함), ②타생他生(남으로부터 발생함), ③공생共生(스스로와 남이 함께 발생케 함), ④무인생無因生(아무 원인 없이 발생함)의 네 가지 종류로 구분한 후 이 모두 옳지 않음을 선언하고 있는 것이다. 예를 들어 "싹이 발생한다"고 할 때 싹이 싹을 생하는 것이 아니기에 부자생不自生이며, 싹이 아닌 것이 싹을 생하는 것이 아니기에 불타생不他生이며, 싹과 싹 아닌 것이 함께 힘을 합하여 싹을 생하는 것도 아니기에 불공생不共生이며, 아무 원인 없이 싹이 생하는 것이 아니기에 불무인생不無因生인 것이다. 한문 불교권에서는 생에 대한 이런 네 가지 이론을 모두 부정하는 게송이라는 의미에서 이 게송을 사종불생게四種不生偈라고 불렀다.

### 부자생不自生에 대한 붓다빨리따의 주석

그런데 붓다빨리따→청변→짠드라끼르띠로 이어지는 논쟁에서 이들이 본보기로 삼은 것은 이런 사종불생 가운데 부자생不自生에 대한 붓다빨리따의 주석이었다. 붓다빨리따는 스스로 발생하지 않음을 의미하는 부자생에 대해 다음과 같이 주석한다.

........................................
30) 不生亦不滅 不常亦不斷 不一亦不異 不來亦不出 能說是因緣 善滅諸戲論 我稽首禮佛 諸說中第一.

그러나 붓다빨리따 논사는 다음과 같이 말한다. 존재들은 스스로 (svatas) 발생하지 않는다. ①그것이 발생하는 것은 무익하기 때문이며, ②과대주연過大周延(atiprasaṅga)31)의 오류에 빠지기 때문이다. 왜냐하면 ③자기 스스로 존재하는 중인 사물들이 다시 발생하는 경우 목적이 없기 때문이다. ④만약, 존재하지 않는데도 발생한다면 어느 때건 발생하지 않는 경우가 없을 것이다.32)

먼저 이 주석의 의미를 해석하면 다음과 같다. 예를 들어 "씨앗에서 싹이 발생한다"고 할 때 이에 대해 두 가지 이론을 구성할 수 있다. 하나는 "씨앗 속에 싹이 미리 존재하는 상태에서 싹이 발생한다"는 이론이고, 다른 하나는 "씨앗 속에 싹이 미리 존재하지 않는 상태에서 싹이 발생한다"는 이론이다. 그러나 전자와 같은 경우라면, 씨앗 속에 미리 싹이 존재하기 때문에, 굳이 다시 싹을 발생시킬 필요가 없을 것이다. 위의 주

---

31) atiprasaṅga는 '過大歸結'이라고 직역해야 하겠지만, 奧住毅의 주석과 같이 이를 ativyāpti(過大周延)와 동일한 의미로 보아 위와 같이 번역하였다(奧住毅 譯,《中論註釋書の硏究》, 大藏出版, 1988, p. 145). 인도논리학에서 말하는 ativyāpti의 의미는 다음과 같다: 예를 들어 '소'를 규정하면서 "소는 뿔이 달린 동물이다"라고 정의를 내리게 되면 이는 ativyāpti(過大周延)的 정의가 된다. 즉, 소에 대해 이와 같이 정의를 내리는 경우 양이나, 사슴, 기린 등 뿔 달린 모든 동물이 소로 규정되고 말기에 오류에 빠지게 된다. 위 인용문의 경우는, "어떤 사물이 아직 존재하지 않음에도 불구하고 스스로 발생한다"면 그 존재가 존재하지 않는 모든 곳에서 그 존재가 발생하게 되는 오류에 빠짐을 말하고 있다.
32) ācāryabuddhapālitastv āha/ na svata utpadyate bhāvāḥ/ tad utpādavaiyarthyāt/ atiprasaṅgadoṣāc ca/ na hi svātmanā vidyamānānāṃ padārthānāṃ punarutpāde prayojanam asti/ atha sannapi jāyeta/ na kadācinna jāyeta/iti//: Prasannapadā, 앞의 책, p.14.

석에서 "①그것이 발생하는 것은 무익하다"든지, "③자기 스스로 존재하는 중인 사물들이 다시 발생하는 경우 목적이 없다"고 말하는 것은 이를 의미한다. 또, 후자와 같은 경우, 씨앗 속에 싹이 없는데도 불구하고 싹이 발생할 수 있다는 것이기에, 싹이 없는 다른 모든 곳에서도 싹이 발생할 수 있어야 할 것이다.(②, ④) 그러나 그런 일은 없다. 씨앗이 아닌 다른 모든 곳 역시 싹이 존재하지 않는다는 점에서 씨앗의 경우와 다름없기 때문이다.

### 붓다빨리따의 주석에 대한 청변의 비판

그런데 한역《중론》〈청목소〉에서도 이와 유사한 방식으로 주석하는 것을 볼 수 있다. 이는《중론》탄생 이후 붓다빨리따는 물론이고 대부분의 주석가들이 사용하던 전통적 주석 방식이었다. 그런데 청변은 이런 전통적 주석 방식에 대해 다음과 같이 비판한다.

그것은 타당하지 않다. ①이유(hetu)와 실례(dṛṣṭānta)가 기술되지 않았기 때문이다. ②또 상대방이 지적하는 오류에 대해 반박하지 못하기 때문이다. ③또 귀류(prasaṅga)를 말하고 있기 때문에 원래의 의미(prakṛta artha)가 뒤집어짐으로써 상반된 의미의 소증(sādhya)과 그것의 속성(dharma)이 나타나서 "모든 존재는 다른 것으로부터 발생한다. 왜냐하면 발생이 유익하기 때문이며, 발생이 한정되기 때문이다"(를 인정하는 것으)로 되어 정설과 상치될 것이다.[33]

붓다빨리따(470~540경)의 활동 시기는 진나陳那(Dignāga:480~540경)에 의해 불교 인식논리학이 집대성되었던 시기와 일치한다. 그 당시 유식학파를 위시하여 대부분의 인도 논사들은 논리적인 방법에 의해 자신들의 주장을 입증하였다. 그러나 붓다빨리따는 《중론》을 주석하면서 이러한 시대적 흐름을 반영하지 않았으며 이 점으로 인해 청변의 비판을 받았던 것이다.

청변은 우선 붓다빨리따의 주석이 주장, 이유, 실례로 이루어진 추론식의 형태를 갖추지 않았기에 다른 학파의 논사들을 설득할 수가 없다고 비판하였다(①). 또, 예를 들어 상키야(Sāṃkhya)학파에 소속된 논사와 같은 적대자는 "존재들은 스스로(svatas) 발생하지 않는다"는 붓다빨리따의 주장 중에 쓰인 '스스로(svatas)'라는 단어의 의미에 내재된 오류에 대해 다음과 같이 물으며 반박할 것이라고 청변은 말한다.

이에 대해 상키야 논사는 "이런 주장의 의미는 무엇인가? 스스로(svatas)라는 것은 '결과 그 자체로부터' (발생하지 않는다는 뜻)인가, 아니면 '원인 그 자체로부터' (발생하지 않는다는 뜻)인가?

도대체 어떤 뜻인가? 만일 '결과 그 자체로부터' (발생하지 않는다는 뜻)라면 (상키야 학파에서 말하는) 소증所證을 (다시) 입증하는 꼴이 된다. 만일 '원인 그 자체로부터' (발생하지 않는다는 뜻

---

33) tad ayuktaṃ/ hetudṛṣṭāntānabhidhānāt/ paroktadoṣāparihārācca/ prasaṅgavākyatvāc ca prakṛtārthaviparyayeṇa viparītasādhyataddharmavyaktau parasmād utpannā bhāvā janmasāphalyāt/ janmanirodhācceti kṛtāntavirodhaḥ syāt//: Prasannapadā, 위의 책, pp.14~15.

이)라면 의미에 모순이 있게 된다. 왜냐하면 지금 존재하고 있는, 발생된 모든 것은 '원인 그 자체에 의해' 발생한 것이기 때문이다"라고 반박할 것이다.34)

상키야는 수론數論, 또는 승거僧佉라고 한역되는데, 고대인도의 바라문교에 소속된 여섯 가지 학파(육파철학六派哲學) 중 하나로 뿌루샤(Puruṣa), 쁘라끄리띠(Prakṛti) 등 25가지 원리에 의해 인간과 세계를 해석한다. 이런 상키야의 세계관은 요가(Yoga) 수행론의 토대가 된다. 그런데 "모든 사물은 스스로 발생하지 않는다"는 붓다빨리따의 주장이 "모든 사물은 결과 그 자체로부터 발생하지 않는다"는 의미라면 이는 상키야 학파에서도 인정하는 것이기에, 상키야 학파에 의해 입증되었던 내용(所證)을 다시 입증하는 꼴이 되어 중관학파 특유의 주장이라고 볼 수 없으며, 그와 반대로 "모든 사물은 원인 그 자체로부터 발생하지 않는다"는 의미라면 일반 상식에 모순된다는 것이다(②).

또, 붓다빨리따의 논법은 상대의 주장이 오류에 빠짐을 지적하는 귀류적 진술(prasaṅga vākya)로 이루어져 있기에, 그런 지적과 상반된 내용의 긍정을 함의하게 된다고 청변은 비판한다. 청변은 중관적 부정은 비정립적 부정(prasajya pratiṣedha)이라고 말한다. 즉, 그 어떤 분별적 사유도 용납하지 않는 부정이라는 것이다. 그러나 붓다빨리따가 구사하는 귀류적 진술은 "모든

---

34) yasyāṃ sāṃkhyāḥ pratyavasthāsyante/ ko'yaṃ pratijñārthaḥ/ kiṃ kāryātmakāt svata uta kāraṇātmakād iti /kiṃ cātaḥ /kāryātmakāc cet siddhasādhanaṃ/ kāraṇātmakāc ced viruddhārthatā/ kāraṇātmanā vidyamānasyaiva sarvasyotpattimata utpādād iti/: 위의 책, pp.17~18.

존재는 다른 것으로부터 발생한다"는 타생설他生說을 인정하는 꼴이 되며, 이렇게 될 경우 없던 것이 새롭게 발생된 것이기에 "발생이라는 작용으로 인해 발생물이라는 소득이 생긴다"는 점에서 발생이 유익할 뿐만 아니라, "어떤 존재가 어디에서나 발생하는 것이 아니라, 그에 해당하는 원인에서만 발생한다"는 점에서 발생이 국한되기에 과대주연(atiprasaṅga)의 오류에 빠지지도 않겠지만, 《중론》에서는 "모든 사물이 남으로부터 발생한다"는 타생설他生說도 비판하고 있기에 붓다빨리따의 논법에서 도출되는 결론은 중관학파의 정설에 어긋난다는 것이다(③).

### 불교 인식논리학의 삼지작법三支作法

이상과 같은 세 가지 문제를 지적하면서 청변은 《중론》에 대한 새로운 주석 방식을 시도한다. 즉, 그 당시 유행하던 진나의 불교 인식논리학을 도입하여 주장(宗, pratijñā), 이유(因, hetu), 실례(喩, dṛṣṭānta)의 세 가지 요소(三支)를 갖춘 추론식을 작성함으로써 《중론》 내의 명제들을 논증하는 것이다. 서구논리학의 삼단논법과 유사한 이러한 추론식을 삼지작법三支作法이라고 부르는데, 다음과 같은 추론식이 인도적 삼지작법의 한 예이다.

주장: 저 산에 불이 있다.
이유: 연기가 있기 때문에
실례: 마치 아궁이와 같이

이를 아리스토텔레스에 의해 창시된 서양의 삼단논법으로 바꾸면 다음과 같이 기술된다.

대전제: 연기가 있는 곳에는 반드시 불이 있다.
소전제: 그런데 저 산에 연기가 있다.
결 론: 그러므로 저 산에 불이 있다.

삼지작법三支作法 중의 주장은 삼단논법(Syllogism) 중의 결론에 해당하고, 이유는 소전제에, 실례는 대전제에 해당한다. 삼지작법에서는 실례를 기술할 때 삼단논법의 대전제에 해당하는 '긍정적 수반관계(Anvaya)'와 '부정적 수반관계(Vyatireka)'를 곁들여 다음과 같은 형식으로 추론식을 작성하기도 한다.

주장: 저 산에 불이 있다.
이유: 연기가 있기 때문에
긍정적 실례: 연기가 있는 곳에는 반드시 불이 있다. 마치 아궁이와 같이
부정적 실례: 불이 없는 곳에는 결코 연기가 없다. 마치 호수와 같이

여기서 '저 산'은 주장명제의 주제인데 어떤 성질을 갖는 토대라는 의미에서 유법有法(dharmin)이라고 불린다. '불'은 그런 주제가 갖는 성질이라는 의미에서 법法(dharma)이라고 부르기도 하며 논증식의 증명대상이라는 의미에서 소증所證(Sādhya)이라고 불린다. '연기가 있기 때문에'라는 이유명제는, 소증인 불을 증

명하는 작용을 한다는 의미에서 능증能證(Sādhana)이라고 불리기도 한다. 진나의 불교 인식논리학에서는 이런 삼지작법의 구성 요소인 주장과 이유와 실례 모두에 잘못이 없어야 타당한 논증식으로 간주한다.

불교 인식논리학 유행기에 활동했던 청변은 이러한 추론식을 통해 《중론》을 주석해야 한다고 강변했던 것이다. 그런데 문제는 《중론》 내의 진술들을 입증하기 위해 이러한 삼지작법의 추론식을 구성하려고 할 때 논리적 오류에 빠지고 만다는 점이다. 즉, 진나陳那(Dignāga)의 불교 인식논리학에서 말하는 잘못된 논증(似能立, sādhanābhāsa)이 되고 만다. 청변은 이를 방지하기 위해 독특한 고안을 하게 되는데, 청변의 고안에 대해 설명하기 전에 먼저 '잘못된 논증'이란 무엇인지 알아보기로 하자.

### 33가지 잘못된 논증과 9가지 잘못된 주장

불교 인식논리학 입문서인 《인명입정리론因明入正理論》에서는 '잘못된 논증'으로 33가지를 소개한다. 주장과 이유와 실례라는 추론식의 세 가지 요소 가운데, 주장명제를 잘못 내세운 경우, 그런 주장에 대한 이유를 잘못 댄 경우, 그런 주장과 이유를 뒷받침하는 실례를 잘못 든 경우 추론식은 오류에 빠진다. 33가지 논리적 오류를 삼십삼과三十三過라고 부르기도 하는데 각각의 의미는 다음과 같이 요약된다.

A. 잘못된 주장(사종似宗) : 9가지
  ① 현량상위現量相違 : 직접지각에 어긋나는 주장
  ② 비량상위比量相違 : 추론지에 어긋나는 주장
  ③ 자교상위自敎相違 : 자기 학파의 가르침에 어긋나는 주장
  ④ 세간상위世間相違 : 일반인들의 상식에 어긋나는 주장
  ⑤ 자어상위自語相違 : 자신의 말에 어긋나는 주장
  ⑥ 능별불극성能別不極成 : 주장명제의 주제가 성립하지 않는 주장
  ⑦ 소별불극성所別不極成 : 주장명제의 성질이 성립하지 않는 주장
  ⑧ 구불극성俱不極成 : 주장명제의 성질과 주제 모두 성립하지 않는 주장
  ⑨ 상부극성相符極成 : 너무나 당연하기에 논증할 필요가 없는 주장

B. 잘못된 이유(사인似因) : 14가지
 (1) 불성인不成因 : 성립되지 않는 이유
  ① 양구불성兩俱不成 : 논주와 논적 모두에게 성립하지 않는 이유
  ② 수일불성隨一不成 : 논주나 논적 가운데 어느 한 편에게 성립하지 않는 이유
  ③ 유예불성猶豫不成 : 이유 개념의 의미가 애매하기에 성립하지 않는 이유
  ④ 소의불성所依不成 : 이유 개념에 내재하는 주제가 성립하지 않는 이유
 (2) 부정인不定因 : 확고하지 않은 이유
  ① 공부정共不定 : 소증을 갖는 실례와 갖지 않는 실례 모두에서 언제나 적용되는 이유
  ② 불공부정不共不定 : 소증을 갖는 실례와 갖지 않는 실례 모두에서 언제나 적용되지 않는 이유
  ③ 동품일분전이품변전同品一分轉異品遍轉 : 소증을 갖는 실례에서는 부분적으로 적용되지만, 소증을 갖지 않는 실례에서는 언제나 적용되는 이유
  ④ 이품일분전동품변전異品一分轉同品遍轉 : 소증을 갖지 않는 실례에서는 부분적으로 적용되지만, 갖는 실례에서는 언제나 적용되는 이유

⑤ 구품일분전俱品一分轉 : 소증을 갖는 실례와 갖지 않는 실례 모두에서 부분적으로 적용되는 이유
⑥ 상위결정相違決定 : 동일한 세계관 내에서 논리적 오류를 범하지 않지만 상반된 주장을 담은 이율배반적 추론식이 작성될 때 그 추론식 양측에 사용된 이유

(3) 상위인相違因 : 상반된 이유
① 법자성상위인法自性相違因 : 주장명제에 사용된 성질 그 자체와 상반된 의미를 입증하는 이유
② 법차별상위인法差別相違因 : 주장명제에 사용된 성질의 특별한 성질과 상반된 의미를 입증하는 이유
③ 유법자상상위인有法自相相違因 : 주장명제에 사용된 주제 그 자체와 상반된 의미를 입증하는 이유
④ 유법차별상위인有法差別相違因 : 주장명제에 사용된 주제의 특별한 성질과 상반된 의미를 입증하는 이유

C. 잘못된 실례(사유似喩) : 10가지
(1) 사동법유似同法喩 : 잘못 제시된 긍정적 실례
① 능립법불성能立法不成 : 이유명제가 적용되지 않는 긍정적 실례
② 소립법불성所立法不成 : 주장명제의 성질이 적용되지 않는 긍정적 실례
③ 구불성俱不成 ; 이유명제와 주장명제의 성질 모두가 적용되지 않는 긍정적 실례
④ 무합無合 : 긍정적 수반관계가 제시되지 않은 긍정적 실례
⑤ 도합倒合 : 긍정적 수반관계가 뒤바뀌어 표현된 긍정적 실례
(2) 사이법유似異法喩 : 잘못 제시된 부정적 실례
① 소립불견所立不遣 : 주장명제의 성질과 상반되지 않는 부정적 실례
② 능립불견能立不遣 : 유명제와 상반되지 않는 부정적 실례
③ 구불견俱不遣 : 주장명제의 성질과 이유명제 모두와 상반되지 않는

　　　　부정적 실례
　④ 불리不離 : 부정적 수반관계가 제시되지 않은 부정적 실례
　⑤ 도리倒離 : 부정적 수반관계가 뒤바뀌어 표현된 부정적 실례


　여기서 보듯이 잘못된 주장에는 현량상위 등 9가지 종류가 있고, 잘못된 이유에는 양구불성 등 14가지 종류가 있으며, 잘못된 실례에는 능립법불성 등 10가지 종류가 있기에 모두 합하여 33가지의 잘못된 논증이 있을 수 있다. 이러한 33가지 잘못된 논증들 가운데 청변의 자립논증적 추론식과 관계되는 것은 잘못된 주장을 담은 논증이다. 이해의 편의를 위해서, 《인명입정리론》에 의거하여 'A.잘못된 주장'의 구체적 실례를 소개하면 다음과 같다.


　① 현량상위 : "소리는 들리지 않는다"는 명제를 주장으로 삼은 추론식
　② 비량상위 : "물단지는 상주한다"는 명제를 주장으로 삼은 추론식
　③ 자교상위 : 와이셰시까 논사가 작성한 "소리는 상주한다"는 명제를 주장으로 삼은 추론식
　④ 세간상위 : "남자의 두개골은 청정하다(주장). 생명의 일부이기 때문에(이유). 마치 자개와 같이(실례)"와 같은 추론식
　⑤ 자어상위 : "나의 어머니는 석녀石女다"라는 명제를 주장으로 삼은 추론식
　⑥ 능별불극성 : 불교도가 상키야 논사에 대해 제시하는 "소리는 소멸한다"는 명제를 주장으로 삼은 추론식
　⑦ 소별불극성 : 상키야 논사가 불교도에 대해 제시하는 "아뜨만은 마음이다"라는 명제를 주장으로 삼은 추론식

⑧ 구불극성 : 와이셰시까 논사가 불교도에 대해 제시하는 "아뜨만은 내속인內屬因이다"라는 명제를 주장으로 삼은 추론식
⑨ 상부극성 : "소리는 귀에 들린다"라는 명제를 주장으로 삼은 추론식

**잘못된 주장의 오류를 피하기 위한 청변의 고안**

누군가가 추론식을 구성하여 자신의 주장을 입증하려고 할 때, 그 추론식이 33가지 오류 가운데 어느 하나 이상을 범하고 있다면, 그 추론식은 설득력을 상실한다. 그런데 청변이 추론식을 통해 《중론》을 주석할 것을 제안하긴 했지만, 《중론》에 기술된 명제들을 주장명제로 사용할 경우 잘못된 주장을 내세우는 추론식 9가지 가운데 어느 하나가 되고 만다. 왜냐하면 《중론》에 기술된 명제들 대부분은 상식에 위배되고, 지각에 위배되고, 추론에 위배되는 주장들이기 때문이다. 예를 들어 《중론》제3 〈관육정품〉 제2게의 가르침을 추론식으로 만들면서 "눈은 형상을 보지 못한다"는 명제를 주장명제로 삼을 경우 현량상위現量相違의 오류를 범하는 것이다. 현량상위란 "직접지각에 어긋난다"는 의미이다. "소리는 귀에 들리지 않는다"는 명제가 우리의 직접지각에 어긋나는 현량상위의 주장이듯이 "눈은 형상을 보지 못한다"는 명제 역시 현량상위의 주장이다. 이렇게 잘못된 주장의 오류를 범하는 추론식으로는 절대로 논적이 설득되지 않는다. 그래서 청변은 독특한 고안을 하게 된다. 자신이 작성한 추론식의 주장명제 앞에 '승의勝義에 있어서'라

는 단서를 다는 것이다. 이는 다음과 같다.

주장: 승의에 있어서, 눈은 형상을 보지 못한다.
이유: 자기 자신을 보지 못하기 때문에
실례: 마치 귀耳 따위와 같이35)

'승의에 있어서'라는 말의 산스끄리뜨 원어는 빠라마르타따스(paramārthatas), 또는 땃뜨와따스(tattvatas)이다. 빠라마르타따스는 '최고의 의미로부터'라고 직역되며, 따뜨와따스는 '참된 것으로부터'라고 직역된다. 한역으로는 전자를 제일의중第一義中이라고 번역하고 후자를 진고眞故라고 번역하는데 양자의 의미는 다르지 않다. 앞에서 우리는 진제와 속제의 이제설에 대해 고찰한 바 있다. 진제를 승의제나 제일의제로 번역하기도 하기에 '승의에 있어서'라는 말은 '진제로 말한다면'이라는 의미로 풀이된다. 진나의 불교 인식논리학은 유有와 무無를 구분하고, 같음一과 다름異을 구분하는 분별적 사고에 기초한다. 다시 말해 세간인들의 상식인 속제에 근거한다. 그러나 《중론》의 가르침은 분별을 초월하여 진제를 규명한다. 청변은 속제의 세계에서 통용되는 불교 인식논리학을 진제를 규명하는 도구로 활용하고자 했으며, 승의에 있어서라는 단서, 즉 진제에 있어서라는 단서를 추론식의 주장명제 앞에 부가함으로써 이를 실현할 수 있다고 보았던 것이다.

---

35) 第一義中眼不見色 何以故 不見自體故 譬如耳等: 《般若燈論釋》, 대정장30, p.66b.

## 불생을 논증하는 청변의 자립논증적 추론식

앞에서 설명한 바 있지만, 붓다빨리따→청변→짠드라끼르띠로 이어지는 논쟁의 소재가 된 것은 《중론》 제1 〈관인연품〉 제1게에서 말하는, 부자생不自生, 불타생不他生, 불공생不共生, 불무인생不無因生의 네 가지 불생(四種不生) 가운데 그 어떤 사물도 "스스로 발생하지 않는다(不自生)"는 명제에 대한 논증이었는데, 청변은 붓다빨리따의 주석을 비판한 후, 부자생을 논증하는 다음과 같은 추론식을 제시한다.

주장(宗) : '승의에 있어서', 모든 내입처內入處는 스스로 발생하지 않는다.
이유(因) : 지금 존재하고 있기 때문에
실례(喩) : 마치 정신성精神性(caitanya)과 같이[36]

앞에서 설명한 바 있지만 십이처十二處 이론에서는 일체를 여섯 내입처와 여섯 외입처의 12가지로 분류한다. '입처'의 산스끄리뜨 원어인 āyatana는 영역(field)이라고도 번역된다. 여섯 내입처는 안眼 이耳 비鼻 설舌 신身 의意로 우리의 지각기관에 해당하며, 여섯 외입처는 색色 성聲 향香 미味 촉觸 법法으로 지각

---

[36] na paramārthata ādhyātmikānyāyatanāni svata utpannāni/ vidyamānatvāt/ caitanyavad iti/: Prasannapadā, 앞의 책, pp.26~27. 諸內入等 無自起義 世所不行 以有故 譬如思:《般若燈論釋》, 대정장30, p.52c.

기관 각각에 대응하는 지각대상에 해당한다.

정신성(Caitanya)은 인도철학의 독특한 용어로 '상주하는 보편적 영혼'을 의미한다. 지금 존재하고 있는 정신성이 무시무종의 영원한 존재이기에 스스로 발생하는 것이 아니듯이 안이비설신의와 같은 내입처 역시 지금 존재하고 있기 때문에 스스로 발생하는 것이 아니라는 것이 이 추론식의 요점이다.

그러나 짠드라끼르띠는 쁘라산나빠다(Prasannapadā)를 통해 붓다빨리따에 대한 청변의 비판에 대해 반박한다. 청변의 추론식에 사용된 '승의에 있어서'라는 단서의 효용성을 비판하며, 불교 인식논리학의 오류론에 근거하여 청변의 추론식의 타당성을 비판하는 것이다.

## 2) 청변에 대한 짠드라끼르띠의 비판과 귀류논증

### 붓다빨리따의 주석에도 추론식이 내재한다

붓다빨리따는 "모든 존재는 스스로 발생하지 않는다(諸法不自生)"는 구절에 대해 다음과 같이 주석한 바 있다.

존재들은 스스로 발생하지 않는다. '그것(tat)'이 발생하는 것은 무익하기 때문에 그러나 앞에서 봤듯이 청변은 이런 주석이 추론식의 형태를 갖추고 있지 못하기에 상대방을 설득할 수 없다고 비판하였는데, 짠드라끼르띠는 이런 붓다빨리따의 주석에도 추론식이 내재한다고 주장함으로써 청변의 비판을 반박한다. 위의 주석에 등장하는 '그것(tat)'이라는 대명사는 스스로 지금 존재하고 있는 것을 가리키기에[37] 위의 주석은 다음과 같이 풀어쓸 수가 있다는 것이다.

존재들은 스스로 발생하지 않는다. 스스로 지금 존재하고 있는 것이 발생하는 것은 무익하기 때문에

그런데 짠드라끼르띠가 생각하기에, 이 주석에 씌어진 '스스로 지금 존재하는 것'이라는 구절은 이유(hetu)에 해당되고, '발생하는 것은 무익하기 때문에'라는 구절은 소증법(sādhya dharma)에 해당된다.[38] 그리고 '스스로 지금 존재하고 있는 것이 발생하는 것은 무익하기 때문에'라는 문장에는 상대방도 일반적으로 인정하는(極成, prasiddha), 소증所證(sādhya)과 능증能證(sādhana)을 갖춘 동질적인 실례(sādharmya dṛṣṭānta)의 의미가 내포되어 있다.[39] 즉, '마치 물단지와 같이'라는 진술이 내재된 것이

---

37) atra hi tadityanena svātmanā vidyamānasya parāmarśaḥ/: 위의 책, p.20.
38) tatra svātmanā vidyamānasya ityanena hetuparāmarśaḥ/ utpādavaiyarthyād ityanena sādhyadharmaparāmarśaḥ/: 위의 책.
39) anena ca vākyena sādhyasādhanadharmānugatasya paraprasiddhasya sādharyadṛṣṭānatasya upādānam: 위의 책.

라고 볼 수 있다.40) 이상과 같은 짠드라끼르띠의 분석에 토대를 두고 붓다빨리따의 주석을 추론식의 형태로 바꾸면 다음과 같다.

주장: 존재들이 스스로 발생하는 것은 무익하다.
이유: 스스로 지금 존재하고 있기 때문에
실례: 스스로 지금 존재하고 있는 것이 발생하는 것은 무익하다. 마치 물단지와 같이

"붓다빨리따의 주석은 추론식의 형태를 갖추고 있지 않다"는 청변의 비판에 대해, 짠드라끼르띠는 "붓다빨리따의 주석 역시 이렇게 이유와 실례를 갖춘 추론식으로 재구성할 수 있다"고 반박하는 것이다.

### '승의에 있어서'라는 단서는 불필요하다

앞에서 설명했듯이, 청변은 "내입처는 스스로 발생하지 않는다"는 추론식이 불교 인식논리학에서 말하는 잘못된 논증이 되지 않게 하기 위해서, 주장명제 앞에 '승의에 있어서'라는 단서를 달았다. 그런데 짠드라끼르띠는 청변이 이런 단서를 붙인

---

40) "여기서 '스스로 지금 존재하고 있는(能證法: sādhana)', 현전하는 '물단지 (實例: dṛṣṭānata)' 등이 다시 '발생과 연관되지 않음(所證法: sādhya)'이 目睹된다(iha svātmanā vidyamānaṃ puro 'vasthitaṃ ghaṭādikam punar utpāda anapekṣaṃ dṛṣṭam)": 위의 책, p.21.

취지에 대해 다섯 가지 가정을 한 후 그 모두에 대해 다음과 같이 비판한다.

첫째, '승의에 있어서'는 내입처가 스스로 발생하지 않지만 '세속에 있어서'는 내입처가 스스로 발생한다는 의미에서 '승의에 있어서'라는 한정사를 단 것이라고 볼 수 있을 것이다. 그러나 세속에 있어서도 내입처는 스스로 발생하지 않는다. 씨앗과 싹의 관계를 예로 드는 《도간경稻芉經, Śālistambasūtra》의 경문41)에서 보듯이, 세속에서도 스스로 발생하는 것은 없다.

둘째, 내입처가 스스로 발생한다고 생각하는 적대자의 생각을 염두에 두고서 "승의에 있어서는 내입처가 스스로 발생하지 않는다"고 말한 것이라고 해도 옳지 않다. 왜냐하면 '스스로 발생한다'는 이론은 세속에 있어서도 비판되어야 하기 때문이다. 승의와 세속을 구분하는 이제설二諦說에 대해 무지한 상대방에 대해서는 승의에서건 세속에서건 '스스로 발생한다'는 이론을 비판해 주어야 할 것이다.

셋째, 일반인들의 수준을 고려하여 '승의에 있어서'라는 한정사를 단 것이라고 해도 옳지 않다. 왜냐하면 일반인들은 인과론因果論 정도만 이해하고 있지 자생론自生論이나 타생론他生論과 같은 정교한 문제에 대해서는 생각도 하지 않기 때문이다.

---

41) "또, 씨앗을 원인으로 하여 발생하는 중인 이 싹은 스스로 지어진 것도 아니고, 다른 것에 의해 지어진 것도 아니며, 양자에서 지어진 것도 아니고, 아무 원인 없이 발생한 것도 아니고, 자재천, 시간, 미진, 근본원질, 자성에서 생성된 것도 아니다(sa cāyaṃ bījahetuko'ṅkura utpadyamāno na svayaṃkṛto na parakṛto nobhayakṛto nāpyahetusamutpanno neśvarakālāṇuprakṛtisvabhāvasaṃbhūtaiti)": 위의 책, p.26.

넷째, "세속에 있어서 내입처들은 스스로 발생하지 않는다"는 주장을 비판하기 위해 "승의에 있어서 내입처들은 스스로 발생하지 않는다"는 주장을 한 것이라면 자파自派에서 인정하지 않는 것에 근거를 둔 주장이라는 주장의 오류(pakṣa doṣa)에 빠지게 된다. 또, '지금 존재하고 있기 때문에'라는 이유가 의지하는 개념인 내입처들의 존재를 청변 자신도 인정하고 있지 않기에 '지금 존재하고 있기 때문에'라는 이유는 '이유가 의지하는 곳이 성립하지 않는(所依不成: āśraya asiddha)' 오류에 빠진다.

다섯째, "세속에 있어서는, 눈 따위의 내입처들이 실재하기 때문에 네 번째 경우에 말하는 오류에 빠지지 않는다"고 말한다면, "승의에 있어서 세속의 내입처들은 스스로 발생하지 않는다"고 주장했어야 할 것이다. 그러나 그렇게 말하지 않았다. 또, 설혹 그렇게 말하더라도 적대자는 눈(眼入處)과 같은 내입처가 실재한다고 보지 가명이라고 보지 않기에 설득되지 않을 것이다.42)

### 청변의 자립논증적 추론식이 범하는 논리적 오류

위에 열거한 짠드라끼르띠의 다섯 가지 비판 가운데, 불교인식논리학의 오류론과 관계되는 넷째와 다섯째에 대해 상세하게 설명하면 다음과 같다. 입론자立論者인 논주論主와 대론자對論者

---

42) Prasannapadā, 앞의 책, pp.26~28.

인 논적論敵이 토론을 벌일 때 제시되는 추론식이 타당성을 갖기 위해서는, 논주의 입장에서 보든 논적의 입장에서 보든 그 추론식에 오류가 없어야 한다. 그런데 "승의에 있어서 내입처는 스스로 발생하지 않는다"는 주장명제에 사용된 내입처의 경우, 중관학파에 소속된 논주는 이를 실재하지 않는 '가명假名적 존재(prajñapti sat)'로 간주하며 추론식에 사용하였지만 논적은 내입처를 실재하는 존재(vastu sat)로 본다. 그런데 중관논사가 이렇게 스스로 그 실재성을 인정하지 않는 개념을 주장명제의 주제로 사용하여 추론식을 구성하는 경우 '기체불성립基體不成立(asdiddha ādhāra)의 오류'에 빠지고 만다고 짠드라끼르띠는 지적한다. 《인명입정리론》의 33과過 중에 '기체불성립'이라는 술어術語(technical term)가 보이진 않지만 이는 그 의미상 '소별불극성所別不極成(aprasiddha viśeṣya)'에 해당한다. 소별불극성이란 주장명제의 주제(所別)가 성립하지 않음을 의미한다.

또 청변이 구성한 추론식에 사용된 '지금 존재하고 있기 때문에'라는 이유명제의 잠재적 주제 역시 내입처이고, 중관논사 입장에서는 내입처의 실재성이 인정되지 않기에, 청변의 추론식은 '소의불성所依不成(āśraya asiddha)의 오류'를 범하게 된다고 짠드라끼르띠는 지적한다. 소의불성이란 이유명제에 내재하는 주제 역시 성립하지 않음을 의미한다. 짠드라끼르띠가 비판하는 청변의 추론식의 또 다른 예는 다음과 같다.

주장: '승의에 있어서' 내입처는 다른 연緣들로부터 발생하지 않는다.

이유: 다른 것이기 때문에
실례: 마치 물단지와 같이43)


이는 타생설他生說을 비판하기 위해 청변이 작성한 추론식이다. 불교의 일반적인 인과이론因果理論에서는 인연因緣에서 결과가 발생한다고 가르친다. 예를 들어 씨앗이라는 인因과 햇볕, 공기, 물, 거름, 흙 등의 연緣들이 모이면 결과인 싹이 발생한다. 이 추론식의 경우 다른 연緣들이 인연에 해당하고 내입처는 결과에 해당한다. 이런 원인과 결과의 관계에 대해 중관학파에서는 "같지도 않고 다르지도 않다(不一不異)"고 말한다. 따라서 위의 추론식에 사용된 '다른 것이기 때문에'라는 이유는 중관논사인 입론자立論者에게 성립되지 않는 이유(svatas asiddha hetu)이다. 이는《인명입정리론》의 33과 가운데 수일불성隨一不成의 이유에 해당한다.

서로 다른 주장을 갖고 있는 양측이 토론에 들어가는 경우 각각의 주장을 입증하기 위해 제시되는 이유는 그 양측 모두에 의해 인정되는 것이어야 한다. 어느 한쪽만 인정하는 이유를 대거나, 양측 모두 인정하지 않는 이유를 댐으로써 추론식을 구성하게 되면 이는 정당한 추론이 될 수 없다.《인명입정리론》에서는 전자와 같은 이유를 "어느 한쪽에게 성립하지 않는

---

43) na paramārthataḥ parebhyas tat pratyayebhya ādhyātmikāyatanajanma/ paratvāt/ tad yathā paṭasya: Prasannapadā, 앞의 책, p.31 / 第一義中 內入不從彼諸緣生 何以故 以他故 譬如瓶等:《般若燈論釋》, 대정장30, p.52c.

다"는 의미에서 '수일불성隨一不成(anyatara asiddha)의 오류'에 빠진 이유라고 말하며, 후자와 같은 이유를 "양측 모두에게 성립하지 않는다"는 의미에서 '양구불성兩俱不成(ubhaya asiddha)의 오류'에 빠진 이유라고 말한다. 수일불성의 오류는 나중에 법칭法稱(Dharmakīrti:600~660)에 의해 다시 '자파불성自派不成(vādinaḥ asiddha)의 오류'와 '타파불성他派不成(prativādy asiddha)의 오류'로 세분되는데 자파불성이란 입론자의 세계관에 어긋나는 경우이고 타파불성이란 대론자의 세계관에 어긋나는 경우이다. 위에 인용한 청변의 추론식에 사용된 이유는 이 가운데 '자파불성의 오류'를 범하고 있다.

짠드라끼르띠는 이 이외에도 청변이 구사하는 추론식을 몇 가지 더 인용하면서 그때 쓰인 이유들은 모두 자파에 의해서는 인정되지 않는 이유(svatas asiddha hetu)라고 말한다. 이는 다음과 같다.

주장: 승의에 있어서 (작용하는) 눈은 (형상을) 보지 못한다.
이유: 안근이기 때문에
실례: 마치 작용하지 않는 눈과 같이[44]

주장: 눈은 형상을 보지 못한다.
이유: 대종大種으로 만들어졌기 때문에
실례: 마치 색色과 같이[45]

---

44) na paramārtha[ta]ḥ [sāśrayaṃ 또는 sabhāgaṃ] cakṣū [rūpaṃ] paśyati/ cakṣurindriyatvāt/ tad yathā tatsabhāgaṃ/: Prasannapadā, 앞의 책, p.32. / 第一義中 彼有分眼不能見色 何以故 以眼根故 如無分眼:《般若燈論釋》, 대정장30, p.66b.

짠드라끼르띠가 보기에, 모든 존재의 공성을 말하는 중관논사에게 있어서 안근이나 대종의 실재성은 인정되지 않는다. 따라서 위에 인용한 추론식들에 쓰인 안근이기 때문에라든지, 대종으로 만들어졌기 때문에라는 이유(hetu)는 입론자인 중관논사에게 인정될 수 없는 자파불성의 이유인 것이다.

**짠드라끼르띠가 제시하는 귀류논증적 추론식**

청변에 대한 짠드라끼르띠의 비판의 요점은 "청변의 추론식은 청변의 의도와 달리 결코 정언적定言的 추론식이 될 수 없다"는 것이었다. 청변이 구성한 추론식은 불교 인식논리학에서 말하는 기체불성립基體不成立이나 소의불성所依不成이나 자파불성自派不成의 오류를 범하기 때문이다. 그렇다면 《중론》에 기술된 명제들의 타당성을 논적에게 어떻게 설득할 것인가? 진나陳那의 불교 인식논리학에 입각하여 정언적 추론식을 세우려고 할 것이 아니라, 논적인 대론자의 세계관에 입각하여 논적의 주장과 상반된 결론을 도출시키면 된다. 이런 통찰에 근거하여 짠드라끼르띠는 《중론》 제3 〈관육정품〉 제2게를 다음과 같이 재구성한다.

　대전제: 자기 자신을 보지 못하는 것은 다른 것도 보지 못한다. 마치 물단지와 같이.

---
45) na cakṣuḥ prekṣate rūpaṃ/ bhautikatvāt/ rūpavat/:위의 책, p.33.

소전제: 눈은 자기 자신을 보지 못한다.
귀 결: 그러므로 그것(눈)이 다른 것을 보는 일은 결코 존재하지 않는다.[46]

논적은 '눈은 다른 것을 본다'는 생각도 갖고 있지만, 그와 함께 '자기 자신을 보지 못하는 것은 다른 것도 보지 못한다'는 생각 역시 인정한다. 그런데 위에서 보듯이 "자기 자신을 보지 못하는 것은 다른 것도 보지 못한다"는 대전제에 근거하여 추론적 사유를 진행시킬 경우, 귀결에 쓰여 있듯이 "눈이 다른 것을 본다"는 사실은 허구로 드러난다. 이것이 귀류논증歸謬論證이다. 대론자의 생각을 오류로 몰고 감으로써 공성을 논증한다는 의미이다. 진나의 불교 인식논리학에서 이런 논증방식을 정당한 추론에 포함시키지는 않지만, 짠드라끼르띠는 이런 귀류논증만이 《중론》을 주석하는 타당한 방식이라고 보았던 것이다.

---

46) yatra yatra svātmādarśanaṃ tatra tatra paradarśanam api nāsti tad yathā ghaṭe/ asti ca cakṣuṣaḥ svātmādarśanam/ tasmāt paradarśanam apyasya naivāsti/: 위의 책, p.34.

## 2. 티베트의 계보학

### 1) 둡타 문헌의 제작과 중관학파의 분파

**둡타 문헌의 활발한 제작**

현재 전 세계의 불교 신앙권은 크게 세 지역으로 나누어진다. 첫째는 미얀마, 태국, 스리랑카 등 소위 소승불교를 신봉하는 남방상좌부불교권이고, 둘째는 대승불교를 신봉하는 중국, 한국, 일본 등 동아시아의 한문불교권이며, 셋째는 금강승이라고도 불리는 밀교를 신봉하는 티베트불교권이다.

이들 세 불교권의 사상적 토대를 시기적으로 구분하면, 남방 상좌부불교의 경우 불교 발생 이후 부파불교 형성기인 초기 500여 년 동안의 인도불교에 근거하고, 동아시아 불교의 경우 대승불교 출현 이후 역경승 현장의 활동기인 7세기 초까지의 인도불교에 토대를 두며, 티베트불교권의 경우 7세기 이후의 인도불교를 중심으로 삼는다.

인도불교 말기에 가면 수많은 불교개론서들이 저술된다. 불교개론서란 불교의 각 학파들을 분류하고 각 학파의 사상에 대해 요약한 저술로, 예를 들면 아리야데와(Āryadeva: 용수의 직제자와 동명이인)의 《지심수집智心髓集, Jñānasārasamuccaya》, 지따리(Jitāri)의 《선서종의분별善逝宗義分別, Sugatamatavibhaṅga》, 아드와야바즈라(Advayavajra)의 《진실보환眞實寶環, Tattvaratnāvalī》, 목샤까라굽따(Mokṣākarsgupta)의 《논리의 말씀, Tarkabhāṣā》 등이 있다.

이들 불교개론서에서는 불교의 학파를 비바사사毘婆沙師(Vaibhāṣika), 경량부經量部(Sautrāntika), 유가행파瑜伽行派(Yogacāra), 중관학파中觀學派(Mādhyamika)의 넷으로 구분하여 각각의 기본사상을 차례대로 서술한다.47) 비바사사는 설일체유부說一切有部(Sarvāstivāda)의 이명異名인데 간단히 유부有部라고 불리며, 경량부는 경부經部, 유가행파는 유식학파唯識學派(Vijñānavāda), 또는 유가행유식학파라고 불리기도 한다. 그 사상을 가리킬 때는 유식학파라고 부르고, 그 수행을 가리킬 때는 유가행파라고 부른다.

전 세계 3대 불교문화권 가운데 가장 늦게 불교를 수용한 티베트의 불교인들은 인도불교 말기에 성행했던 이러한 불교개론서 제작의 전통을 창조적으로 계승하여, 보다 정밀한 교상판석敎相判釋을 담은 수많은 둡타(Grub mthaḥⓉ) 문헌들을 만들었다. 둡타는 산스끄리뜨 싯단따(Siddhānta, 성취의 극단)를 직역한

---

47) 宋本史朗, 《チベット佛敎哲學》, 大藏出版, 1997, pp.35~36.

용어로, 교파敎派, 또는 교의敎義라는 의미를 갖는데 일반적으로 학설강요서學說綱要書, 또는 종의서宗義書라고 번역된다. 둡타 가운데 대표적인 것 몇 가지의 저자와 그 생존시기 그리고 그 소속 종파와 제목을 소개하면 다음과 같다.[48]

○ 롱첸랍잠(kLoṅ chen rab ḥbyams(T), 1308~1363, 닝마파)의 Treasury of Tenets(Grub mthaḥ mdsod(T))
○ 위빠로새(dBus pa blo gsal(T), 14세기 전반, 까담파)의 Treasury Explaining Tenets(Grub paḥi mthaḥ rnam par bshad paḥi mdsod(T))
○ 겐덴둡(dGe ḥden grub(T), 1391~1475, 제1대 달라이라마, 겔룩파)의 Ship Entering the Ocean of tenets(Grub mthaḥ rgya mtshor ḥjug paḥi gru rdsiṅs(T))
○ 딱창(sTag tshaṅ(T), 1405~?, 사꺄파)의 Freedom from Extremes Through Understanding all Tenets(Grub mthaḥ kun śes nas mthaḥ bral grub pa(T))
○ 셀독뺀첸샤꺄촉댄(gSer mdog pan chen Śākya mchog ldan(T), 15세기, 사꺄파)의 dBu ma rnam par ṅes paḥi mdsod lung rigs paḥi rgya mtsho(T)
○ 세라제쮠빠최끼개짼(Se ra rje btsun pa chos kyi rgyal mtshan(T), 1496~1546[49], 겔룩파)의 《학설규정學說規定, Grub mthaḥ rnam bshag(T)》
○ 잠양새빠(ḥJam dbyang bshad pa(T), 1648~1721[50], 겔룩파)의 《대교의大敎義, Grub mthaḥ chen mo(T)》

---
48) 이하 둡타 문헌들은 宋本史朗의 '위의 책'과 Donald S. Lopez, Jr.의 'A Study of Svātantrika, Snow Lion, New York, 1987'에 소개되어 있다.
49) 1469~1544(宋本史朗, 위의 책, p.36)
50) 1721(宋本史朗, 위의 책)

○ 짱꺄릐뻬도제(lCaṅ skya rol paḥi rdo rje①, 1717~1786, 겔룩파)의 《교의구별教義區別, Grub mthaḥi rnam par bshag pa①》 51)
○ 꾄촉직메왕뽀(dKon mchog ḥjigs med dbaṅ po①, 1728~1791, 겔룩파)의 《학설보환學說寶環 또는 종의보환宗義寶環, rub mthaḥ rnam bshag rin chen phreṅ ba①》 52)

 

티베트불교의 특징 가운데 하나는 인도불교의 제 학파를 분류하고 각 학파의 사상적 특징을 상세하게 기술하는 이러한 학설강요서 형식의 문헌이 그 어느 불교문화권보다 활발히 제작되었다는 점이다. 현재 티베트불교의 종파 가운데 유력한 것은 겔룩파(dGe lugs①), 닝마파(rÑiṅ ma①), 사꺄파(Sa skya①), 까귀파(bKaḥ rgyud①)의 4대 종파인데, 이들 중 특히 앞의 세 학파에서 둡타 문헌이 활발하게 제작되었다.

불교 발생 이후 후기밀교에 이르기까지 1500여년에 걸쳐 발달해 온 다양한 불교사상이 단기간 동안 티베트에 유입되었기에 학설강요서를 통해 인도불교를 체계적으로 정리하는 일은 티베트 불교인들의 숙명이었을 것이다. 그러나 둡타 문헌의 저자들은 인도불교 각 학파에 대한 분류방식, 학파의 호칭, 각 학

---

51) Donald S. Lopez, Jr.의 '앞의 책'에서 이 가운데 자립논증파에 관한 부분을 번역하고 해설한다.
52) V. Guenter(1972), J. Hopkins(1976), Iida(1980, 중관부만 번역) 등에 의해 영역된 바 있다(《中觀思想の歷史と文獻》 《講座大乘佛敎7/中觀思想》, 春秋社, 東京, 1982, p.27참조). 《학설보환》 가운데 자립논증파의 분파와 유가행중관파에 대해 설명한 부분이 이치고우 마사미치(一鄕正道)에 의해 번역되어 같은 책 pp.176~180에 실려 있다.

파에 소속된 인물들이 누구인지에 대해서는 의견을 달리하였다.

앞에서 말했듯이 중관학파를 자립논증파와 귀류논증파로 양분한 것도 티베트의 불교인들이었지만 이들은 자립논증파를 다시 몇 가지 하위 학파로 계속 분류한다. 이렇게 중관학과 관계된 학승들의 저술에 나타난 세계관에 근거하여 그 소속을 분류하고 그 타당성에 대해 논의하는 일이 중관학 연구의 주류를 이루었다는 점에서 티베트의 중관학을 사상적 계보학系譜學이라고 명명할 수 있다.

### 《학설보환》에서 말하는 중관학파의 분파

티베트어로 중관학파(Mādhyamika)를 우마(dBu ma⓪)라고 부르는데, 앞에 열거한 둡타 문헌 가운데 겔룩파 소속의 쬔촉직메왕뽀가 저술한 《학설보환》에서는 인도에서 형성된 불교의 제 학파 가운데 중관학파(혹은 중관학설)의 분파에 대해 다음 〈그림1〉과 같이 분류한다.[53]

---

53) 一鄕正道,《瑜伽行中觀派》,《中觀思想》, 講座大乘佛敎7, 春秋社, 東京, 1982, pp.176~215 참조 / '짱꺄뢸뻬도제'의 《교의구별》의 분류도 이와 동일하다. Donald S. Lopez, Jr., A Study of Svātantrika, Snow Lion Pub. 1987, pp.219~224 참조.

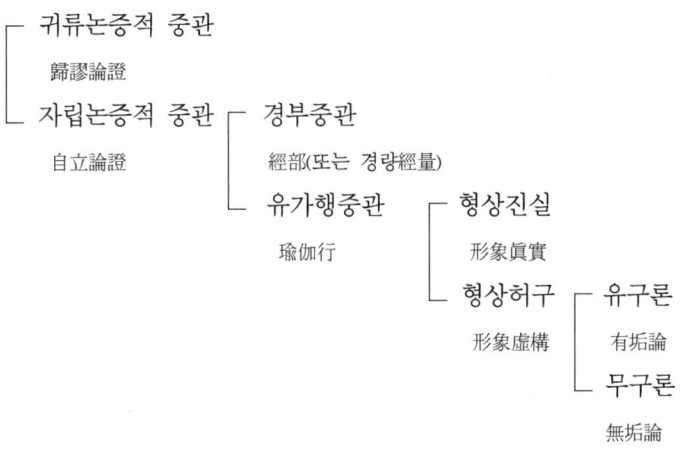

〈그림1〉

그리고 그 학설에 근거하여 중관논사들의 소속을 다음과 같이 분류한다.

귀류논증파: Buddhapālita(불호), Candrakīrti(월칭), Śāntideva(적천)
［자립논증］경부중관파: Bhāvaviveka(청변)
［자립논증 유가행중관］형상진실: Śāntarakṣita, Kamalaśīla, Vimuktisena
［자립논증 유가행중관］형상허구: Haribhadra
［자립논증 유가행중관 형상허구］유구론: Jitāri(또는 Jetāri)
［자립논증 유가행중관 형상허구］무구론: Kambala, Lavapa

앞에서 설명했듯이, 빠찹니마닥(Pa tshab nyi ma grags①:1055~1145?) 이후 티베트의 불교인들은 중관학파를 자립논증파(Svātantrika)와 귀류논증파(Prāsaṅgika)로 가른다. 중관논사인 논주論主

스스로 주장과 이유와 실례를 갖춘 정언적 추론식을 작성함으로써 《중론》을 주석할 것을 주장한 것이 자립논증파라면, 대론자인 논적論敵의 세계관에 입각하여 추론을 전개함으로써 논적의 주장을 오류에 빠뜨리는 방식으로 중론을 주석하는 것이 옳다고 본 것이 귀류논증파이다. 자립논증파와 귀류논증파의 구분은 이렇게 논증방식의 차이에 근거한다.

### 유가행중관과 경부중관

그런데 둡타의 저자들은 여기서 한 걸음 더 나아가 중관학과 관계된 저술에서 보이는 세계관의 차이에 근거하여 중관학파를 다시 세분하였다. 귀류논증파에 대해서는 더 이상 분파를 가르지 않지만, 자립논증파의 경우 다시 유가행중관파와 경부중관파로 가른다. 자립논증파와 귀류논증파라는 호칭이 티베트 불교인들의 창안이었듯이 유가행중관파와 경부중관파라는 호칭 역시 티베트 불교인들이 창작해 낸 것이었다.

유가행중관은 티베트어 '내졸쬐빼우마(rNal ḥbyor spyod paḥi dbu ma⑪)'의 번역어이며, 경부중관經部中觀은 '도데빼우마(mDo sde paḥi dbu ma⑪)'의 번역어인데 산스끄리뜨로 전자는 요가짜라마드야마까(Yogācāra-Mahyamaka), 후자는 사우뜨란띠까마드야마까(Sautrāntika-Madhyamaka)라고 복원된다.

앞에서 진제와 속제, 또는 승의제와 세속제라는 이제설二諦說에 대해 소개한 바 있다. 유가행중관파와 경부중관파 모두 승의제에 대해서는 의견을 같이한다. 양 학파 모두 승의에서는 외부세계도 공空하지만 내적內的인 인식도 공하다고 본다. 승의에서는 우리의 주관과 객관이 모두 무자성無自性하다고 보는 것으로 이는 모든 중관논사의 공통된 견해다.[54]

그런데 세속에 대해서 양 학파는 의견의 차이를 보인다. 《학설보환》에서는 이에 대해 다음과 같이 설명한다.

> 외부대상(의 실재성)을 인정하지 않고, (지식의) 자기인식(Svasaṃvedana)을 인정하는 중관학파가 유가행중관파이다. 그 대표적 인물은 샨따락쉬따 등이다. 자기인식을 인정하지 않고 자상自相(Svalakṣaṇa)으로서 성립하는 외부대상을 인정하는 중관학파가 경부중관파이다. 대표적 인물은 청변이다. (이들의) 명칭의 내력은 다음과 같다. 근본입장이 유식학파와 일치한다고 인정되기 때문에 유가행중관파라고 부르고, 경부(경량부)와 마찬가지로 극미極微(Paramāṇu)의 집적集積으로서의 외경外境을 인정하기 때문에 경부중관파라고 부른다.

주지하듯이, 유가행유식학파에서는 만법유식萬法唯識을 말한다. 외부대상은 실재하지 않으며 모든 존재는 오직 식識(Vijñpti-mātratā)일 뿐이라는 것이다. 따라서 우리에게 인식되는 모든 것들은 우리의 외부에 실재하는 것이 아니라 우리의 인식 그 자체의 모습이다. 우리의 인식은 바깥 사물을 인식하는 것이 아니라 인식 자신을 인식하는 것이다. 위의 인용문에 기술된

---

54) 宋本史朗, 앞의 책, p.77.

(지식의) 자기인식(自證, Svasaṃvedana)이란 이를 의미한다.

비근한 예를 통해서 자기인식의 의미에 대해 설명해 보자. 우리 눈에 어떤 컵의 모습이 보일 때, 엄밀히 말하면 실제로 우리가 보는 것은 눈앞에 놓인 그 컵이 아니라, 우리 눈의 망막에 맺힌 컵의 영상이다. 바늘구멍사진기의 작동방식과 마찬가지로, 우리 눈에 컵이 보일 때, 우리의 동공에 뚫린 작은 구멍을 통해 컵의 영상이 빨려 들어와 망막이라는 스크린에 영상이 맺히게 되는데, 우리는 이 영상을 외부에 있는 컵으로 착각하는 것이다.

우리가 눈으로 외부의 사물을 본다고 생각하지만, 보다 엄밀히 따져보면 "망막으로 망막을 본다"든지 "눈으로 눈 내부를 본다"고 말할 수 있다. 망막 또는 눈의 자기인식이다. 우리의 감각적 지각을 이런 방식으로 해석하는 것이, 불교 유식학에서 가르치는 '(지식의) 자기인식 이론'이다. 이런 자기인식 이론에 의거할 때, 외부대상은 실재하지 않으며 지식은 자기 자신을 인식할 뿐이다. 이런 유식의 가르침에 의거하여 세속의 세계를 해석하고 중관의 가르침에 의거하여 승의를 규명하는 학파가 바로 유가행중관파다.

그런데 경부중관파에서는 지식에 대해 이와 다르게 해석한다. 경부, 즉 경량부經量部에서는 찰나설과 극미極微이론에 의해서 세속의 세계를 해석한다. 시간의 최소단위인 찰나와 공간적 면적의 최소단위인 극미가 모여 외부의 객관세계가 이루어지며, 이런 객관세계는 우리의 주관적 인식과 별도로 실재한다고 보는 것이 경량부의 인식론이다. 찰나적으로 생멸하는 극미의 집적체가 매 순간 우리에게 지각된다. 직접지각(現量, Pratyakṣa)의 대상인 이런 찰나적 존재를 자상自相(Svalakṣaṇa)이라고 부르는데, 이는 실재한다.55) 앞에서 예로 들었던 눈으로 컵을 보는 일에 빗대면, 망막에 맺힌 컵의 모습과 별도로 매 찰나 생멸하는 극미들의 집적체인 컵이 외부에 실재한다고 보는 것이 경량부의 이론이다.

유가행중관파든 경부중관파든, 자립논증적 추론식을 통해 중관의 가르침을 해설한다는 점이나 승의勝義에서 주관과 객관이 모두 공하다고 보는 점에서는 차이가 없지만, 세속世俗에 대해서 전자는 "외부대상은 식이 변화된 모습일 뿐 실재하지 않는다"고 해석한 반면 후자는 "찰나와 극미로 이루어진 외부대상은 우리의 인식과 별도로 실재한다"고 해석한다는 점에서 구별된다.

### 형상진실중관과 형상허위중관, 유구론과 무구론의 구분

《학설보환》등 둡타 문헌의 저자들은 경부중관파에 대해서는 더 이상의 분파를 가르지 않는다. 그러나 유가행중관파의

---

55) 경량부의 인식론에서는 진제와 속제의 이제설二諦說에 대응하여 지식의 대상을 자상自相(Svalakṣaṇa)과 공상共相(Sāmanyalakṣaṇa)의 두 가지로 구분한다. 자상은 직접지각인 현량現量 대상으로 찰나적 특수(particular)이고 공상은 추리지인 비량比量의 대상으로 개념적 보편(universal)이다. 전자는 진제 후자는 속제에 대응된다.

경우 유식학의 유상유식설有相唯識說(Sākāravijñānavāda)'과 '무상유식설無相唯識說(Nirākāravijñānavāda)에 의거하여 형상진실론자(Satyākāravādin, rNam bden pa(T))와 형상허구론자(Alīkākāravādin, rNam rdsun pa(T))로 양분하며, 형상허구중관파를 다시 '유구론파有垢論派와 무구론파無垢論派로 가른다. 유가행중관파에 소속된 논사의 저술에 유식학과 관계된 논의가 등장할 때, 그 저자가 유식학의 어떤 이론에 입각하여 논지를 전개하는지에 따라 다시 학파를 나누는 것이다.

행상行相, 또는 상相으로도 번역되는 형상形象은 산스끄리뜨 Ākāra의 번역어이다. 세친의 《구사론》에서는 '모든 심心과 심소心所에 포착되는 종종種種의 것'이라고 형상形象(Ākāra)을 정의한다.[56] 심과 심소는 식, 형상은 식의 대상을 의미한다. 쉽게 풀어서 말하면, 심과 심소는 우리의 마음이고 형상은 마음에 파악된 갖가지 감각영상感覺影像을 의미한다. 그런데 이런 식과 형상의 관계에 대해 불교의 제 학파 중 설일체유부, 경량부, 무형상유식학파, 유상유식파가 의견을 달리하였다.

《구사론》의 5위 75법 이론에서 보듯이 설일체유부에서는 범주範疇로서의 외부대상이 실재한다고 보았고, 경량부에서는 찰나 생멸하는 극미極微들의 집적集積으로서의 외부대상이 실재한다고 보았다. 외부대상의 정체가 무엇인지에 대한 생각은 달

---

56) sarveṣāṃ cittacaittānām ālambana grahaṇa prakāra ākāra iti: Abhidharma-Kośbhāṣya of Vasubandhu, Pradhan ed., K.P. Jayaswal Research Institute, 1967, p. 401 / 諸心心所取境類別皆名行相:《阿毘達磨俱舍論》, 대정장29, p.137c.

라도 이 두 학파의 세계관 모두 외계실재론인 점에서는 공통된 다. 그런데 식의 대상인 형상의 위상에 대해 양 학파는 의견을 달리하였다.

설일체유부의 경우 감각영상인 형상을 외부대상에 속한 것으로 간주한 반면 경량부에서는 식 자체에 속한 것으로 간주하였다. 일반적으로, 전자와 같은 지식론을 무형상지식론이라고 부르고, 후자와 같은 지식론을 유형상지식론이라고 부르는데, 문자 그대로 풀면 전자는 "식이 형상을 갖지 않는다"는 이론이고 후자는 "식이 형상을 갖는다"는 이론이지만, '식은 형상과 유리되어 있다'고 본다는 점에서 전자를 이형상離形象지식론, "식이 그대로 형상과 일치한다"고 본다는 점에서 후자를 동형상同形象지식론이라고 명명할 수 있을 것이다. 이런 고찰에 근거할 때 설일체유부의 세계관은 "범주적 외계가 실재한다"고 보는 이형상지식론이라고 규정되고, 경량부의 세계관은 "극미의 집적으로서의 외계가 실재한다"고 보는 동형상지식론이라고 규정된다.

유상유식설은 문자 그대로 "식은 형상을 갖는다"는 유식이론이며, 무상유식설은 "식은 형상을 갖지 않는다"는 유식이론이다. 무상유식설이든 유상유식설이든 모두 유식唯識의 교리에 근거한다는 점에서 외계대상의 실재성을 부정하지만, 우리의 앎(識)을 구성하는 갖가지 형상들과 우리의 앎이 별개의 것인지 같은 것인지 여부에 대해 의견을 달리하였다. 즉, 식에 나타나는 형상들이 식 그 자체가 변형된 진실인지 아니면 식에서 비롯된 허구인지에 대해 이견을 보였다.

무상유식설에서는 조명성照明性(Prakāśa)을 갖는 식識만 실재하고 형상(Ākāra)은 허구라고 주장하였다. 그러나 유상유식설에서는 우리의 지식을 감각지와 관념지로 구분한 후 감각지의 경우 그 형상이 그대로 우리의 식과 일치하는 진실이라고 주장하였던 것이다.[57] 앞에서와 같이 유상有相을 동형상同形象, 무상無相을 이형상離形象이라고 풀이하면, 유상유식설은 유심론적 동형상지식론이라고 규정되고, 무상유식설은 유심론적 이형상지식론이라고 규정된다.

이상의 네 학파, 즉 설일체유부와 경량부와 무상유식파와 유상유식파의 세계관은 다음과 같이 정리된다.

| 학파 | 객관 | 주관 | 세계관 |
|---|---|---|---|
| 설일체유부 | 외부대상(범주)<br>= 형상 | ↔ 식 | 외계실재론적<br>이離형상지식론 |
| 경량부 | 외부대상<br>(극미의 집적) | ↔형상=식 | 외계실재론적<br>동同형상지식론 |
| 무상유식파 | × | 형상↔식 | 유심론적<br>이離형상지식론 |
| 유상유식파 | | 형상=식 | 유심론적<br>동同형상지식론 |

---

57) 沖和史, 李萬 譯,《무상유식과 유상유식》《唯識思想》, 講座・大乘佛敎8, 경서원, pp.245～248 참조.

중관논사들은 중관의 가르침을 교학의 정상에 위치시킨다는 점에서는 차이가 없다. 즉 진제와 속제의 이제二諦 가운데 진제인 승의에서 일체가 무자성無自性하고 무아無我이며 공성空性이라는 점에 대해 의견을 같이한다. 그러나 속제인 세속을 어떻게 해석할 것인지에 대해서는 이견을 보였다.

앞에서 도시한 바 있지만 청변(Bhāvaviveka)은 경량부의 이론에 의해 세속을 해석하였고, 하리바드라(Haribhadra, ~800~경)는 무상유식파, 샨따락쉬따(Śāntarakṣita, 725~788)와 까마라쉴라(Kamalaśīla, 740~795)와 위묵띠세나(Vimuktisena)는 유상유식파의 이론에 의거하여 세속을 해석하였다. 이들의 이론은 차례대로 경부중관, 형상허구중관, 형상진실중관이라 불린다.

《학설보환》 등의 둡타 문헌에서는 형상허구론을 다시 유구론有咎論과 무구론無咎論으로 가르는데, 전자는 식을 번뇌로 물든 염오식染汚識으로 보는 지따리(Jītari 또는 Jetāri, 800C.E.경)의 이론이고, 후자는 식을 번뇌에서 벗어난 불염오식不染汚識으로 보는 깜발라(Kambala)의 이론이다.[58]

---

58) Donald S. Lopez, 앞의 책, p.224 참조.

## 2) 둡타 문헌의 중관 계보학에 대한 비판적 검토

**경부중관파와 유가행중관파의 원래 의미는 무엇일까?**

지금까지 둡타 문헌 가운데 비교적 후대에 작성된 《학설보환》에 의거하여 중관학파의 분열과 각 분파의 사상적 특징에 대해 설명해 보았다. 티베트의 학승들이 갖가지 둡타 문헌을 통해 인도에서 이루어진 중관학파의 분파와 그 소속 인물에 대해 일목요연하게 정리하고 있긴 하지만 중관학파의 각 분파에 배당시킨 학승들이 실제 인도 내에서 학파적 의식을 갖고 저술 활동을 했던 것은 아니었다. 그러나 티베트의 계보학은, 불교입문자로 하여금 중관논사들의 사상적 성향을 개관하게 해 준다는 점에서 가치가 있다.

그런데 지금까지 정설로 간주되어 왔던 중관학파 분류 가운데 가장 문제가 되는 것은 경부중관파와 유가행중관파의 구분이다. 앞에서 소개한 바 있지만, 경부중관파에서는 세속에 대해 경량부적으로 해석하며 유가행중관파에서는 유가행유식파적으로 해석한다는 것이 티베트 둡타 문헌의 통설이었다. 즉, "경부중관파에서는 미진의 집적으로서의 세속이 실재한다"고 보았으며, 유가행중관파의 경우 "세속은 오직 식識일 뿐이기에 외경은 존재하지 않는다"고 보았다는 것이다.

그런데 일본의 마츠모토시로宋本史朗(1950~)는 후대의 티베트 학승들이 이런 분류방식의 전거로 삼는 예셰데(Ye shes sde①: 9세기 초 활동)의《견해의 구별, lTa baḥi khyad par①》의 분류 방식을 법성法成의《대승도간경수청소大乘稻芉經隨聽疏》의 분류방 식과 비교 분석하면서 경부중관이라는 호칭에 쓰인 경經은 원래 경량부가 아니라《반야경般若經》을 의미했고, 유가행중관이란 호칭의 유가瑜伽는 학파가 아니라《유가사지론瑜伽師地論》이라는 저술을 의미했다고 결론을 내린다.59) 즉 경과 유가는 문헌의 이름이지 학파의 이름이 아니라는 것이다.

《대승도간경수청소》에서는 대승을 의경중종依經中宗과 유식중종唯識中宗과 의론중종依論中宗으로 삼분한다. 의경중종이란《반야경》에 의거한 중도의 가르침이고, 유식중종은《유가론》이나《유식삼십송》 등의 유식문헌에 의거한 중도의 가르침이며, 의론중종은《유가론》에 근거하여 저술된《중관장엄론》에 토대를 둔 중도의 가르침인데, 이 세 가지 가르침은 차례대로 경부중관, 유식설, 유가행중관에 해당한다.《대승도간경수청소》에서 의경중종에 소속된 논사로 용수와 아리야데와를 들고, 유식중종의 논사로는 무착과 세친, 의론중종의 논사로는 산따락쉬따를 들기에 유가행중관이란《유가론》에 의거한 중관으로 보아야 한다고 마츠모토는 주장하는 것이다.60)

그리고《견해의 차별》에서 경중관에 대해 설명하면서 "스승

---

59) 宋本史朗, 앞의 책, p.78.
60) 위의 책, pp.78~83.

이신 용수의 저술의 종지와 일치한다"고 말하고 있기에 경중관은 《반야경》에 의거한 중관으로 보아야 한다는 것이다.

**샨따락쉬따는 유가행중관파에 소속되는가?**

마츠모토가 문제로 삼는 것 가운데 다른 하나는 샨따락쉬따 학설의 소속이다. 《학설보환》 등의 후대의 둡타 문헌은 물론이고 티베트불교 초전기에 씌어진 《견해의 차별》에서도 샨따락쉬따를 유가행중관파 중 형상진실파에 소속시킨다. 즉, 샨따락쉬따는 "세속은 오직 식識일 뿐이기에 외경은 존재하지 않는다"고 보는 유가행중관파에 입지를 두면서, 그런 식은 형상을 갖는다는 유상유식설을 인정했다는 것이다.

이런 주장의 근거는 샨따락쉬따가 저술한 《중관장엄론中觀莊嚴論, Madhyamakālaṃkāra》의 다음과 같은 제64게와 제91게이다.[61]

> 고찰되지 않는 한 매력적이고(avicāraikamaṇīya), 발생과 소멸의 성질을 가지며, 효과적 작용능력을 갖는 것(arthakriyāsamartha)이 세속적인 것이라고 인정된다.
> 　　　　　　　　　　　　　　　　　　　제64게

> 원인과 결과의 관계로서 존재하는 것은 지知(Śes pa①, Jñāna)뿐이다. 즉 스스로 성립하는 것(svataḥ siddha)은 무엇이든 지知에 거주한다.
> 　　　　　　　　　　　　　　　　　　　제91게

---
61) 위의 책, p.122.

먼저, 제64게의 "고찰되지 않는 한 매력적이다"라는 구절은 '일다성一多性 논증에 의해 고찰되지 않는 한 매력적이다'라는 의미이다. 여기서 "일다성 논증에 의해 고찰한다"라는 말은 식識과 형상의 관계를 단일성單一性과 다수성多數性의 관계에서 고찰한다는 의미인데, 예를 들어 《중관장엄론》 제46게에서 "식은 형상을 갖는다"는 유상유식설有相唯識說을 비판할 때 샨따락쉬따는 이런 일다성 논증을 다음과 같이 구사한다.

> 만일 (형상이) 실재하는 것이라면 식識(rNam par śe(T))이 (형상처럼) 다수가 되건, 그것들(형상)이 (식처럼) 단일한 것이 되건, (두 경우 모두) 모순이 잇따르기 때문에 (식과 형상은) 반드시 별개의 것이어야 하리라. 제46게

식識(Vijñāna)은 단일한 것이고 형상形象(Ākāra)은 다수의 것이다. 그런데 유상유식이론에서는 "외부대상은 없으며 모든 것은 식일 뿐인데(唯識) 식은 형상을 갖는다(有相)"고 주장한다. '식이 형상을 갖는다'는 것은 식이 형상과 일치한다(同相)고 풀이되는데, 단일한 식과 다수인 형상이 일치하기 위해서는 식이 다수가 되든지, 아니면 형상이 단일해져야 할 것이다. 두 가지 경우 모두 식은 단일한 것이고, 형상은 다수의 것이라는 애초의 전제와 어긋나기에 유상유식이론은 옳지 못하다는 것이다.

그런데 일반적으로 샨따락쉬따를 유가행중관파에 소속시키는

것은 위에 인용한 《중관장엄론》 제64게와 제91게에 근거한다. 이 두 게송에서 샨따락쉬따는 세속이 유식임을 설하고 있다는 것이다. 그러나 마츠모토는 제64게는 소치는 목동과 같은 일반인들에게도 인정되는 세속에 대한 이론으로 짠드라끼르띠나 즈냐나가르바 등 중관학파에 소속된 논사들 모두 세속에 대해 이런 방식으로 해석하였기에 샨따락쉬따의 독특한 관점이라고 볼 수 없으며, 제91게는 세속유식설이 아니라 순수유식설인 유형상유식설인데 제92게에 비추어 볼 때 샨따락쉬따에 있어서 유식의 이론은 일체법의 공성을 깨닫기 위한 수행의 단계에서 방편으로 수용될 뿐이라고 주장한다. 《중관장엄론》 제92게는 다음과 같다.

> 유식(의 가르침)에 의존하여 "외경은 없다"고 알아야 하며, 이 가르침(중관)에 의거하여 그것(識)에도 전혀 실체가 없음을 알아야 한다.
> 《중관장엄론》 제92게

주관인 식과 객관인 외경을 구분하는 저급한 인식을 타파하기 위해 "오직 식만 존재할 뿐 외경은 없다"는 유식의 가르침이 사용된다. 그러나 수행자는 여기서 그치지 말고, 중관학의 가르침에 의거하여 그런 식조차 실체가 있는 것이 아니라는 보다 높은 조망으로 향상해야 한다는 것이다. 마츠모토는 이 제92게가 샨따락쉬따의 최종결론이라고 말하면서, 유식의 이론이 이렇게 "공성을 깨닫기 위한 수행의 단계에서 방편으로 수용된다"는 점에서 샨따락쉬따의 유식이론을 방편유식설方便唯識說이라고 명명한다. 유가행중관파의 경우 승의와 세속의 이제二諦에 입각하여 세속이 유식唯識임을 주장했지만 이런 샨따락쉬따의 입지에는 이제설도 없고 세속유식설도 없기에 그를 유가행중관파에 소속시킬 수 없다는 것이다.62)

앞에서 말한 바 있지만 인도 학승들의 사상적 특징을 개관하게 해 준다는 점은 티베트에서 작성된 둡타류 문헌들의 긍정적 역할이다. 그러나 연역적인 분류 틀에 의거하여 각 사상들을 너무 단순하게 재단하기에 각 사상의 정체가 왜곡될 수 있다는 것은 그 약점이다. 마츠모토의 비판적 연구는 이를 보완한다.

---

62) 위의 책, pp.134~136.

## 3. 동아시아의 삼론학

**구마라습의 역경譯經과 삼론학의 탄생**

한자문화권인 동아시아에서는 중관학中觀學을 삼론학三論學이라고 부른다. 용수의 《중론中論》과 《십이문론十二門論》, 그리고 아리야데와의 《백론百論》이라는 세 가지 논서(三論)에 의거한 교학이라는 의미이다.

용수가 개창開創한 중관학이 동아시아에서 본격적으로 연구되기 시작한 것은 역경승 구마라습鳩摩羅什(Kumārajīva:344~413, 또는 350~409)이 삼론三論을 번역하여 소개한 이후의 일이다. 인도인 구마라염鳩摩羅炎을 아버지로 구자국龜玆國 왕의 여동생을 어머니로 삼아 서역지방의 구자국에서 태어난 구마라습은 장안에서 본격적으로 역경활동을 하기까지 많은 우여곡절을 겪는다. 전진前秦의 왕 부견符堅은 382년에 휘하의 장군 여광呂光에게 명하여 구자국을 멸하고 구마라습을 모셔오게 한다. 그러나 얼마 후 부견이 살해되고 전진이 멸망하자 여광은 귀국을 포기하고 양주涼州를 점령하여 후량後涼을 세운다. 여광과 함께 장안으로 향하던 구마라습 역시 양주에서 16~17년 간 머물게 되는데, 구마라습의 능숙하고 유려한 한역문체는 오랜 기간 동안 양주에 체류하면서 중국어를 익혔기 때문에 가능했을 것으로 짐작된다.

서력기원 후 401년 후진後秦의 왕 요흥姚興은 후량을 토벌한 후 구마라습을 장안으로 모셔온다. 이후 12년간 구마라습은 요흥의 후원을 받으며 서명각西明閣과 소요원逍遙園에서 《중론》《백론》《십이문론》의 삼론은 물론이고, 《대품반야경大品般若經》과 그 주석인 《대지도론大智度論》을 비롯하여 《성실론成實論》《금강경金剛經》《묘법연화경妙法蓮華經》《아미타경阿彌陀經》《십송율十誦律》 등 300여 권의 불전을 번역해낸다.[63]

구마라습 문하에 3천여 명에 달하는 제자가 있었다고 하나 가장 뛰어났던 제자로 승조僧肇(374~414 혹은 384~414), 승예僧叡(352~463), 도생道生(355~434), 도융道融(~400~)의 넷을 꼽는데, 이들은 사철四哲 또는 사성四聖이라고 불린다. 이들 사철 가운데 중관학에 정통했던 인물은 바로 승조였으며 승조의 저술들은 《조론肇論》이라는 이름으로 편집되어 지금까지 전해오고 있다.

구마라습 사후 150여 년이 지나서 수隋의 길장吉藏(549~623)에 의해 중국적 중관학인 삼론학이 집대성된다. 그런데 길장은 자신의 저술 도처에서 자신의 학문이 고구려 출신의 승랑僧朗

---

63) 鎌田茂雄, 鄭舜日 譯, 《中國佛教史》, 경서원, 1989, pp.68~70 참조.

(450~530경)⁶⁴⁾에게서 유래한 것임을 역설力說하고 있다. 구마라습이 사망한 후 얼마 지나지 않아 장안이 전란에 휩싸이면서 삼론 연구의 전통은 그 맥이 끊어지고 만다. 그 후 황하 이북 지방에서는 아비달마에 대한 연구가 주류를 이루고, 장강長江 이남지방에서는《성실론成實論》연구가 성행하는데⁶⁵⁾, 멀리 요동에서 태어나 불교를 익힌 후 장강 하구의 금릉金陵(지금의 남경) 지역으로 건너와 삼론을 교학의 중심에 위치시키며 중국불교계에 새로운 불씨를 지핀 인물이 바로 고구려 출신의 승랑이었던 것이다.

승랑의 학문은 그 제자인 승전僧詮(~512~)에게 전수되었고 승전의 제자 법랑法朗(507~581)을 거쳐, 증손제자인 길장吉藏(549~623)에 이르러 삼론학으로 집대성된다. 승랑을 기준으로 그 이전의 삼론학을 고삼론古三論, 그 이후의 삼론학을 신삼론新三論이라고 부르긴 하지만,⁶⁶⁾ 일반적으로 삼론학이라고 하면, 승랑 이후의 신삼론을 가리킨다.

**삼론초장** - 삼론학입문

동아시아의 삼론학의 특징을 한마디로 규정하라면, 이제二諦와 중도中道의 변증법이라고 말할 수 있다. 삼론학에서는 진제

---
64) 승랑의 생존연대에 대해서는 '김성철,〈승랑의 생애에 대한 재검토 Ⅱ〉,《보조사상》제23집, 2005, pp.335~368' 참조.
65) 湛然,《法華玄義釋籤》, 대정장33, p.951a.
66) 鎌田茂雄, 앞의 책, p.165.

眞諦와 속제俗諦, 또는 승의제勝義諦와 세속제世俗諦의 이제를 현란하게 엮어가면서 중관의 가르침을 구현한다.

앞에서 보았듯이, 용수 스스로《중론》제24〈관사제품〉에서 이제의 중요성을 역설한 바 있고, 청변이 승의에 있어서라는 단서가 부가된 추론식을 작성함으로써《중론》을 주석하였으며, 티베트의 둡타 문헌에서는 이제 중 속제에 대한 해석에 근거하여 중관논사들의 학파적 소속을 가르고자 했다는 점에서, 이제가 중관을 이해하기 위한 중요한 도구적 틀인 것은 분명하지만, 삼론학의 경우는 이제 그 자체를 소재로 삼아 중관의 가르침을 이해하고 설명하려 했다는 점에 그 독특함이 있다. 삼론학에서는 진제와 속제 각각을, 무無와 유有, 공空과 유有, 진眞과 속俗, 또는 중中과 가假 등으로 표현한 후, 진정한 진제인 중도로서의 공성을 변증법적으로 규명해낸다.

세속인 유에 대한 고착을 비판함으로써 진제를 드러내기 위해 무라고 말하지만, 이 때 언어로 표현된 무가 유에 대립된 세속의 경계로 오해될 경우 이런 무를 다시 비판하면서 비유비무를 진제로서 제시한다. 앞에서 설명한 바 있듯이, 진제는 세속의 분별을 타파하는 기능이고 작용이다. 그런데 이를 망각하고 언어화 된 진제에 대해 다시 분별을 하여 이를 하나의 이론이나 도그마로 이해하게 되면, 이를 타파하기 위해서 새로운 언어를 사용하여 진제를 표현해내는 것이다.

삼론학을 깊이 있게 이해하기 위해서는 진제와 속제가 고정된 내용을 갖는 것이 아니라 이렇게 유기적이고 유동적인 성격을 갖는다는 점을 숙지해야 한다. 그리고 이런 조망을 제공하는 논의가 삼론초장三論初章이다. 여기에 사용된 초장初章이라는 말은 "모든 문자는 다 초장에 포함된다"고 하는《십지경十地經》제1권의 경문에 근거한 것이다. 삼론초장은 삼론학의 기본적 입장, 또는 삼론학 전체를 일관하는 근본 주제로 삼론을 공부하는 사람이 익혀야 할 입문적 가르침이다. 길장은《중관론소中觀論疏》에서 이러한 삼론초장에 대해 다음과 같이 설명한다.

초장이란 다음과 같다. ① '남들'의 경우 유有라고 할 만한 유가 존재하며 무無라고 할 만한 무가 존재한다. '우리'의 경우 유라고 할 만한 유가 존재하지 않고 무라고 할 만한 무가 존재하지 않는다. ② '남들'의 경우 유라고 할 만한 유가 존재하는 것은 무에 근거하지 않은 유이기 때문이고 무라고 할 만한 무가 존재하는 것은 유에 근거하지 않은 무이기 때문이다. '우리'의 경우 유라고 할 만한 유가 존재하지 않는 것은 무에 근거한 유이기 때문이고 무라고 할 만한 무가 존재하지 않는 것은 유에 근거한 무이기 때문이다. ③ '남들'의 경우 무에 근거한 유가 아니기 때문에 이런 유는 자성으로서의 유이고 유에 근거한 무가 아니기 때문에 이런 무는 자성으로서의 무이다. '우리'의 경우 무에 근거한 유이기 때문에 이런 유는 자성으로서의 유가 아니고 유에 근거한 무이기 때문에 이런 무는 자성으로서의 무가 아니다. ④ '남들'의 경우 유가 자성으로서의 유이기에 '유에 근거한 유'라고 불리고, 무가 자성으로서의 무이기에 '무에 근거한 무'라고 불린다. '우리'의 경우 유가 자성으로서의 유가 아니기에 '유이지 않은 유'라고 부르고, 무가 자성으로서의 무가 아니기에 '무이지 않은 무'라고 부른다. 이 네 마디의

말을 초장으로 삼는다.67)

여기서 말하는 '우리'는 승랑 이후 길장에 이르기까지 신삼론 계열에 소속된 승려들을 가리킨다. 그리고 '남들'이란 이제에 대해 잘못 이해하고 있는 무리들을 가리킨다. 예를 들어 양梁나라의 삼대법사인 개선사開善寺의 지장智藏(458~522)이나 장엄사莊嚴寺의 승민僧旻(467~527), 그리고 광택사光宅寺 법운法雲(467~529) 같은 학승들이 그 대표적 인물들이다.

이들은 승랑 이전부터 양梁의 수도였던 금릉에서 활동했는데 이들 모두 진속이제에 대해 잘못 이해하고 있었다. 지장은 진제와 속제를 이법理法으로 간주했고 승민은 경계境界로 간주하였다. 이제를 이법(理)으로 간주하는 이론을 약리이제설約理二諦說이라고 부르고 경계(境)로 간주하는 이론을 약경이제설約境二諦說이라고 부르는데, 두 이론 모두 이제를 가변적인 교법敎法이 아니라 실재하는 원리나 대상으로 보았다는 점에서 공통된다.

중국 남조南朝 불교의 중심지였던 금릉에는 이제에 대한 이러한 이해가 널리 퍼져 있었다. 그러나 멀리 고구려 요동 출신의 승랑이 진속이제는 교법일 뿐이며 진속이제를 벗어난(不二)

---

67) 初章者 他有有可有 卽有無無可無 今無無可有 卽無無可無 他有有可有 不由無故有 有無可無 不由有故無 今無有可有 由無故有 無無可無 由有故無 他不由無故有 有是自有 不由有故無 無是自無 今由無故有 有不自有 由有故無 無不自無 他有是自有名有故有 無是自無名無故無 今有不自有名不有有 無不自無名不無無 此四節語爲初章也: 《中觀論疏》, 대정장42, p.28a.

중도中道가 이법이라고 보는 약교이제설約敎二諦說을 제창하면서 이제에 대한 오해는 시정된다.

위에 인용한 삼론초장에서 말하는 유와 무는 각각 속제와 진제를 의미한다. 여기서 약리이제설의 주장자인 '남들'이 말하는 유와 무는 실체를 갖는 유와 무이다. 이런 유와 무는 이법이나 경계로서의 유와 무이며 확고한 자성을 갖기에, 불유불무不有不無라는 불이不二 중도의 이치(理)와 무관한 유와 무이다(理外有無: 이理 밖의 유와 무).

그런데 신삼론의 약교이제설에서는, "①유, 무라고 할 만한 것은 없다.→②유, 무는 서로를 근거로 삼기 때문이다.→③유, 무에 자성이 없다.→④유, 무가 아닌 유, 무이다"라는 네 단계의 논의를 통해서 속제와 진제가 모두 자성을 갖지 않음을 드러낸다. 유에도 실체가 없고, 무에도 실체가 없다. 왜냐하면 유는 무에 의존하고 무는 유에 의존하기 때문이다. 따라서 유는 유가 아니고, 무는 무가 아니다. 이런 논의를 통해 우리는 유와 무가 연기緣起한 개념이라는 점을 알게 된다. 다시 말해 속제인 유와 진제인 무 각각에 비유非有와 비무非無라는 중도[68]의 이치가 담겨 있다(理內有無: 이理 안의 유와 무)는 사실을 알게 된다.

이렇게 삼론초장에서 가르치는 유와 무의 연기적 성격, 다시 말해 속제와 진제의 상호의존성을 파악하는 것이 삼론학의 입

---

68) 일반적으로 '중도'라고 할 때, 우리는 비유비무非有非無, 불생불멸不生不滅과 같이 양 극단이 모두 부정되는 표현을 떠올린다. 그러나 삼론학에서는, '비유'나 '불생'과 같이 이 중 한 극단만 부정하는 표현도 중도적 표현으로 간주한다.

문적 조망이다. 그런데 이런 조망은 비단 진속이제에 대해서만 적용되는 것이 아니라 연기 관계에 있는 모든 개념 쌍에 대해 적용 가능하다. 《중관론소》에서 사람과 그 구성요소인 법 간의 연기적 관계를 설명할 때에도 삼론초장의 논의 틀을 그대로 사용하는 것을 볼 수 있다.[69] 삼론초장에서는 우리에게 연기관緣起觀을 가르침으로써 모든 법의 공성을 체득하게 한다.

### 삼중이제설三重二諦說 - 이제二諦의 변증법적 구조

위에서 설명했듯이, 전통적 약리이제설이나 약경이제설에서는 이제二諦를 이법理法, 또는 경계境界로 간주해 왔는데 승랑은 이를 비판하면서 이제는 교법이고, 이제를 벗어난 불이不二의 중도가 이법이라는 약교이제설을 제창하였다.

여기서 말하는 불이不二는 속제인 유와 진제인 무의 양자(二)에서 벗어났음(不)을 의미한다. 이런 조망에 의거할 때 약교이제설에서 말하는 진속이제와 중도의 관계는 다음과 같이 도시된다.

---

69) 《中觀論疏》, 앞의 책, p.90c.

약교이제설

| 교법敎法 | | 이법理法 |
|---|---|---|
| 속제<br>俗諦 | 진제<br>眞諦 | 중도中道 |
| 유有 | 무無 | 비유비무非有非無 |

그런데 삼론학의 이제설은 여기서 끝나지 않는다. 유와 무는 교법이고 비유비무의 중도가 이법이긴 하지만, 비유비무라는 말로 중도가 표현된 이상 이는 다시 교법이 될 뿐이다. 유와 무의 이제를 벗어난 중도는 원래 말로 표현될 수 없다. 그러나 그런 중도에 대해 설명하기 위해서 어쩔 수 없이 비유비무라는 말을 사용해야 한다. 진정한 중도는 유와 무와 비유비무 모두를 넘어선다. 다시 말해, 유와 무, 그리고 비유비무를 설하는 것은 모두 속제일 뿐이고 이를 넘어선 것이 진정한 진제인 것이다. 이렇게 변증법적으로 향상하는 구조를 갖는 이제를 삼중三重이제[70], 혹은 삼종三種이제라고 부르는데, 이를 정리하면 다음과 같다.[71]

---

70) 《二諦義》, 대정장45, p.91b.
71) 위의 책, p.90c.

삼중이제

| 제3중<br>이제 | 속제 | | | 진제 | |
|---|---|---|---|---|---|
| | 유 | 무 | 비유비무 | 비이 비불이<br>非二 非不二 | |
| 제2중<br>이제 | 속제 | | 진제 | | |
| | 유 | 무 | 비유비무 | | |
| 제1중<br>이제 | 속제 | 진제 | | | |
| | 유 | 무 | | | |

여기서 제3중이제의 진제를 나타내는 비이비불이非二非不二는 제3중이제 내의 속제를 비판하는 용어인데, 비이非二는 유와 무를 부정하는 표현이고, 비불이非不二는 비유비무를 다시 부정하는 표현이다.

중도는 말로 표현된 중도와 말을 벗어난 중도로 나누어진다. 말로 표현된 중도는 말을 벗어난 중도를 알게 하는 작용을 한다. 제2중이제에서 진제에 해당하는 비유비무라는 표현은 속제인 유와 무를 비판하는 작용을 할 뿐 중도의 내용이 아니다. 마치 공성이라는 말이, '사물에 자성이 있다'는 착각을 시정하는 작용이듯이, 비유비무라는 말 역시 우리에게 중도를 자각하게 해 주는 작용이다. 그러나 이를 하나의 이론이나 주장으로 생각하는 사람에게는 제3중의 진제인 비이비불이를 제시함으로써 다시 중도를 자각케 한다.

《이제의》에 의하면, 제1중이제는 범부의 유견有見을 타파하기 위한 것이고, 제2중이제는 이승二乘인 성문聲聞과 연각緣覺의 공견空見을 타파하기 위한 것이며, 제3중이제는 비유비무非有非無에 집착하는 유소득有所得의 보살을 위한 것이라고 한다.72) 범부의 경우 세속적 존재(有)에 집착하는 마음이 강하기에 이를 타파하기 위해 무無와 공空의 가르침이 진제로서 제시되는 것이고, 이승의 경우 공견空見과 무견無見에 빠져서 오로지 해탈만을 추구하며 살아가기에 "유도 없지만 공空이나 무無도 없다"는 비유비무의 가르침이 진제로서 제시되며, 무득無得의 정관正觀을 체득하지 못한 유소득의 보살의 경우 비유비무나 "생사도 없고 열반도 없다"는 말 그 자체에 다시 집착하기에 이를 타파하기 위해 유, 무와 함께 비유비무도 모두 부정하는 비이비불非二非不二이라는 제3중의 진제가 제시되는 것이다.73)

세속의 유에 대한 집착을 타파하기 위해서 무가 진제로서 제시되지만, 이런 무에 집착을 할 경우 다시 비유비무가 진제로서 제시되며, 이런 비유비무에 대해 다시 집착할 경우 비非-유무 비非-비유비무를 의미하는 비이비불非二非不二가 진제로서 제시된다. 변증법적이다. 그러나 이러한 이제의 변증법은 변증법적 상승이 아니라 변증법적 파기(Dialectical destruction)라는 데 그 독특함이 있다. 이제의 이러한 변증법적 파기는 언제까지 계속될 수 있을까? 사중이제설, 오중이제설 등등이 모두 가능

---

72) 위의 책, pp.91a~b.
73) 위의 책, p.91b.

해야 하지 않을까? 사실, 《대승현론》에는 다음과 같은 사중이
제설四重二諦說이 등장한다.

사중이제

| | 속제 | | | 진제 |
|---|---|---|---|---|
| 제4중 이제 | 유 | 공 | 비유비공 비이비불이 | 언망여절 言忘慮絶 |
| 제3중 이제 | 속제 | | | 진제 |
| | 유 | 공 | 비유비공 | 비이비불이 |
| 제2중 이제 | 속제 | | 진제 | |
| | 유 | 공 | 비유비공 | |
| 제1중 이제 | 속제 | 진제 | | |
| | 유 | 공 | | |

앞의 삼중이제설의 무無가 여기서는 공空으로 대체되었지만 그 의미와 역할은 마찬가지다. 《대승현론》에서는 불교 유식학의 삼성설三性說과 삼무성설三無性說에 의거하여 제4중의 이제를 추가한다. '삼성'이란 모든 법法들마다 갖추고 있는 세 가지 자성인데, 진제眞諦(Paramārtha, 499~469)의 구유식舊唯識에서는 분별성分別性, 의타성依他性, 진실성眞實性이라고 번역하였고 현장玄奘(602~664)의 신유식新唯識에서는 차례대로 변계소집성, 의타기성, 원성실성이라고 번역하였다. '삼무성'은 이런 삼성 각각

에 자성이 없다는 조망으로 변계소집성의 상무성相無性, 의타기성의 생무성生無性, 원성실성의 승의무성勝義無性의 세 가지이다. 《대승현론》에서는 변계소집성과 의타기성과 원성실성의 삼성을 제3중이제 중의 속제인 유와 공과 비유비공에 차례대로 대응되는 것으로 보고, 삼무성을 진제인 비이비불이非二非不二에 대응되는 것으로 간주한다. 비이非二란 유와 공의 둘(二)에 대한 부정이고 비불이非不二는 불이不二인 비유비공非有非空에 대한 부정이다. 제4중이제에서는 이 모두를 속제로 격하시키면서 말과 생각이 모두 끊어진 경지(言忘慮絶)를 새로운 진제로서 제시하는 것이다.74)

세속적 유에 대한 집착을 제거하기 위한 도구로서 진제인 무가 제시되지만, 이런 무에 대해 집착할 경우 유와 무 모두를 부정하면서 비유비무가 진제로서 제시되고, 비유비무에 다시 집착할 경우 유, 무, 비유비무를 모두 부정하는 비이비불이가 진제로서 제시되며, 또다시 이런 비이비불이에 집착할 경우 이를 파기하고 언망려절이 진제로서 제시된다.

삼론학의 이러한 유동적 이제관二諦觀, 변증법적 이제관은 초기불전에서 그 연원을 찾을 수 있다. 자아가 있다는 착각과 집착을 제거하기 위해 부처님께서 무아의 가르침을 베푸셨지만, 누군가가 다시 그런 무아에 대해 집착할 경우 무아도 부정하고 유아도 부정하면서 십이연기의 교설을 베푸셨다는 일화가 바로

---

74) 《大乘玄論》. 대정장45, p.15c.

그것이다.75) 또, 이런 변증법적 이제관을 깊이 이해해야만 과거 선승들이 벌였던 기상천외한 선문답禪問答들의 진정한 취지를 이해할 수 있다. 예를 들어, 조주趙州(778~897)스님이 "개에게도 불성이 있는가?"라는 질문에 대해 처음에는 무無라는 답을 통해 진제를 드러내지만, 나중에는 거꾸로 유有라고 답함으로써 진제를 드러낸다. 개나 불성이라는 분별을 내는 질문자는 무라는 답을 통해서 교화하고, 무라는 분별을 내는 질문자는 유라는 답을 주어 교화한다. 이 역시 변증법적 파기의 과정이다. 선어록에는 이런 식의 대화들이 가득하다. 삼론학의 변증법적 이제관을 통해 우리는 초기불교와 선불교의 교화방식이 모두 한맛(一味)임을 알게 된다.

### 중가中假의 이론

삼론학 이론 가운데 입문적 성격을 갖는 것이긴 하지만 삼론 초장에서 한걸음 더 나아간 조망이 중가中假의 이론이다. 중가의 중은 중도中道를 의미하고 가는 가명假名을 의미한다. 중도와 가명이란 용어는 《중론》 제24 〈관사제품〉의 삼제게에서 유래하는데, 승랑 이래 유무有無를 가명이라고 부르고, 비유비무非有非無를 중도라고 불렀다.76) 물론 중가체용이론은 유와 무의 이제뿐만 아니라, 연기관계에 있는 대립쌍 모두에 대해 적용

---

75) 본서 제1장 초기불전의 중도 가운데의 '사상적 중도와 무기설의 취지' 참조.
76) 《中觀論疏》, 앞의 책, p.22c.

가능하다. 진속眞俗이 가명이라면 비진비속非眞非俗은 중도이고,77) 인법人法이 가명이라면 비인비법非人非法은 중도이다.78)

삼론초장에서는 유와 무의 연기관계에 대해 논의한 후, 유는 '유이지 않은 유(不有有)'이고 무는 '무이지 않은 무(不無無)'라고 결론을 내렸는데, 중가이론에서는 이런 결론을 계승하면서 다음과 같이 한 단계 더 나아간 조망을 제시하는 것이다.

'유이지 않은 유'라면 이는 유가 아니고, '무이지 않은 무'라면 이는 무가 아니다. 이렇게 유도 아니고 무도 아니지만 유와 무를 가설한다. 바로 이것이 중가中假의 뜻이다.79)

삼론초장에서는 네 단계의 논의를 통해 속제인 유가 유가 아니고 진제인 무가 무가 아니라는 중도적 조망에 도달하였다. 그런데 중가이론에서는 이런 중도에 근거하여 다시 가명으로서의 유와 무를 설한다. 중가이론의 가명은 중도의 세척을 거친 가명이다. 유와 무는 물론이고, 진眞과 속俗, 인人과 법法 등과 같은 모든 분별에서 벗어난 중도적 조망만을 제공하는 것이 삼론초장이라면, 중도적 조망에 가명으로서의 분별을 덧붙인 것이 중가이론이다.

보살행은 자리自利의 구도와 이타利他의 교화로 구분된다. 전

---

77) 《二諦義》, 앞의 책, p.108b.
78) 《中觀論疏》, 앞의 책, p.91c.
79) 不有有則非有 不無無卽非無 非有非無假說有無 此是中假義也: 위의 책, p. 28a.

자를 상구보리, 후자를 하화중생이라고 부르기도 한다. 삼론초장도 마찬가지지만 중가이론 역시 자리행과 이타행 모두에 소용된다. 삼론초장이나 중가이론의 가르침(敎)을 통해 나의 인지認知를 향상시키면 자리행이 되고, 남의 인지를 향상시켜 주면 이타행이 된다. 그런데, 나든 남이든 우리의 인지를 향상시키기 위해서 중도나 가명을 나타내는 언어가 사용되는 상황을 중가이론에서는 다음과 같이 네 가지로 분류한다.

① 가전중假前中: 가명을 설하지 않고 중도만 설하는 경우
 - 비유비무非有非無
② 중후가中後假: 중도를 설한 다음에 가명을 설하는 경우
 - 비유비무 가유가무
③ 가후중假後中: 가명을 설한 다음에 중도를 설하는 경우
 - 가유가무 비유비무
④ 중전가中前假: 중도를 설하지 않고 가명만 설하는 경우
 - 가유가무假有假無

이 가운데 '①가전중'은 사물에 자성이 있다는 생각을 논파하는 가르침으로, "유도 아니고 무도 아니다"라는 삼론초장의 결론이 이에 해당한다. 그런데 "유도 아니고 무도 아니다(비유비무)"와 같이 부정적 언어로 표현된 '①가전중'의 가르침을 듣고서, 그 가르침에 집착하여 단견에 빠진 사람에게는 "유도 아니고 무도 아니지만, (유와 무가 모두 아예 없는 것이 아니라) 가유와 가무(로서 존재한)다"는 '②중후가'의 가르침이 제시된

다. 또 유와 무를 설하긴 하지만, 그것이 중도의 유와 무이지 자성이 있는 유와 무와 다르다는 점을 알려주기 위해서 "(가)유이기도 하고 (가)무이기도 하지만, (원래는) 유도 아니고 무도 아니다"라는 '③가후중'의 가르침이 제시된다. 그리고 중도에 대한 조망 없이 (가)유와 (가)무를 설하는 세속적 가르침을 '④중전가'라고 부른다.

또, 중가이론은 중국의 전통적 체용體用이론과 결합하여 교설에 대한 분류방식을 창출해낸다. 가전중을 체중體中, 중후가를 체가體假, 가후중을 용중用中, 중전가를 용가用假라고 부르는데, 교설에 대한 중가체용론의 분류는 다음과 같이 정리된다.80)

① 가전중(체중): &lt;중도&gt; → 가명
② 중후가(체가): 중도 → &lt;가명&gt;
③ 가후중(용중): &lt;중도&gt; ← 가명
④ 중전가(용가): 중도 ← &lt;가명&gt;

체용의 체體는 실체, 용用은 작용을 의미하는 말이지만, 불교적 견지에서 체는 실상實相, 용은 방편方便에 해당한다. 따라서 가전중의 가르침인 체중은 실상으로서의 중도를 제시하는 가르침이고, 중후가인 체가는 실상으로서의 가명, 가후중인 용중은 방편으로서의 중도, 중전가인 용가는 방편으로서의 가명을 제시하는 가르침이라고 풀이된다.

--------

80)《大乘玄論》, 앞의 책, p.29a.

앞에서 약교이제설에 대해 설명하면서 유와 무로 표현되는 이제二諦는 모두 교법일 뿐이고 비유비무의 중도가 이법理法이라고 말한 바 있다. 또 유와 무의 이제는 방편이고, 실상은 비유비무의 중도이다. 따라서 이理와 교敎, 중中과 가假, 체體와 용用은 별개의 것이 아니다. 비유비무非有非無, 또는 비진비속非眞非俗으로 표현되는 중도는 이제의 체이면서 이법이기도 하며, 유와 무, 또는 진과 속의 이제로 표현되는 가명은 용이면서 교법이기도 하다.81) 그러나 그 각각에 고정된 내용이 있는 것이 아니라 다시 변증법적으로 발전한다는 점에 삼론학의 특징이 있다. 즉, 중가中假가 다시 중가로 해석되고, 이교理敎가 다시 이교로 해석되며, 체용體用이 다시 체용으로 해석되는 것이다.82)

첫 단계에서는 유와 무를 가명이라고 부르면서, 유와 무 모두를 비판하는 비유비무를 중도로서 제시하지만, 이런 비판이 이론으로 착각될 때에는, 다음 단계에서 비유비무조차 가명으로 비판하면서 유무와 비유비무(不二) 모두를 비판하는 비유무비불이非不二(비-비유비무)를 중도로서 제시한다. 교敎를 넘어선 것이 이理이지만, 이때의 이理 역시 교敎의 모습으로 나타나기에 진정한 이는 교와 이의 양자를 넘어선다. 용用을 통해 체體를 알지만, 이때 제시되는 체는 용의 모습을 띠기에, 진정한 체는 이런 용과 체 모두를 초월한다. 삼론초장이나 중가이론은 사물에 자성이 있다고 착각하는 질병을 없애기 위해서 제시된

---

81) 非眞非俗 爲二諦體 眞俗爲用 亦名理敎 亦名中假:《二諦義》, 앞의 책, p.108b.
82) 中假重名中假 理敎重爲理敎 亦體用重爲體用故 不二爲體二爲用: 위의 책.

것일 뿐이다. 자성이 있다는 착각이 사라지면 이때 사용된 말에 더 이상 집착하지 않는다.[83]

### 단복單複의 중가中假를 통한 교설 분류

일반적으로 중도는 비유비무로 표현되며, 가명은 가유가무, 또는 이유이무而有而無로 표현되는데, 이 모두 상반된 의미의 대립개념을 병치한 표현이다. 삼론학에서는 이렇게 대립개념이 모두 사용된 표현을 복중複中, 또는 복가複假라고 부르고, 이런 대립쌍 가운데 어느 한쪽만 사용된 표현을 단중單中, 또는 단가單假라고 부른다. 복이란 복수複數를 뜻하고 단은 단수單數를 뜻한다.

단가單假: 가유, 또는 가무만 설하는 경우
단중單中: 비유, 또는 비무만 설하는 경우
복가複假: 가유와 가무를 모두 설하는 경우
복중複中: 비유와 비무를 모두 설하는 경우[84]

《대승현론》에서는 불교수행자를 이근인利根人과 둔근인鈍根人으로 구분하는데, 전자는 총명한 사람을 의미하고, 후자는 아둔한 사람을 의미한다. 이근인에게, 단가와 단중의 가르침을 설하는 것은 그들이 하나만 들어도 열을 알기 때문이며, 복가와

---
83) 《中觀論疏》, 앞의 책, p.27c.
84) 《大乘玄論》, 앞의 책, p.20c, 32b / 《三論玄義》, 대정장45, p.14c.

복중의 가르침을 설하는 것은 그들이 원교圓敎를 수용할 수 있기 때문이고, 둔근인에게 복가와 복중의 가르침까지 모두 설하는 경우는 그들이 들은 것만을 이해할 수 있기 때문이며, 단가와 단중의 가르침만을 설하는 것은 그들이 원교의 가르침을 감당할 수 없기 때문이라고 한다.85)

《대승현론》에서는 이러한 단·복/중·가(單·複/中·假)의 분류 방식에 의거하여 불교를 가르치는 방식을 다음과 같이 정리한다.

① 단가 → 단중: 가유불명유假有不名有, 가무불명무假無不名無
② 단중 → 단가: 비유 가설유非有 假說有, 비무 가설무非無 假說無
③ 복가 → 복중: 가유불명유 가무불명무假有不名有 假無不名無
④ 복중 → 복가: 비유비무 가설유무非有非無 假說有無
⑤ 단가 → 복중: 가유불명유 가유불명무假有不名有假有不名無,
　　　　　　　　가무불명유 가무불명무
⑥ 복중 → 단가: 비유비무 가설유非有非無 假說有,
　　　　　　　　비무비유 가설무非無非有 假說無
⑦ 복가 → 단중: 유무즉비유有無卽非有
⑧ 단중 → 복가: 비유 가설유불유非有 假說有不有,
　　　　　　　　비무 가설무불무86)

예를 들어 ①"가명으로서의 유를 유라고 부를 수 없다(假有不

---

85) 《大乘玄論》, 위의 책, p.20c.
86) 위의 책.

名有)"거나 "가명으로서의 무를 무라고 부를 수 없다(假無不名無)"는 식으로 표현된 교설의 경우 가유나 가무라는 단일한 가명에서 시작하여 비유(불명유)나 비무(불명무)라는 단일한 중도를 가르치기에 단가에서 단중으로 들어가는(入) 교설이며, ④ "유도 아니고 무도 아니지만 유와 무라고 가설한다(非有非無假說有無)"는 식으로 표현된 교설의 경우 비유비무라는 복수의 중도에서 시작하여 가유가무라는 복수의 가명을 가르치기에 복중에서 복가로 나오는(出) 교설이다.

이러한 단·복/중·가의 분류방식은, 다시 진속이제설과 결합하여, 속제의 단·복/중·가에서 시작하여 속제의 단·복/중·가를 가르치는 경우 8가지, 진제의 단·복/중·가에서 시작하여 진제의 단·복/중·가를 가르치는 8가지, 진제나 속제의 단·복/중·가에서 시작하여 진제나 속제의 단·복/중·가를 가르치는 12가지 등 총 28가지 경우로 세분되는데, 그 각각의 일부를 소개하면 다음과 같다.

○ 속제 → 속제
① 속제단가 → 속제단중: 가유 불명유非有 不名有
　……
⑤ 속제단가 → 속제복중: 가유 비유비불유假有 非有非不有
　……
⑧ 속제단중 → 속제복가: 비유 가설유불유非有 假說有不有

○ 진제 → 진제
① 진제단가 → 진제단중: 가무 불명무假無 不名無
② 진제단중 → 진제단가: 비무 가설무非無 假說無
　……
⑤ 진제단가 → 진제복중: 가무 비무비불무假無 非無非不無
　……
⑧ 진제단중 → 진제복가: 비무 가설무불무非無 假說無不無

○ 속제 → 진제, 진제 → 속제
① 속제단가 → 진제단중: 가유 불명유假有 不名有
② 진제단중 → 속제단가: 비무 가설유非無 假說有
　……
⑫ 진제복중 → 속제단가: 비무비불무 가설명위유非無非不無 假說名爲有

삼론학에서 가르치는 이상과 같은 단·복/중·가(單·複/中·假)의 이론은, 너무 형식적이라는 것이 단점일 수는 있겠지만 불교교화 방식을 중도와 가명을 통해 분류하는 유일한 이론이라는 점에 그 의의가 있다.

### 삼종중도 – 세제중도, 진제중도, 이제합명중도

일반적으로 중도中道라고 할 때 우리는 생과 멸의 양극단을 부정하는 불생불멸不生不滅과 같은 표현이나 유와 무의 양극단을 부정하는 비유비무非有非無와 같은 표현을 떠올린다. 중관학에서 말하는 이러한 중도는 원래 비판하는 작용이다. 그런데 불생불멸이나 비유비무가 생멸이나 유무를 부정하는 극단적 이론으로 오해될 수도 있다. 이는 언어의 양면적 성격 때문이다. 앞에서 설명한 바 있지만, 공空의 가르침은 사물에 자성이 있다는 생각을 부정하는 작용으로서의 가르침인데, 이를 이론으로 오해할 때 공견空見이 되고 만다. 이때 다시 "그런 공도 역시 다시 공하다"는 공공空空의 가르침이 제시된다. 이와 마찬가지로 불생불멸이나 비유비무와 같은 중도의 가르침을 이론으로 오해할 때, 이를 비판하며 비불생 비불멸, 비비유 비비무의 새로운 중도가 제시될 수 있는데 이것이 바로 삼론학의 삼종중도설三種中道說이다. 삼종중도는 진제와 속제 각각에서의 중도인 이제각론중도二諦各論中道와 이런 두 가지 중도를 다시 종합한 이제합명중도二諦合明中道로 이루어져 있다.

《중론》귀경게의 팔부중도 가운데 불생불멸을 예로 들어 설명하면, 먼저 속제에서는 가명假名인 생멸에 대해 불생불멸(비생멸)이 중도가 된다. 그러나 진제에서는 이런 불생불멸이 가명이 되고 이를 부정하는 비불생비불멸(비불생멸)이 중도가 된다. 이것이 이제각론중도이다. 그리고 이런 두 가지 중도를 종합할 때 비생멸비불생멸의 이제합명중도라는 포괄적 조망이 도출되는 것이다.[87] 이를 정리하면 다음과 같다.

---

87) 위의 책, p.19c.

삼종중도

| 이제각론중도 | ③ 이제합명중도 | 비생멸 비불생멸非生滅 非不生滅 |
|---|---|---|
| | ② 진제중도 | 비불생비불멸(비불생멸非不生滅) |
| | ① 속제중도 | 불생불멸(비생멸非生滅) |

여기서 생멸生滅을 예로 들어 삼종중도에 대해 설명했지만, 팔부중도 가운데 나머지 세 가지 쌍인 상단常斷, 일이一異, 거래去來[88]는 물론이고 이제의 대용어代用語인 유무有無[89])에 대해서도 삼종중도의 조망이 가능하다. 이러한 삼종중도설의 취지는 물론 이제합명중도의 체득에 있으며 이를 통해 우리는 속제와 진제에 대한 분별적 이해에서 벗어날 수 있다.[90]

지금까지 삼론학의 핵심사상 몇 가지에 대해 간단히 소개해 보았는데 그 어느 불교권보다 진속이제眞俗二諦에 대해 깊은 통찰을 갖고 천착해 들어갔다는 점에 동아시아 삼론학의 특징이 있다.

---

88) 《中觀論疏》, 앞의 책, p.11c.
89) 《二諦義》, 앞의 책, p.108a / 《大乘玄論》, 앞의 책, p.27b.
90) 승랑의 손제자인 법랑法朗(507~581)은 삼종방언三種方言을 통해 삼종중도에 대해 설명하였다고 한다. 삼종방언이란 '세 가지 방식의 설명'을 의미한다.: 《中觀論疏》, 앞의 책, p.10c 참조.

# 4장

## 중관학 관계문헌

공성空性이란
'갖가지 세계관에서 벗어남'이라고
승자勝者들에 의해 교시되었다.
그러나
공성의 세계관을 가진 사람들은
구제불능이라고 말씀하셨다.

《중론》 제13 〈관행품〉 산스끄리뜨 제8게

## 1. 원전과 번역서

### 1) 인도[91]

#### (1) 용수의 《중론》과 그 주석서

**《중송中頌, Madhyamakakārikā》**

대승불교의 아버지라고 불리는 용수의 대표적 저술로 흔히 《중론中論》이라고 부른다. 중관학 공부를 위해 가장 중요한 문헌이다. 고대인도의 정형시인 Śloka 형식으로 씌어진 445~449수의 게송으로 이루어져 있다. 주석서에 따라 게송 수에 출입이 있다. 《중송》은 총27장으로 이루어져 있는데, 각 장에서 다루는 소재는 달라도 그 논파 방식은 전편을 일관하여

---

[91] 중관학과 관계되는 범어 원전 자료와 그 저자 그리고 번역물에 대한 이하의 설명 가운데 많은 부분은 '塚本啓祥 外 編著, 《梵語佛典の研究 - 論書篇》, 平樂寺書店, 1990'를 참조하며 작성되었다.

일치한다. 《중론》〈청목소〉에 근거하여 각 장의 제목과 내용을 소개하면 다음과 같다.

제1장 관인연품觀因緣品: 무엇이 발생한다는 생각에 대한 분석
제2장 관거래품觀去來品: 무엇이 움직인다는 생각에 대한 분석
제3장 관육정품觀六情品: 눈이 무엇을 본다는 생각에 대한 분석
제4장 관오음품觀五陰品: 물질은 요소로 이루어져 있다는 이론에 대한 분석
제5장 관육종품觀六種品: 허공은 특징을 갖는다는 이론에 대한 분석
제6장 관염염자품觀染染者品: 누가 탐욕을 낸다는 생각에 대한 분석
제7장 관삼상품觀三相品: 모든 존재는 생주멸生住滅한다는 이론에 대한 분석
제8장 관작작자품觀作作者品: 행위자가 행위한다는 생각에 대한 분석
제9장 관본주품觀本住品: 나에게 눈, 귀, 코가 달려 있다는 생각에 대한 분석
제10장 관연가연품觀燃可燃品: 불이 연료를 태운다는 생각에 대한 분석
제11장 관본제품觀本際品: 삶과 죽음의 관계에 대한 분석
제12장 관고품觀苦品: 내가 무엇을 한다는 생각에 대한 분석
제13장 관행품觀行品: 사물이 변화한다는 생각에 대한 분석
제14장 관합품觀合品: 지각기관과 대상과 주체의 결합에 대한 분석
제15장 관유무품觀有無品: 사물에 실체가 있다는 이론에 대한 분석
제16장 관박해품觀縛解品: 속박으로부터 해탈한다는 이론에 대한 분석
제17장 관업품觀業品: 업과 과보의 이론에 대한 분석
제18장 관법품觀法品: 자아가 존재한다는 이론에 대한 분석
제19장 관시품觀時品: 시간이 존재한다는 생각에 대한 분석
제20장 관인과품觀因果品: 인과관계에 대한 분석
제21장 관성괴품觀成壞品: 발생과 소멸의 관계에 대한 분석
제22장 관여래품觀如來品: 여래如來의 존재에 대한 분석
제23장 관전도품觀顚倒品: 전도顚倒된 생각에 대한 분석

제24장 관사제품觀四諦品: 공 사상에 대한 비판과 그에 대한 반박
제25장 관열반품觀涅槃品: 열반의 의미에 대한 분석
제26장 관십이인연품觀十二因緣品: 십이연기설에 대한 설명
제27장 관사견품觀邪見品: 윤회에 대한 잘못된 이해에 대한 비판


○ 우리말 번역 및 해설서

김성철,《중론, 논리로부터의 해탈 논리에 의한 해탈》, 불교시대사, 2004: 귀경게 이외에 108수의 게송을 가려 뽑아 번역하고 풀이하였다.《중론송》에서 추출된 사구비판의 구조를 분석 틀로 삼아 전 게송을 풀이한다는 점에서 독특하다.

남수영,《용수의 공사상 연구》, 시공사, 1999: 부록에《중송》에 대한 우리말 번역이 실려 있다.

박인성,《중론中論: 산스끄리뜨본, 티베트본, 한역본》, 주민출판사, 2001:《중송》의 산스끄리뜨 게송과 그에 대한 티베트, 한문 번역을 병치한 후 우리말로 번역한다.

자끄 메, 김형희 역,《중관학연구中觀學硏究》, 경서원, 2000: 자끄 메의《중론》강의록에 대한 번역이다. 제1장~제25장까지는 게송 중 일부를 번역한 후 해설하였고, 제26, 27장은 짠드라끼르띠의《쁘라산나빠다, Prasannapadā》를 번역, 소개한다.

황산덕,《중론송中論頌》, 서문문고 247, 서문당, 1976:《중론송》일부를 인용, 번역한 후 해설하였다.

○ 일본어 번역

三支充悳,《中論偈頌總覽》, 第三文明社, 1985:《중송》의 산스끄리뜨 원문과 티베트어 번역본 2가지 그리고 한역본 3가지 등 총6가지를 일본어로 번역하여 대조한다.

○ 영어 번역 및 해설서

F. J. Streng, Emptiness—A Study in Religious meaning, Abingdon Press, 1975: 부록에 영어 번역문이 실려 있다. 국내 번역본으로 '남수영 역,《용수의 공사상연구》, 시공사, 1999'이 있다. 용수의 저술에서 규명하는 공성의 종교적 의미에 대해 추구한다.

K. Inada, Nāgārjuna—A Translation of his Mūlamadhyamakakārikās with an Introductory Essay, The Hokuseido Press, 1970:《중송》의 산스끄리뜨 원문을 싣고 각 게송을 영어로 번역한다. 번역에 한역〈청목소〉를 많이 참조한 듯하다.

D. J. Kalupahana, Nāgārjuna, The Philosophy of the Middle Way, SUNY, 1986:《중송》의 산스끄리뜨 원문을 싣고 각 게송을 영어로 번역한 후 불교교학과 서양철학을 동원하여 각 게송의 의미를 해설한다. 국내 번역본으로 '박인성 역,《나가르주나》, 장경각, 1994'이 있다.

Jay L. Garfield, The Fundamental Wisdom of the Middle Way; Nāgārjuna's Mūlamadhyamakakārikā, 1995: 티베트 역《중론송》을 영역하고 해설한다. 전반부에서는 각 게송에 대한 영어 번역을 싣고, 후반부에서는 Sectus, Hume, Wittgenstein 등 서양철학자의

사상과 비교하면서 각 게송의 의미를 풀이한다.

### 《근본중론주무외根本中論註無畏》

티베트어 번역만 현존한다. 《중론》에 대한 용수 자신의 주석이라고 하나 현대학자들은 물론이고 티베트불교 전통에서도 그 신빙성에 의문을 제기한다. 《중송》의 게송을 되풀이하면서 약간의 설명을 덧붙이는 방식으로 《중송》을 주석한다. 제23장 17게송 이후는 현존하는 《불호주佛護註》와 그 내용이 동일하다.

○ 일본어 번역

池田澄達, 《根本中論疏無畏論譯註》, 東洋文庫論叢, 東京, 1932

寺本婉雅, 《梵漢獨對校 西藏文和譯 龍樹造 中論 無畏疏》, 國書刊行會, 京都, 1937: 게송에 한해 Max Walleser의 독일어 번역을 병기한다.

○ 독일어 번역

Max Walleser, Ga la ḥjigs med, Die tibetische Version von Nāgārjuna's Kommentar Akutobayā zur Madhyamakakārikā, Materialien zur Kunde des Buddhismus, Heft.2, Heidelberg, 1923.

### 청목靑目의 《중론中論》

《중송》에 대한 청목의 주석을 서력기원 후 409년에 구마라습이 한역하였다. 한자문화권에서 가장 널리 봉독되던 《중송》 주석서로 산스끄리뜨 원본은 남아있지 않다.

○ 우리말 번역

김성철 역, 《중론》, 1993, 경서원: 《중론》〈청목소〉를 번역하면서 게송에 한해 한역문과 산스끄리뜨 원문과 번역을 병기하였다. 각주에 산스끄리뜨 게송에 대한 문법해설이 실려 있다.

동국역경원, 〈중론〉《한글대장경》 제126권, 1987.

○ 일본어 번역

宇井伯壽, 〈中論〉《國譯大藏經》論部5, 國民文庫刊行會, 1921: 각주에 게송에 대한 산스끄리뜨 원문과 번역이 실려 있다.

羽溪了諦, 〈中論〉《國譯一切經》中觀部1, 大東出版社, 1930: 각주에 게송에 대한 산스끄리뜨원문과 번역이 실려 있다.

三支充悳, 《中論》(上) (中) (下), 第三文明社, 1984: 총 3권으로 이루어진 문고본으로 게송에 한해 한역문과 산스끄리뜨 원문과 번역을 병기하였다.

○ 영어 번역

Brian Bocking, Nāgārjuna in China: A Translation of the Middle Treatise by Piṅgala, Edwin Mellen Press, 1995.

### 붓다빨리따佛護의 《불호근본중론주佛護根本中論註》

《불호주중론佛護注中論》이라고 불리기도 한다. 티베트 번역본만 남아 있다. 그 주석 방식이 후대에 청변에 의해 비판받는다는 점에서 학문적 가치를 갖는다. 제1장~제13장 2송까지에 대한 교정본이 'Bibliotheca Buddhica XVI'에 실려 있으며 大竹照眞, Christian Lindtner 등에 의해 부분적으로 번역되긴 했으나 현대어 완역본은 없다.

○ 일본어 번역

大竹照眞, '〈中論佛護釋和譯〉(1), (2), (3)', '《密教硏究》 42, 45, 59', '1931, 1932, 1936': 제1장 전체에 대한 번역.

奧住毅, 〈ブッダパーリタ佛護根本中論釋書第一章和譯〉, 《二松學舍大學東洋學硏究所集刊》 第10集, 1979: 제1장 전체에 대한 번역.

奧住毅, 〈ブッダパーリタ佛護根本中論釋書第二章和譯〉, 《동방》 1, 1985: 제2장 전체에 대한 번역.

○ 독일어 번역

Erich Frauwallner, Die Philosophie des Buddhismus, SS.222～223: 제1장의 일부에 대한 번역.

### 안혜安慧의 《대승중관석론大乘中觀釋論》

한역본만 남아 있다. 유식논사로 분류되는 안혜의 주석이라는 점이 특이하다. 제1장~제13장까지는 법호가 한역하였고 제14장 이후는 유정이 번역하였다. 고려대장경이나 이를 저본으로 삼은 대정신수대장경에는 법호의 한역문만 실려 있고, 만자속장경卍字續藏經에 유정의 번역을 포함하여 《대승중관석론》 전체가 실려 있다.

○ 우리말 번역
박상수, 〈대승중관석론〉《한글대장경》제210권, 동국역경원, 1997.

### 청변靑辯의 《반야등론般若燈論, Prajñāpradīpa》

티베트역과 한역본만 남아 있다. 《중송》에 대한 붓다빨리따의 주석 방식을 비판하면서 자립논증적인 주석을 주장하는 청변의 사상이 그대로 담겨 있는 중요한 문헌이다. 한역본의 경우 번역이 난삽하고 앞의 중요한 부분은 번역되어 있지 않기에 학문적 가치가 떨어진다.

○ 우리말 번역
이현옥 역, 〈반야등론석〉《한글대장경》제210권, 동국역경원, 1997.

○ 일본어 번역
羽溪了諦 역, 〈般若燈論釋〉《國譯一切經》印度撰述部67, 大東出版社, 1976.

**짠드라끼르띠 月稱의**
  《쁘라산나빠다 淨明句, 淨明句論, 明句論, Prasannapadā》

중송의 산스끄리뜨 원문을 채취할 수 있는 유일한 문헌으로 현대의 중관학 연구자들이 가장 중시하는 문헌이다. 한역되지는 않았지만 티베트어 번역은 현존한다. 서두에 청변에 대한 장문의 비판이 실려 있다. 산스끄리뜨 교정본은 여러 가지가 있으나 Louis de la Vallée Poussin의 교정본이 가장 널리 이용된다. 교정본 출간 이래 여러 학자들에 의해서 부분적인 현대어 번역이 이루어졌으며, 1988년 일본의 本多惠와 奧住毅가 각각 완역본을 만들어 출간한 바 있다. 산스끄리뜨 교정본과 현대어 번역 가운데 대표적인 것 몇 가지는 다음과 같다.

○ 산스끄리뜨 교정본
Louis de la Vallée Poussin, Mūlamadhyamakakārikās(Mādhyamikas

ūtras) de Nāgārjuna avec la Prasanapadā commentaire de Candrakīrti, Bibliotheca Buddhica Ⅳ, St. Pétersbourg, 1903~1913.

P. L. Vaidya, Madhyamakaśāstra of Nāgārjuna with the commentary Prasanapadā by Candrakīrti, Buddhist Sanskrit Text 10, Darbhanga, 1960.

○ 우리말 번역

정태혁, 〈月稱造 梵文中論釋 觀聖諦品 譯註〉《불교학보》 제9집, 동국대불교문화연구소, 1972.

연암 종서, 《열반의 개념》, 경서원, 연암 종서 역: 체르밧스키의 제1, 25장 영역에 대한 우리말 重譯.

박인성, 《쁘라산나빠다》, 민음사, 1996: 제1장~제6장까지 원문과 번역문을 함께 실었다.

○ 일본어 번역

奧住毅, 《中論註釋書の硏究》, 大藏出版株式會社, 1988: 최초의 완역본이다.

本多惠, 《チャンンドラキ-ルテイ中論註和譯》, 國書刊行會, 1988: 완역본이다.

山口益, 《月稱造中論釋一》, 弘文堂書房, 1947: 제1장과 제2장의 번역.

荻原雲來, 〈プラサンナパダ(月稱作明解中論釋)和譯〉, 《荻原文集》, 1938: 제12~17장까지의 번역.

○ 영어 번역

Stcherbatsky, The Conception of Buddhist Nirvāṇa, 1927: 제1장과 25장의 번역.

○독일어 번역

Stainslas Schayer, Feuer und Brennstoff. Ein Kapital aus dem Mādhyamika-Śāstra des Nāgārjuna mit der Vṛtti des Candrakīrti, 1931: 제5, 10, 12, 13, 14, 15, 16장의 번역.

○ 불어 번역:

Étienne Lamotte, Le traité de l'acte de Vasubandhu, Karmasiddhiprakaraṇa, 1936: 제16장의 번역. 세친의《成業論, Karmasiddhiprakaraṇa》연구의 부록이다.

J. W. de Jong, Cinq chapitres de la Prasannapadā, Buddhica, Paris, 1949: 제18~22장까지의 번역.

Jaque May, Candrakīrti; Prasannapadā Madhyamakavṛtti, 1959: 제2, 3, 4, 6, 7, 8, 9, 11, 23, 24, 26. 27장의 번역.

## (2) 그밖의 용수의 저술

**《회쟁론**廻諍論, Vigrahavyāvartanī》

중관학을 공부할 때《중론》다음으로 중요한 문헌이다.《중론》이 공성空性에 대해 규명하는 논서라면,《회쟁론》은 공성에 대한 오해를 시정하는 논서이다. Āryā 형식으로 씌어진 총 71수의 정형시와 그에 대한 용수 자신의 주석으로 이루어져 있다. 처음 20수의 게송은 공사상에 대한 논적의 비판으로 이루어져 있고, 이후 마지막까지 그런 비판 하나하나에 대한 용수의 답변이 실려 있다.

○ 우리말 번역
김성철 역,《梵·藏·漢 對譯 廻諍論》, 경서원, 1999:《회쟁론》에 대한 현대학자들의 연구 성과가 총망라된 우리말 번역서이다.《회쟁론》의 산스끄리뜨 원문과 티베트어 번역본, 한역본 원문을 교정하여 실으면서, 각각을 우리말로 번역하였다. 하기한 梶山雄一의 번역본과 Kamalswar Bhattacharya의 번역본에 기술된 주석 모두를 각주에 모아놓았다.《회쟁론》의 산스끄리뜨 원문과 티베트어 역문에 사용된 단어의 의미와 문법에 대해 해설한 책으로 '김성철,《회쟁론 범문·장문 문법해설집》, 경서원, 1999'이 있다.

東峰, 〈회쟁론〉《용수의 대승사상》, 진영사, 1988: 일본어 번역에 의한 重譯.

○ 일본어 번역
梶山雄一, 〈회쟁론〉《大乘佛典14 龍樹論集》, 中央公論社, 1980.

○ 영어 번역
Kamalswar Bhattacharya, The Dialectical Method of Nāgārjuna (Vigrahavyāvartanī), Motilal Banarsidass, 1978: 산스끄리뜨 원문과 영어 번역.

○ 불어 번역
G. Yamaguchi, Traité de Nāgārjuna pour écarter les vaines discussions, Vigrahavyāvartanī, traduit et annoté, J.A. 1929, pp.1~86.

**《육십송여리론六十頌如理論, Yuktiṣaṣṭikā》** - Āryā 형식

중관의 가르침을 총 61수의 게송으로 정리한 용수의 저술이다. 산스끄리뜨 원문은 남아 있지 않고, 티베트어 번역본과 한역본만 전한다. 짠드라끼르띠의 주석 역시 티베트어 번역으로 현존한다. 중관의 가르침은 논리, 비유, 선언이라는 세 가지 방식으로 표출될 수 있다. 《중론》에서는 이 가운데 논리적 방식

이 주종을 이루는데 《육십송여리론》에서는 선언과 비유를 주로 사용하면서, 연기緣起의 의미에 대해 조명한다. 《중론》, 《회쟁론》 《광파론》 《공칠십론》과 함께 오여리론五如理論이라고 불린다.

○ 우리말 번역

동국역경원, 〈육십송여리론〉 《한글대장경》, 1972: 한역본에 대한 번역.

○ 일본어 번역

瓜生津隆眞, 〈六十頌如理論〉 《大乘佛典14 龍樹論集》, 中央公論社, 1980: 짠드라끼르띠의 주석에 대한 일본어 번역.

羽溪了諦, 〈六十頌如理論〉, 《國譯一切經》 中觀部3, 大東出版社, 1932.

○ 영어 번역

Lindtner, Yuktiṣaṣṭikā, Nagarjuniana, Motilal Banarasidass, 1982: 본송에 대한 번역이다. 티베트어 번역문과 산스끄리뜨 단편이 함께 실려 있다.

Joseph Loizzo, Nāgārjuna's Reason Sixty(Yuktiṣaṣṭikā) with Candrakīrti's Commentary(Yuktiṣaṣṭikāvṛtti), Columbia University Press, 2004: 짠드라끼르띠의 주석인 《육십송여리론석六十頌如理論釋》에 대한 영어 번역.

○ 독일어 번역

Phil. Schäffer, Nāgārjuna, die sechzig Sätze des Negativismus, nach der chinesischen Version übersetzt, 1923.

《공칠십론空七十論, Śūnyatāsaptati》

Āryā형식으로 씌어진 총 73수의 게송으로 공성을 논증한다. 용수 자신의 주석과 짠드라끼르띠의 주석 등이 티베트어 번역본으로 현존한다. 소재와 논파 방식 대부분이 《중론》의 범위를 벗어나지 않는다. 《중론》 이해를 위한 입문서, 또는 요약본으로서 작성된 듯하다. 《육십송여리론》과 달리 논리적 게송이 주종을 이룬다.

○ 우리말 번역

이지수, 〈나가르쥬나의 《空七十論》〉 《가산학보》 제3집, 1994.

○ 일본어 번역

梶山雄一, 〈空七十論〉 《大乘佛典14 龍樹論集》, 中央公論社, 1980: 게송과 용수의 주석을 번역하였다.

山口益, 〈龍樹論師の七十空性偈〉, 《佛教研究》 5-1, 大谷大學, 1924.

○ 영어 번역

Lindtner, Śūnyatāsaptati, Nagarjuniana, Motilal Banarasidass, 1982:

본송에 대한 티베트어 역문과 산스끄리뜨 단편 및 영역
David Ross Komito, Nagarjuna's Seventy Stanzas: A Buddhist Psychology of Emptiness, Snow Lion, 1987.

《광파론廣破論, Vaidalyaprakaraṇa》

니야야(Nyāya) 학파의 논리학의 구성요소인 인식방법, 인식대상, 의혹, 동기, 실례, 정설, 지분支分, 사택思擇, 결정, 논의, 논쟁, 논힐論詰, 사인似因, 궤변, 오난誤難, 부처負處 등 16구의 句義의 실재성을 비판한다. 티베트어 번역문만 현존한다. 중관논리를 통해 특정 외도의 세계관을 집중적으로 비판한다는 점에서 독특하다.

○ 티베트어 번역문 교정본
梶山雄一, The Vaidalyaprakaraṇa of Nāgārjuna, 印度學試論集 6~7, 京都大學 印度·佛敎學會, 1964

○ 우리말 번역
東峰 著, 〈광파론〉《용수의 대승사상》, 진영사, 1988: 일본어 번역에 의한 重譯.

○ 일본어 번역
梶山雄一, 〈ヴィダルヤ論〉《大乘佛典14 龍樹論集》, 中央公論社, 1980.

《십이문론十二門論, Dvādaśamukhaśāstra》

제1 관인연문觀因緣門~제12 관생문觀生門까지 총 26수의 게송과 그에 대한 해설로 이루어져 있다. 구마라습의 한역본(409C. E.)만 현존한다. 그 내용은 《중론》과 거의 같기에 《중론》을 위한 입문서로 저술된 것으로 생각된다. 동아시아의 불교전통에서는 《중론》, 《백론》과 함께 삼론三論이라고 불린다. 각 장의 제목은 다음과 같다.

  제1장 관인연문觀因緣門: 인연에 대한 검토
  제2장 관유과무과문觀有果無果門: 인중유과론因中有果論과 인중무과론因中無果論에 대한 검토
  제3장 관연문觀緣門: 연에 대한 검토
  제4장 관상문觀相門: 특징에 대한 검토
  제5장 관유상각상문觀有相無相門: 특징 있음과 특징 없음에 대한 검토
  제6장 관일이문觀一異門: 같음과 다름에 대한 검토
  제7장 관유무문觀有無門: 유와 무에 대한 검토
  제8장 관성문觀性門: 자성自性에 대한 검토
  제9장 관인과문觀因果門: 인과관계에 대한 검토
  제10장 관작자문觀作者門: 짓는 자에 대한 검토
  제11장 관삼시문觀三時門: 삼시에 대한 검토
  제12장 관생문觀生門: 발생에 대한 검토

○ 산스끄리뜨 복원본

N. Aiyaswami Sastri, Dvādaśamukha Śāstra of Nāgārjuna, Visva-Bharati Annals Vol.Ⅵ, Santiniketan, 1954.

○ 우리말 번역

김성철, 〈십이문론〉, 《百論·十二門論》, 경서원, 1999

동국역경원, 〈百論〉, 《한글대장경》, 1989.

○ 일본어 번역

羽溪了諦, 〈百論〉, 《國譯一切經》 中觀部1, 大東出版社, 1930.

宇井伯壽, 〈百論〉, 《國譯大藏經》 論部5, 國民文庫刊行會, 1921.

○ 영어 번역

Hsueh-li Cheng, Nāgārjuna's Twelve Gate Treatise, Translate with Introductory Essay, Comments, and Notes, Studies of Classical India 5, Dordrecht, D. Reidel Publishing Company, 1982.

《대지도론大智度論》

《마하반야바라밀경》에 대한 주석이다. 구마라습의 한역문 (405C.E.)만 전한다. 원제는 'Mahā-prajñā-pāramitā-Śāstra' 또는 'Mahā-prajñā-pāramitā-(sūtra)-upadeśa'라고 복원된다. 용수의 저술이라고 전해오지만, 번역자인 구마라습의 가필이 많이 발견된다. 총 10

0권으로 이루어져 있는 대작으로《마하반야바라밀경》의 경문을 인용한 후, 대승 공관空觀과 아비달마 교학에 근거하여 그 의미에 대해 해설하는 형식으로 씌어져 있다. 동아시아 불교 전통에서《중론》《백론》《십이문론》의 삼론三論과 함께 묶여 사론四論이라고 불린다. 중관학은 물론이고 불교 전체에 대한 포괄적 조망을 제공하는 불교백과사전과 같은 저술이다.

○ 우리말 번역

동국역경원,〈대지도론〉《한글대장경》, 제101권~제105권, 1994.

○ 일본어 번역

眞野正順,〈大智度論〉《國譯一切經》釋經論部3, 大東出版社, 1977.

○ 프랑스어 번역

Étienne Lamotte, Le Traité de la Grande Vertu de Sagesse de Nāgā-rjuna(Mahā-prajñā-pāramitā-Śāstra) Ⅰ, Ⅱ, Ⅲ, Ⅳ, Ⅴ, Louvain, P.I.O.L., 1944, 1949, 1970, 1976, 1980:《대지도론》총 100권 가운데 제34권까지, 전체의 약 1/3가량을 번역, 주석한 책이다. J. W. 드용은 이 책을 서양불교학 역사상 최고의 연구서라고 평한다.

## 기타 용수의 저술이라고 전승되는 문헌들

《方便心論, Upāyahṛdayaśāstra》, 《因緣心頌, Pratītyasamutpāda-hṛdaya-kārikā》, 《寶行王正論, Ratnāvalī: 一連의 寶珠》, 《勸誡王頌, Suṛllehkha: 친구의 편지》, 《大乘二十頌論, Mahāyānaviṃśikā》, 《菩提資量論, Bodhisaṃbhāra》, 《十住毘婆沙論》, 《不覺者의 覺이라는 이름의 品, Abdhabodhaka-nāma-prakaraṇa》, 《大乘寶要義論, Sūtrasamuccaya: 經集論》, 《言說成就, Vyavahārasiddhi》, 《大乘破有論, Bhavasaṃkrānti: 生으로부터의 轉移》, 《十八空論》, 《菩提心離相論, Bodhicittavivaraṇ: 菩提心釋》, 《菩提行經》, 《釋摩訶衍論》, 《福蓋正行所集經》, 《八大聖地制多讚, Aṣṭamahāsthānacaitya-stotra》, 《廣大發願頌》, 《壹輸盧迦論, Ekaślokaśāstra》, 《緣起의 輪, Pratītyasamutpādacakra》, 《聖法界心髓解說, Ārya-Dharmadhātugarbhavivaraṇa》, 《自在神의 作者性否定과 비쉬누 神의 作者性否定, Īśvarakartṛtvanirākṛtir Viṣṇor ekakartṛtvanirākaraṇam》, 《攝法論, Dharmasaṃgraha》, 《修身書 智慧의 지팡이, Nītiśāstra-Prajñādaṇḍa》, 《百가지 智慧라는 이름의 品, Prajñāśataka-nāma-prakaraṇa》, 《修身書 生者 養育滴, Nītiśāstra-Jantupoṣaṇabindhu》, 《讚法界頌, Dharmadhātu-stava》, 《心金剛讚, Cittavajrastava》, 《超讚嘆讚, Stutyatīta-stava》, 《四讚, Catuḥtava》, 《有情喜讚, Sattvārādhana-stava》, 《三身讚, Kāyatraya-stava》, 《단다까調의 詩句에 의한 존경스런 붓다에 대한 찬가, Buddha-bhaṭṭārakasya daṇḍaka-vṛttena stotra》

### (3) 아리야제바의 저술

《**사백론**四百論, Catuḥśataka》

《사백관론四百觀論》 또는 《광백론廣百論》이라고도 부른다. 총 16장 400수의 게송으로 이루어져 있다. 산스끄리뜨 원본은 일부 단편만 전할 뿐이다. 후반부 200송에 대한 호법護法의 주석인 《대승광백론석론大乘廣百論釋論》이 현장에 의해 한역되어 전해진다. 짠드라끼르띠는 호법이 후반부만 주석한 것을 비판하면서 《사백관론》 전체를 주석한 《보살유가행사백관론菩薩瑜伽行四百觀論, Boddhisattvayogācāra-catuḥśataka-ṭīkā》를 저술했는데 수종의 티베트 번역본이 현존한다. 용수의 공관에 근거하여 상常, 낙樂 아我, 정淨의 네 가지 집착 등 외도의 학설들에 대한 반박이 담겨 있다.

○ 산스끄리뜨 복원본

Haraprasād Śāstrī, Catuḥśatikā by Ārya Deva, Memoirs of the Asi-atic Society of Bengal, Vol.Ⅲ, No.8, pp.449~514.

P. L. Vaidya, Études sur Āryadeva et son Catuḥśataka, chapitre Ⅷ~ⅩⅣ, Paris, Librairie Orientaliste Paul Geuthner, 1923, pp.69~128(제8~16장까지의 梵·藏·佛 對譯 pp. 129~167).

Vidhuśekhara Bhattacharya, The Catuḥśataka of Āryadeva with extracts from tha commentary of Candrakīrti, reconstructed from the Tibetan Version with an English translation, Chapter Ⅶ, Proceedings and Translations of the Fourth Oriental Conference, Allahabad, 1928, pp.831~871(제7장에 대한 梵・藏・英 對譯).

Vidhuśekhara Bhattacharya, The Catuḥśataka of Āryadeva, Sanskrit and Tibetan Texts with copious extracts from the commentary of Candrakīrti, Calcutta, Visva-Bharati Book-Shop, Apr. 1931(제8~16장에 대한 梵文과 藏譯).

Bhagachandra Jain Bhaskar, Āryadeva's Catuḥśatakam, along with the Candrakīrti Vṛtti & Hindī Translation, Nagpur, Alok Prakashan, 1971(제7~16장까지의 梵文).

Karen Lang, Āryadeva's Catuḥśataka, On the Bodhisattva's Cultivation of Merit and Knowledge, Indiske Studier Ⅶ, Copenhagen, Aka-demisk Foelag, 1986(梵・藏・英 對譯).

○ 우리말 번역
(한역본 번역)
동국역경원, 〈광백론본〉《한글대장경》, 동국역경원, 1989: 한역본의 번역.

동국역경원, 〈대승광백론석론〉《한글대장경》, 동국역경원, 1987: 한역본의 번역.

○ 일본어 번역
(티베트역본 번역)

山口益,〈月稱造四百論註釋破常品の解讀〉《領木年報》1, 昭和 40.3, pp. 13~35(再錄《山口益佛敎學文集》下, 春秋社, 昭和 48.5, pp.349~403, 第9章).

瓜生津隆眞,〈アーリヤデーヴァの王道論-《四百論》第四章について-〉《中村紀念論集》, 昭和 48.11, pp. 255~270.

江島惠敎,〈大乘佛敎における時間論〉《講座大乘佛敎思想》1, 理想社, 昭和 49.4, pp.227~269(第11章).

瓜生津隆眞,〈無常と死-《四百論》第一章について-〉《京都女子學園佛敎文化硏究所紀要》5, 昭和 50.3, pp.72~96.

瓜生津隆眞,〈肉體と苦-《四百論》第二章について-〉《京都女子學園佛敎文化硏究所紀要》6, 昭和 51.3, pp.23~48.

小川一乘,〈時間論に對する大乘佛敎的視點-月稱造《四百論釋》第十一章〈破時品〉解讀-〉《大谷年報》29, 昭和 52.2, pp. 1~53(第11章).

瓜生津隆眞,〈不淨觀と女性-《四百論》第3章について-〉,《京都女子學園佛敎文化硏究所紀要》9, 昭和 54.3, pp.81~111.

片野道雄,〈大乘佛敎と他思想との對論-月稱造四百論釋破邊執品お中心に-〉,《佛敎思想史》2, 昭和 55.6, pp.53~91(第14章).

佐佐木惠精,〈菩薩の振舞い-Candrakīrti作 Catuḥśataka-ṭikā 第5章 解讀-〉《池坊短期大學紀要》12, 昭和 57, pp.19~31,《池坊短期大學紀要》13, 昭和58.3, pp.229~236,《池坊短期大學紀要》15, 昭和60.2, pp.35~45,《池坊短期大學紀要》17, 昭和 62.2, pp.1~6(第5章).

小川一乘,〈《四百論釋》第十章〈破我品〉の解讀〉《空性思想の研究Ⅱ -チャンドラキ-ルチィの中觀說-》, 文榮堂, 昭和 63.2, pp.98~133(第10章).

(한역본 번역)

羽溪了諦,〈廣百論本〉《國譯一切經》中觀部3, 大東出版社, 1977.

遠藤二平,〈大乘廣百論釋論〉《國譯一切經》中觀部3, 大東出版社, 1977.

《**백론**百論, Śataśāstra》

구마라습의 한역본(404C.E.)만 현존한다. 동아시아 불교 전통에서 용수의 《중론》《십이문론》과 함께 삼론이라고 불리며 중시되었다. 원래 총 20장, 100수의 게송과 그에 대한 주석으로 이루어져 있었으나, 번역자 구마라습이 후반의 10장 50수의 게송은 중국에 무익하다고 보아 번역하지 않았다고 한다. 제1〈사죄복품捨罪福品〉의 내용은 《사백관론》의 앞 8품에 해당하고, 제2〈파신품破神品〉~제10〈파공품破空品〉의 내용은 《사백관론》의 후반 8품에 해당한다. 각 장의 제목은 다음과 같다.

제1장 사죄복품捨罪福品: 죄와 복을 버리기
제2장 파신품破神品: 영혼에 대한 논파

제3장 파일품破一品: 같음에 대한 논파
제4장 파이품破異品: 다름에 대한 논파
제5장 파정품破情品: 육정六情에 대한 논파
제6장 파진품破塵品: 육진六塵(= 六境)에 대한 논파
제7장 파인중유과품破因中有果品: 인중유과론에 대한 논파
제8장 파인중무과품破因中無果品: 인중무과론에 대한 논파
제9장 파상품破常品: 상주법에 대한 논파
제10장 파공품破空品: 공에 대한 논파

○ 우리말 번역

김성철, 〈百論〉《百論・十二門論》, 경서원, 1999.
동국역경원, 〈백론〉《한글대장경》 제126권, 1972.

○ 일본어 번역

宇井伯壽, 〈百論〉《國譯大藏經》論部5, 國民文庫刊行會, 1921.
羽溪了諦, 〈百論〉《國譯一切經》中觀部1, 大東出版社, 1930.

○ 영어 번역

G. Tucci, Āryadeva's Śataśāstra, Translated into English, Pre-Diṅnāga Buddhist Texts on Logic from Chinese Sources, GOS, No. XLIX, Baroda, 1929(repr. San Francisco, 1976).

○ 이탈리아어 번역

G. Tucci, Le cento strofe (Çataçāstra), testo buddhisitico mahāyāna tradotto

dal cinese, con introducione e note, Studi e Materiali di Storia delle Rel
-igioni Ⅰ, 1925, pp.66~128, 161~189.

**기타 아리야제바의 저술이라고 전승되는 문헌들**

《百字論, Akṣaraśataka》,《大丈夫論》,《提婆菩薩破楞伽經中小乘外道四宗論》,《提婆菩薩破楞伽經中小乘外道涅槃論》,《肢分論, Hastavāla-nāma-prakaraṇa》,《肢分論註, Hastavāla-nāma-prakaraṇa-vṛtti》,《迷亂摧壞正理因成就, Skhalitapramardanayuktihetusiddhi》,《中觀迷亂摧壞, Madhyamakabhramaghāta》,《智心髓集, Jñānasāras-amuccaya》,《聖般若波羅蜜大問, Āryaprajñāpāramitāmahāpariprcchā》.


### (4) 청변靑辯의 저술

**《중관심송**中觀心頌, Madhyamaka-hṛdaya-kārikā**》과 《사택염**
　　　思擇炎, Tarkajvālā**》**

《중관심송》은 청변의 저술 가운데 가장 이른 시기에 저술된 것으로 추정되며《사택염》은 이에 대한 청변 스스로의 주석이며 티베트 번역본만 현존한다. 총11장으로 이루어져 있는데 제3장이 중심이 되며 제4, 5장에서는 아비달마·유가행파의 학설을 비판하며, 제6장 이후에서는 상키야, 와이셰시까, 베단따, 미망사 등의 학설에 대해 소개하면서 비판하고 있다. 제1장~제9장까지는 여러 학자에 의해 현대어로 번역되어 있다. 예를 들어 '江島惠教, 《中觀思想の展開》, 춘추사, 1980'의 부록에 제3장에 대한 번역이 실려 있다.

**기타 청변의 저술이라고 전승되는 문헌들**

《대승장진론大乘掌珍論》(한역), 《중관보등론中觀寶燈論, Madhyamaka-ratna-pradīpa》, 《중관의집中觀義集, Madhyamakārtha-saṃgraha》, 《이부분파해설異部分派解說, Nikāyabheda-vibhaṅga-vyākhyāna》(이상 티베트역), 《반야등론》.


### (5) 짠드라끼르띠의 저술

앞에서 《중송》에 대한 주석서를 나열하면서 소개한 바 있듯이 짠드라끼르띠의 저술 가운데 대표적인 것은 물론 《쁘라산나빠다, Prasannapadā》이다. 이 이외에도 용수의 《육십송여리론》과 《공칠십론》, 그리고 아리야제바의 《사백관론》에 대한 짠드라끼르띠의 주석 역시 티베트어 번역본으로 현존한다. 이들 저술들이 주석서인 반면 다음의 《입중론》은 짠드라끼르띠 자신의 사상이 담겨 있는 독립된 저술이다.

**《입중론入中論, Madhyamakāvatāra》**

《십지경十地經》에서 설하는 보살의 수행차제인 십지十地 각각을 하나의 장으로 삼고, 보살의 공덕과 부처의 공덕을 설하는 두 장을 추가하여 총 12장으로 구성되어 있다. 각 장의 제목과 게송 수는 다음과 같다.

제1 환희歡喜 － 17송 / 제2 이구離垢 － 10송
제3 발광發光 － 13송 / 제4 염혜焰慧 － 2송
제5 난승難勝 － 1송 / 제6 현전現前 － 226송
제7 원행遠行 － 1송 / 제8 부동不動 － 3송
제9 선혜善慧 － 1송 / 제10 법운法雲 － 1송
제11, 12 불보살의 공덕 － 56송

이 중 핵심이 되는 제6장에는 가장 많은 총 226수의 게송이 실려 있는데 중관파에서 가르치는 무자성無自性 공성空性에 입각하여 유가행파, 상키야학파, 베단따학파, 로까야따학파 또 자립논증적 중관파 등을 비판한다. 산스끄리뜨 원전은 현존하지 않고 티베트어 번역문으로 남아 있는데, 짠드라끼르띠 자신의 주석인《입중론주入中論註, Madhyamakāvatāra-bhāṣya》역시 티베트어 번역문으로 현존한다. 수많은 학자들에 의해 분분적인 번역이 시도되었으며, 대표적인 것은 다음과 같다.

○ C. W. Huntington, Jr. with Geshé Namgyal Wangchen, The Emptiness of Emptiness-An Introduction to Early Indian Mādhyamika, University of Hawaii Press, Honolulu, 1989: 후반부에 본송에 대한 영어 번역이 실려 있다.

○ Padmakara Translation Group, Introduction to the Middle Way-Chandrakirti's madhyamakavatara with Commentary by Jamgön Mipham, Shambala, Boston & London, 2002: 닝마파 승려이면서 초종파 운동을 벌였던 Jamgön Mipham(1846~1912)의 주석을 영어로 번역한 책.《입중론》본송에 대한 번역을 별도로 싣고 있다.

### 기타 짠드라끼르띠의 저술이라고 전승되는 문헌들

《오온론五蘊論, Pñcaskandha-prakaraṇa》,《입중관반야론入中觀般若論, Madhyamakāvatāraprajñā》,《삼귀의칠십三歸依七十, Triśaraṇagamana-saptati》,《쁘라산나빠다, Prasannapadā》〔《중송》항목에서 설명〕,《육십송여리론석六十頌如理論釋, Yuktiṣaṣṭikā-vṛtti》,《공칠십론석空七十論釋, Śūnyatāsaptati-vrtti》,《보살유가행사백관론菩薩瑜伽行四百觀論, Boddhisattvayogācāra-catuḥśataka-ṭīkā》

### (6) 적천寂天의 저술

티베트의 둡타 문헌에서는 적천을 짠드라끼르띠 계통의 귀류논증파에 소속시킨다. 이제二諦에 대한 조망, 또 공성의 이론적 측면보다 실천적 측면에 더 관심을 가졌다는 점이 짠드라끼르띠와 같았기에 귀류논증파에 소속시킨 것으로 추정된다.

**《학처요집學處要集, Śikṣāsamuccaya》**

산스끄리뜨본, 티베트 번역본, 한역본 모두 현존한다. 한역본의 제목은 《대승집보살학론》이다. 육바라밀을 중심으로 대승보살이 학습해야 할 덕목을 집대성한 저술이다.

○ 산스끄리뜨 교정본

Cecil Bendall, Çikṣāsamuccaya, A Compendium of Buddhistic Teaching Compiled by Çāntideva Chiefly from Earlier Mahāyāna-sūtras, Bibliotheca Buddhica Ⅰ, St. Petersburg, 1897~1902 등 다수.

○ 우리말 번역
(한역본)
동국역경원,《한글대장경》, 제249권, 1998.

○ 영어 번역

Cecil Bendall and W. H. Rous, Śikṣāsamuccaya, A Compendium of Buddhist Doctrine, London, 1922.

《입보리행론入菩提行論, Bodhicaryāvatāra》

육바라밀을 중심으로 대승 보살의 실천에 대해 설명한다. 여러 종의 산스끄리뜨 필사본 단편들에 근거하여 산스끄리뜨 교정본이 완성되었으며, 티베트어 번역본도 현존하고, 《보리행경菩提行經》이라는 이름의 한역본 역시 현존한다. 티베트 불교권에서 특히 중시되는 저술이다. 이 이외에 적천의 저술로 《경집론經集論, Sūtrasamuccaya》 등이 있다.

○ 우리말 번역

청전 역, 《입보리행론》, 하얀연꽃, 2004.

지엄 역, 수다지캄보, 《입보살행론광석》 (출간예정)

○ 영어 번역

Marion L. Matics, Entering the Path of Enlightenment, The Bodhi-caryāvatāra of the Buddhist poet Śantideva, London, George Allen & Unwin Ltd., 1970.

Kate Crosby and Andrew Skilton, Śantideva-The Bodhicaryāvatāra, Oxford University Press, 1995.

## (7) 즈냐나가르바의 저술

**《이제분별론**二諦分別論, Satyadvayavibhaṅga》

제목이 말하듯이 이제의 참 뜻을 드러내는 저술로 총 46수의 게송과 그에 대한 즈냐나가르바 자신의 주석이 티베트 번역본으로 현존한다. 이제의 구분으로 시작하지만, 그 구분을 점차 상대화 시키면서 이제의 참된 의미를 규명한다. 삼론종의 삼종중도 이론과 마찬가지로 유동적 이제관을 제시하지만, "공성에 대한 자각을 통해 다시 세속으로 돌아온다"는 순환적 이제관이라는 점에서 독특하다. 즈냐나가르바의 저술로 이 이외에 《유가수습도瑜伽修習道, Yogabhāvanā-mārga》가 현존한다.

○ 일본어 번역

李泰昇, 《二諦分別論細疏の研究-後期中觀思想の展開に關する考察》, 博士學位論文, 駒澤大學大學院, 1993: 《이제분별론세소》를 샨따락쉬따의 《중관장엄론》과 비교연구한 후 《세소》의 티베트역문과 일본어 번역을 싣고 있다.

○ 영어 번역

Malcom David Eckel, Jñānagarbha's Commentary on the Distinction between the Two Truths, An Eighth Century Handbook of Madhyamaka Philosophy, New York, SUNY, 1987: 《이제분별론》에 대해 해설한

후 티베트역본과 영어 번역문을 싣고 있다.

### (8) 샨따락쉬따의 저술

**《중관장엄론**中觀莊嚴論, Madhyamakālaṃkāra》

총 98수의 게송과 샨따락쉬따 자신의 주석으로 이루어져 있으며 티베트어 번역본만 현존한다. 일다성一多性 논증 등을 통해 불교 내 각 학파의 학설을 하나하나 비판적으로 검토하면서 논의를 상승시키는데 그 궁극에 중관이 위치한다.

○ 일본어 번역
一鄕正道,《中觀莊嚴論の硏究―シャンタラクシタの思想》, 文榮堂, 1985: 샨따락쉬따의 사상을 개관한 후 후반부에《중관장엄론》에 대한 일본어 번역을 싣고 있다.

○ 영어 번역
James Blumenthal, The Ornament of the Middle Way-A Study of the Madhyamaka Thought of Śāntarakṣita, Snow Lion, 2004:《중관장엄론》과 그에 대한 겔룩파의 해석에 대해 상세하게 개관한 후,《중관장엄론》과 샨따락쉬따의 자주, 그리고 겔룩파 학승

개찹최제(rGyal tshab chos rje)의 해설에 대한 영어 번역 및 티베트 원문을 싣고 있다.

Thomas H. Doctor, Speech of Delight-Mipham's Commentary on Śāntarakṣita's Ornament of the Middle Way, Snow Lion, 2004: 초종파超宗派 운동을 벌였던 티베트 닝마파의 학승 미팜(Mipham: 1846~1912)의 《중관장엄론》 해설서에 대한 번역이다. 좌측 페이지에 티베트 원문을 소개한 후 우측 페이지에 그에 대한 영어 번역을 병치하고 있다.

### 《진실강요眞實綱要, Tattvasaṃgraha》

총 26장으로 이루어진 대작으로, 인도 내의 수많은 학파들의 학설을 소개하고 비판적으로 검토한다.

○ 영어 번역

Ganganatha Jha, The Tattvasaṅgraha of Śāntarakṣita with the Commentary of Kamalaśīla, 2 vols., GOS LXXX; LXXXIII, Baroda, 1937; 1939: 《진실강요》에 대한 까말라쉴라의 주석인 《진실강요주眞實綱要註, Tattvasaṃgrahapañjikā》에 대한 번역이다.

## (9) 까말라쉴라의 저술

《**중관명**中觀明, Madhyamakāloka》

까말라쉴라의 만년의 작품으로 논의의 범위가 넓고 중관사상을 집대성하고 있는 방대한 저술이라는 점에서 그의 대표작이라고 볼 수 있다.

○ 일본어 번역
宋本史朗,〈Madhyamakālokaの一乘思想――乘思想の硏究(1)-〉,《曹洞宗紀要》14, 1982, pp.1~47 등.

《**수습차제**修習次第, Bhāvanākrama》

중관을 궁극에 위치시키면서 점오漸悟의 입장에서 불교 수행의 과정을 기술한다. 초・중・후 3편으로 이루어져 있으며 각 편의 내용 가운데 중복되는 곳이 많다. 티베트 전승에 의하면 초편은 문사수聞思修 삼혜三慧에 의해 일체법무아의 가르침을 내용으로 하고 있고, 중편은 그 가르침의 수습 방법에 대해, 후편은 수습의 결과에 대해 설명한다.

산스끄리뜨 원문은 일부 단편만 남아 있고, 초편에 대한 한역으로《광석보리심론廣釋菩提心論》이 현존하며, 티베트 번역으로 세 편 모두 온전하게 전해진다.

○ 우리말 번역

허일범, 〈行의 重要性과 그 修習-Kamalaśīla의 修習次第 譯註(1); (2); (3); (4)〉,《伽山學報》 4; 5; 6; 7, 가산불교문화연구원, 1995; 1996; 1997; 1998.

중암中庵,《까말라쉴라의 수습차제의 연구-쌈예(bSam yas)의 논쟁연구》, 불교시대사: 2005년 10월 현재 출간을 위해 편집, 교정 중에 있는 원고. 까말라쉴라와 마하연 사이에 이루어진 삼예사의 논쟁에 대해 소개하고, 수습차제에 대해 개관한 후 부록으로 세 편의 《수습차제》 모두를 우리말로 번역하여 실었다.

○ 일본어 번역

芳村修基,《インド大乘佛敎思想硏究-カマラシーラの思想》, 百華苑, 1984: 먼저 까말라쉴라와 마하연 사이에 벌어졌던 삼예(bSam yas)寺의 논쟁을 소개한 후《수습차제》 세 편 모두를 번역하여 싣고 있다.

○ 영어 번역

Paramananda Sharma, Bhāvanākrama of Kamalaśīla, South Asia Books, 1997.

### 그밖의 까말라쉴라의 저술

《일체법무자성성취一切法無自性成就, Sarvadharmaniḥsvabhāvasiddhi》, 《진실명眞實明 Tattvāloka-nāma-prakaraṇa》, 《보리심수습菩提心修習, Bodhicittabhāvanā》, 《입유가수습入瑜伽修習, Yogabhāvanāvatāra》, 《고차별설시苦差別說示, Duḥkhaviśeṣananirdeśa》, 《진실강요주眞實綱要註, Tattvasaṃgrahapañjikā》

### (10) 기타 후기중관논사의 저술들[92]

**슈리굽따(Śrigupta)의 《입진실入眞實, Tattvāvatara》**

티베트어 번역본만 현존한다. 《중관장엄론》과 마찬가지로 일다성一多性 논증에 의해서 무자성無自性을 논증한다.

○ 일본어 번역
江島惠敎, 《中觀思想の展開》, 춘추사, 1980, pp.217~223: 슈

---
92) 이하 후기중관논사와 그 저술에 대한 보다 자세한 내용은 '이태승, 〈일본의 후기 중관파 연구〉《일본의 인도철학 불교학연구》, 아세아문화사, 1996'을 참조하기 바람.

리굽따의 자주自註에서 22게송을 추출하여 번역 소개한다.

**깜발라(Kambala)의 《명만明鬘, Ālokamālā》**

총 282수의 게송으로 이루어져 있으며 "지식의 본성은 무형상으로 청정한 수정과 같다"고 주장하는 무상유식을 설하는 논서. 깜발라의 저술로 이 외에 《구송九頌, Navaślokī》이 있다.

○ 산스끄리뜨 원문과 영어 번역
Christian Lindtner Trs., A Garland of Light — Kambala's Ālokamālā, Asian Humanities Press, Fremont, California, 2003: 좌측의 짝수 페이지에 산스끄리뜨 필사본 교정문과 티베트어 번역문을 병기하였고 우측의 홀수 페이지에 영어 번역을 싣고 있다.

**지따리(Jitāri)의 《선서본종분별론善逝宗義分別論, Sugatamatavibhaṅga》**

유부有部, 경량부, 유식학파의 입장을 소개하면서 차례대로 비판한 후 최종적으로 중관의 가르침을 천명한다. 후대 티베트불교의 둡타 문헌들의 모형이 된 불교개론서. 지따리의 저술로 이 이외에 《초학지수관初學地修觀, Ādikarmikabhūmipariṣkāra》, 《발보리심과 受持의 儀軌 菩提心生起受持儀軌, Bodhicittotpādasamādān-avidhi》, 《심보청정차제라고 부르는 서간心寶淸淨次第書簡, Cittarat-naviśodhanakrama-nāma-lekha》 등이 있다.

○ 일본어 번역

白崎顯成,〈Sugatamatavibhaṅgabhāṣya 第二章 Sautrāntika章和譯〉,《佛敎論叢》21, 1977, pp.83~87 등.

### 아띠샤(Atiśa)의 《보리도등론菩提道燈論, Bodhipathapradīpa》

대승 현교를 《구사론》의 삼사도三士道 체계로 정리한 짤막한 문헌이다. 이에 근거하여 티베트불교의 람림(Lam rim: 道次第) 교학이 탄생하였으며, 후대 쫑카빠(Tsong kha pa: 1357~1419)의 《보리도차제론菩提道次第論, Byaṇ chub lam rim》역시 이에 근거한 저술이다.

델게(sDe dge)판 티베트대장경에는 이를 포함하여 《보리도등론세소菩提道燈論細疏, Bodhipathapradīpa-pañjikā》,《입이제론入二諦論, Satyadvayāvatāra》,《무구보서간無垢寶書簡, Vimalaratnalekha》,《중관교계론中觀敎誡論, Madhyamakopadeśa》,《귀의설시歸依說示, Saraṇagamana-deśanā》등 아띠샤의 저술 26편이 티베트어로 번역되어 수록되어 있다.

○ 우리말 번역

강필선,〈修行次第에 대한 Atiśa의 思想;《菩提道燈論》,《細疏》를 中心으로〉, 동국대학교석사학위논문, 2000: 부록에 번역을 실었다.

○ 영어 번역

A. J. Richard Sherburne, A Lamp for the Path and Commentary of Atiśa, The Wisdom of Tibet Series 5, London, George Allen & Unwin, 1983 외 다수.

2) 티베트

티베트 중관학과 관계된 문헌 가운데 현대어로 번역된 것 일부만 소개한다.

(1) 쫑카빠(Tsong kha pa㋠)의 저술

《보리도차제론菩提道次第論, Byaṇ chub lam rim㋠》

아띠샤가 저술한《보리도등론》의 삼사도 체계에 맞추어 소승과 대승 현교의 수행을 정리한 문헌이다. 대본(大本, 또는 廣

本), 중본中本, 약본略本, 그리고 섭송攝頌이 있다. 삼사도의 궁극인 상사도의 지관(止觀: Śamatha-vipaśyanā) 수행 가운데, 관觀(Vipaśyanā)에 해당하는 것이 중관에 대한 조망이다.

○ 한문 번역

宗喀巴, 法尊 譯,《菩提道次第廣論》, 福智之聲出版社, 대북, 1999: 근세 중국의 학승 법존 스님이 1934년 한문으로 완역한《보리도차제광론》을 재편집하여 출간한 책. 불교 전문술어를 전통 한역어로 되살려 낸 수작이다.

○ 우리말 번역

초펠 편역:《깨달음으로 가는 올바른 순서》, 여시아문, 1998:《보리도차제론》을 우리 실정에 맞게 요약한 소책자.

초펠 편역:《티벳 스승들에게 깨달음의 길을 묻는다면-람림》, 하늘호수, 2005:《보리도차제론》의 하사도와 중사도 부분의 내용을 보강하였다.

청전 역,《깨달음에 이르는 길》, 지영사, 2005:《보리도차제광론》을 티베트 원문에서 직접 우리말로 번역하였다.

지희권 외 역,《보리도차제광론》, 慧海佛學文化基金會, 1995: 중국 조선족 동포들이 법존法尊의 한역본에서 우리말로 중역하였다.

○ 일본어 번역

長尾雅人,《西藏佛教硏究》, 岩波書店, 1954: 중관사상이 담긴 관품에 대한 번역과 주석.

○ 영어 번역

The Lamrim Chenmo Translation Committee, The Great Treatise on the Stages of the Path to Enlightenment, Vol. Ⅰ; Ⅱ; Ⅲ, Snow Li-on, 2000, 2002, 2004: 총 3권으로 완역되었다. 티베트불교 연구의 권위자들이 번역위원회를 결성하여 공동으로 번역한 역저이다.

《정리해正理海, Rigs paḥi rgya mtshoⓉ》
 ―《종론송》전체에 대한 쫑카빠의 주석서

○ 영어 번역

Jay L. Garfield & Ngawang Samten, An Ocean of Reasoning: Tsong kha pa's Great Commentary on the Mūlamadhyamakakārikā, Oxford University Press, 2005: 쫑카빠의 3대 명저 중 하나인《정리해》에 대한 완역본으로 상세한 주석이 달린 대작이다.

## (2) 기타 현대어로 번역된 중관학 관계 문헌

**캐둡겔렉빼장뽀**(mKhas grub dGe legs dpal bzaṅ po①)의 《**대개요**大概要, sToṅ thun chen mo①》

쫑카빠의 불교관에 근거하여 저술된 대승불교 개론서로 유식의 교의와 중관 양대 학파의 교의에 대해 상세하게 해설한다.

○ 영어 번역

José Ignacio Cabezón, A Dose of Emptiness - An Annotated Translation of the sTong thun che mo of mKhas grub dGe legs dpal bzang, Bibliotheca Indo-Buddhisca Series No.125, Sri Satguru Pub., 1992.

## (3) 둡타 문헌

**꾄촉직메왕뽀**(dKon mchog ḥjigs med dbaṅ po①)의 《**학설보환**學說寶環, 또는 **종의보환**宗義寶環, Grub mthaḥ rnam bshag rin chen phreṅ ba①》

○ 영어 번역

Herbert V. Guenther, Buddhist Philosophy in Theory and Practice, Penguin Books Ltd., 1972: 《학설보환》에 대한 완역이다.

**짱꺄뢰뻬도제**(lCaṅ skya rol paḥi rdo rje①)의
《교의구별敎義區別, Grub mthaḥi rnam par bshag pa①》

○ 영어 번역

Donald Lopez, A Study of Svātantrika, Snow Lion, 1987: 자립논증파에 대해 설명한 부분을 번역하면서 해설한 저자의 박사학위 논문이다.

**마츠모토시로**宋本史朗**에 의해 일본어로 번역된 둡타 문헌**

《견해의 구별, lTa baḥi khyad par①》, 《대소승요설大小乘要說》, 《사견해요설四見解要說》, 《대승중관의大乘中觀義, Theg pa chen po dbu maḥi don①》, 《견해요약見解要約, 불교도의 대소의 삼승과 외도 등의 견해를 요약하여 구별한 것: Saṅs rgyas paḥi theg pa che chuṇ gsum daṇ mu stegs la sogs paḥi lta ba mdor bsdus te khyad par du phye ba①》: 이에 대한 번역은 모두 '宋本史朗, 《チベット佛敎哲學》, 大藏出版, 1997, pp.38~68'에 실려 있다.

## 3) 동아시아[93]

### (1) 《구마라습법사대의鳩摩羅什法師大義》
- (대정신수대장경) 또는
《대승대의장大乘大義章》 - (卍속장경)

동진東晋의 혜원慧遠(344~416)이 구마라습에게 던졌던 18가지 질문과 그에 대한 답변을 기록한 책이다. 상, 중, 하 3권으로 이루어져 있다.

### (2) 승조僧肇의 《조론肇論》과 그 주석서

구마라습 문하의 사철四喆 가운데 하나인 승조의 논문 모음집. 〈물불천론物不遷論〉, 〈부진공론不眞空論〉, 〈반야무지론般若無知論〉, 〈열반무명론涅槃無名論〉의 네 가지 논문과 〈종본의宗本義〉, 그리고 승조와 유유민劉遺民 사이에 오간 서간문 등이 실려 있다.
20여 종의 주석서가 있었다고 하나, 혜달惠達의 《조론소肇論疏》, 문재文才의 《조론신소肇論新疏》, 원강元康의 《조론소肇論疏》,

---

93) 이하 한문 불전에 대한 설명 가운데 많은 부분은 '정승석 편, 《불전해설사전》, 민족사, 1989'를 참조하며 작성되었다.

효월曉月의 《협과조론소주夾科肇論疏注》, 준식遵式의 《주조론소注
肇論疏》, 덕청德淸의 《조론약주肇論略註》 등이 현존한다.

○ 우리말 번역
송찬우, 《조론》, 고려원, 1989: 감산덕청의 《조론약주》에 대한 번역

○ 일본어 번역
塚本善隆 편, 《肇論硏究》, 法藏館, 1955: 교토대학 인문과학 연구소의 공동연구를 통해 조론을 번역하고 주해한 후 승조의 사상과 관련한 7편의 논문을 싣고 있다.

○ 영어 번역
Richard H. Robinson, Early Mādhyamika in India and China, Motilal Banarsidass, 1967: 구마라습, 혜원, 승예, 승조의 생애와 사상에 대해 조망한 후, 《팔천송반야경》 가운데 《중송》과 부합되는 부분, 혜원의 《대승의장大乘義章》 일부 및 《사문불경왕자론沙門不敬王者論》 제5장의 〈신불멸론神不滅論〉, 승예의 《중론서中論序》와 《십이문론서十二門論序》, 승조의 《백론서百論序》 그리고 《조론》 가운데 〈반야무지론〉 〈부진공론〉 〈열반무명론〉 등을 번역 소개한다.

### (3) 길장吉藏의 저술

**《중관론소中觀論疏》, 《십이문론소十二門論疏》, 《백론소百論疏》**

삼론 각각에 대한 길장의 주석서. 《중관론소》는 총 20권에 이르는 대작으로 《중론》〈청목소〉에 대한 주석이다. 승예僧叡의 서문과 《중론》 27품에 대해 차례대로 해설한다. 《십이문론소》와 《백론소》 역시 단순 주석서인데, 《백론소》에서 특이한 점은 제1〈사죄복품捨罪福品〉에 대해 상대적으로 많은 지면을 할애하여 주석한다는 점이다.

○ 일본어 번역
宮本正尊, 梶芳光運, 泰本融 譯, 〈中觀論疏〉《國譯一切經》論疏部6~7, 大東出版社, 1981.
長尾雅人, 丹治昭義, 〈十二門論疏〉《國譯一切經》論疏部7, 大東出版社, 1981.
椎尾辨匡, 〈百論疏〉《國譯一切經》論疏部8, 大東出版社, 1981.

**《삼론현의三論玄義》**

삼론학의 가르침을 개관하는 입문서. 먼저 ①외도, ②소승 아비달마, ③성실종成實宗 그리고 ④대승 가운데 오시교五時敎와 이제二諦를 설하는 무리들의 네 부류의 교학을 소개한 후 하나

하나 논파한다. 이어서 경經과 논論을 설한 까닭에 대해 설명한 후 파사와 현정이 상즉불리의 관계에 있음을 역설한 다음 후반에서는 중도, 이제, 무소득정관에 대해 설명한다.

○ 일본어 번역
椎尾辨匡, 〈三論玄義〉《國譯一切經》諸宗部1, 大東出版社, 1981.
金倉圓照, 《三論玄義》, 岩波書店, 1941.

**《대승현론大乘玄論》**

이제二諦, 팔불八不, 불성佛性, 일승一乘, 열반涅槃, 이지二智, 교적敎跡, 논적論跡의 8가지 주제로 나누어 중도와 대승에 대해 설명한다. 이제와 중도에 대한 새로운 해석을 통해 삼론의 이치에 대해 설명한 후 이를 《열반경》과 《법화경》의 가르침과 회통함으로써 대승에 대한 종합적 조망을 제시한다.

○ 일본어 번역
宇井伯壽, 〈大乘玄論〉《國譯一切經》諸宗部1, 大東出版社, 1981.

**《이제의二諦義》**

《이제장二諦章》이라고도 부른다. 어제於諦와 교제敎諦, 약교이제설, 삼론초장, 삼종이제설·삼종중도설 등 이제와 관계되는 삼론학의 핵심 사상에 대해 상세하게 논의한다.

## (4) 그밖의 삼론학 관계 문헌

### 중국 문헌

적법사磧法師의 《삼론유의의三論遊意義》, 현수법장의 《십이문론종치의기十二門論宗致義記》가 대정신수대장경에 실려 있고, 길장의 《삼론약장三論略章》, 도형道衡의 《물불천정량증物不遷正量證》, 진징鎭澄의 《물불천정량론物不遷正量論》, 진계眞界의 《물불천론변해物不遷論辯解》가 만자속장경卍字續藏經에 실려 있다.

### 일본 삼론종의 저술

安登, 《中論疏記》, 대정장65: 길장의 《중론소》에 대한 주석.
作者未詳, 《三論祖師全集》, 大日本續藏經 제111권: 승랑의 생애에 대한 《四論玄義》의 설명이 수록되어 있는 소중한 자료이다.
이 이외에 《中觀論二十七品別釋》, 《十二門論疏聞思記》, 《三論玄疏文義要》, 《三論玄義檢幽集》, 《三論玄義鈔》, 《三論玄義誘蒙》, 《大乘玄問答》, 《一乘義私記》, 《三論名敎抄》, 《三論興緣》, 《三論宗濫觴》, 《三論宗初心初學鈔》 등이 대정신수대장경에 실려 있다.

## 2. 현대의 중관학 연구서

### 1) 국내 연구자

국내 연구서의 경우 단행본과 박사학위자의 석·박사 학위논문만 소개한다. 그 이외의 석사학위 논문이나 국내 학술지에 실린 논문에 대한 정보는 고려대장경연구소 홈페이지(http://www.sutra.re.kr/)에 개설된 불교관계논저목록 검색 기능을 통해 찾을 수 있다.

#### (1) 저자와 저서[94]

**황산덕**

《中論頌》, 서문문고 247, 서문당, 1976: 《중론》과 관계된 국내 최초의 단행본. 출간 이후 오랜 동안 국내 불교인들에게 《중론》에 대한 관심을 불러일으킨 기념비적인 책이다. 게송

---
94) 출간년도 순.

일부를 가려 뽑아 해설하고 있다.

**김인덕**

《중론송연구》, 불광출판부, 1995: 국내 중관학 연구의 개척자 역할을 한 저자의 논문 모음집이다. 〈관인연품〉, 〈관거래품〉, 〈관사제품〉, 〈관사견품〉에 대해 상세한 해설과 귀경게, 삼제게에 대한 논문 등이 실려 있으며, 특히 《중론》 27품의 성격과 과문科文에 대한 짠드라끼르띠와 쫑카빠와 길장의 견해를 비교한 논문이 눈에 띈다.

**박인성**

《중론연구》, 민족사, 2000: 《중론》 〈관삼상품〉, 〈관인연품〉, 〈관거래품〉을 분석 해설한 연구서. 부록으로 《불호주중론佛護注中論》 〈관인연품〉에 대한 우리말 번역이 실려 있다.

**김하우**

《불교철학의 연구: 반야공관 위주의》, 예문서원, 2001: 저자의 논문 모음집. 삼론학의 무득공관無得空觀에 대해 고아古雅한 필체로 설명한다.

**김종욱**

《용수와 칸트》, 운주사, 2002: 용수의 공사상과 칸트의 비판철학을 비판, 인식, 실천의 세 가지 측면에서 비교한다.

**김성철**

《중론, 논리로부터의 해탈 논리에 의한 해탈》, 불교시대사, 2004: 《중론송》 가운데 귀경게 이외의 108수의 게송을 가려 뽑아 그 논파구조에 대해 설명한 책이다. 중관논리를 숙달하는

데 유용하다.

**문을식**

《용수의 중도사상》, 여래, 2004: 용수의 중도 사상의 설립배경과 저술, 생애, 사상 등을 소개한 중관학 입문서.

## (2) 국내 중관학 연구자의 박사학위논문[95]

**김하우**

Fundamental Philosophy of Nāgārjuna's Mādhyamika and Early Mādhyamika in China, Delhi University, India, 1974.

**김인덕**

〈三論學研究〉, 동국대학교대학원석사학위논문, 1964.

〈三論玄義顯正論研究〉, 동국대학교대학원박사학위논문, 1979.

**김용표**

Hermeneutics of the Scriptural Word in the Prajñā-Mādhyamika System, Temple Univ., USA, 1992.

**이태승**

〈二諦分別論細疏の研究: 後期中觀思想の展開に關する考察〉, 駒澤大學大學院人文科學研究科 佛敎學專攻 博士學位論文, 日本, 1993.

---

95) 학위취득년도 순.

### 홍성기

Pratītyasamutpāda bei Nāgārjuna — Eine logische Analyse der Argumentationsstruktur in Nāgārjuna's Madhyamakakārika, Saarbrücken Univ., Germany, 1993.

### 문을식

〈가우다빠다의 不生說과 龍樹의 中道說〉, 동국대학교대학원 박사학위논문, 1995.

### 김성철

〈龍樹의 中觀 論理의 起源: 方便心論의 相應 論法을 中心으로〉, 동국대학교대학원박사학위논문, 1996.

〈Nāgārjuna의 運動 否定論: 中論 觀去來品을 中心으로〉, 동국대학교대학원석사학위논문, 1988.

### 주민황

The Mādhyamika and Tantric Influence on the Works of Tsong kha pa, Delhi University, India, 1997.

### 이현옥

〈清辯의 空思想 研究: 般若燈論釋을 중심으로〉, 동국대학교 박사학위논문, 1997.

〈廻諍論 空觀에 대한 研究 : Nyāya學派와의 論爭을 中心으로〉, 동국대학교석사학위논문, 1990.

### 박인성

〈有部의 有爲相關에 대한 諸批判 研究〉, 동국대학교박사학위논문, 1997

〈中論 '觀燃可燃品' 硏究〉, 동국대학교석사학위논문, 1993.

**윤종갑**

〈龍樹의 緣起說에 대한 硏究: '中論'을 중심으로〉, 부산대학교대학원박사학위논문, 2001.

〈龍樹의 空의 論理에 대한 硏究: 中論(Mādhyamika-sūtra)을 中心으로〉, 부산대학교대학원석사학위논문, 1992.

**한명숙**

〈中國三論學 硏究: 그 轉悟方式을 中心으로〉, 고려대학교대학원석사학위논문, 1991.

〈吉藏의 三論思想 硏究－無得의 轉悟方式을 中心으로〉, 고려대학교대학원박사학위논문, 2002.

**양승규**

〈현관장엄론의 삼종지 연구: 제얍쎄의 주석을 중심으로〉, 동국대학교대학원박사학위논문, 2000.

**남수영**

〈印度佛敎의 實有批判 硏究〉, 동국대학교대학원박사학위논문, 2002.

**류효현**

〈吉藏의 八不中道觀 硏究: 中觀論疏를 중심으로〉, 동국대학교대학원박사학위논문, 2004.

〈Prasannapadā의 八不와 緣起觀 硏究〉, 동국대학교대학원석사학위논문, 1996.

## 2) 국외 연구자

국외 중관학연구자의 저술은 대표적인 것 몇 가지만 소개한다. 이 이외의 저술들은 동국대학교 서울캠퍼스 중앙도서관, 또는 경주캠퍼스 도서관 홈페이지에서 소장자료 검색 기능을 통해 찾아보기 바람. 또 영문 저술의 경우 Amazon(http://www.amazon.com)과 같은 인터넷서점에서 검색, 구입 가능하다. 중관학과 관련된 인도나 티베트불교 문헌의 경우 미국의 Snow Lion출판사(http://www.snowlionpub.com/)나 Shambahala출판사(http://www.shambhala.com)나 Wisdom출판사(http://www.wisdompubs.org/)에서 전문적으로 출판되고 있으며 각 출판사의 홈페이지를 통해 직접 구입할 수 있다.

### (1) 우리말 번역본

**Th. 체르바츠키**(Theodore Stcherbatsky)
연암종서 옮김,《열반의 개념 : 연기와 열반의 새로운 개념》, 경서원, 1993.

**T. R. V. 무르띠**(T. R. V. Murti)
김성철 역,《佛敎의 中心哲學: 中觀 체계에 대한 연구》, 경서원, 1995.

**F. J. 스트렝**(Streng, Frederick J.)

남수영 역,《용수의 공사상 연구: 그 종교적 의미에 대하여》, 시공사, 1997.

**자끄 메(Jacques May)**

김형희 역,《中觀學硏究: 나갈쥬나의 中論頌에 대한 강의》, 경서원, 2000.

**D, J. 깔루빠하나(D. J. Kalupahana)**

박인성 역,《나가르주나:〈中論〉의 산스끄리Em 원본, 번역과 주석》, 藏經閣, 1994.

**梶山雄一, 上山春平**

정호영 역,《空의 論理 : 中觀思想》, 민족사, 1989.

**가지야마 유이치(梶山雄一) 외**

전치수 역,《인도불교의 인식과 논리》, 민족사, 1989.

**平川彰, 梶山雄一 외**

윤종갑 역,《중관사상》, 경서원, 1995.

**中村元**

이재호 역,《용수의 삶과 사상 : 중론을 통해 해명한 반야공의 철학과 원리》, 불교시대사, 1993.

**安井廣濟**

金成煥 譯,《中觀思想硏究》, 文學生活社, 1988.

**楊惠南**

김철수 역,《中觀哲學》, 경서원, 1995.

## (2) 아직 번역되지 않은 연구서

山口益

《佛敎における無と有との對論: 中觀心論入瑜伽行眞實決擇章の硏究》, 山喜房佛書林, 1941.

《中觀佛敎論攷》, 弘文堂書房, 1944.

江島惠敎

《中觀思想の展開: Bhavaviveka 硏究》, 春秋社, 1980.

壬生台舜 編

《龍樹敎學の硏究》, 大藏出版, 1983.

宋本史朗

《チベット佛敎哲學》, 大藏出版, 1997.

平井俊榮

《中國般若思想硏究: 吉藏と 三論學派》, 春秋社, 1976.

平井俊榮 監修

《三論敎學の硏究》, 春秋社, 1990.

Richard H. Robinson

Early Mādhyamika in India and China, Motilal Banarsidass, 1967.

David Seyfort Ruegg

The literature of the Madhyamaka school of philosophy in India, A History of Indian literature; v. 7, fasc.1, Harrassowitz, 1981.

Peter Della Santina

Madhyamaka schools in India: a study of the Madhyamaka philoso phy and of the division of the system into the Prāsaṅgika and Svāt antrika schools, Motilal Banarsidass, 1986.

Donald S. Lopez, Jr.

A Study of Svātantrika, Snow Lion, 1987.

Andrew P. Tuck

Comparative philosophy and the philosophy of scholarship: on the Western interpretation of Nāgārjuna, Oxford University Press, 1990.

Georges Dreyfus & Sara McClintock ed.

The Svātantrika-Prāsaṅgika Distinction: What Difference Does a Difference Make?, Wisdom Publications, 2002.

# 찾아보기

## 【1】
1차원 112

## 【2】
2차원 112

## 【3】
33과過 251, 252
3차원 112

## 【5】
5위75법 149, 154, 266
5위位 149

## 【Ā】
Āryā형식 317

## 【Ś】
Śloka형식 303

## 【ㄱ】
가난함 73
가는 자 132, 134, 134, 169
가는 작용 132, 169
가란타죽원 52
가마니 97
가명(prajñapti) 199
가명假名 202, 292, 295, 298
가명假名적 존재(prajñapti sat) 251
가스 164
가스라이터 96, 97
가역적可逆的 99, 106
가위(Scissors) 92, 169
가위질 93
가유가무 294
가장假裝 172
가전연 46, 54
가전중假前中 291, 292
가치관 78
가치판단 210, 213, 216
가후중假後中 291, 292
간화선 216
감 134
감각영상感覺影像 266
감로甘露 35
감성 45, 59
감성적 수행 216
강우降雨 사건 168

개 289
개구즉착開口卽錯 170, 171, 177
개념 64, 65, 70, 87, 106, 130, 169
개념론 187
개념비판 76, 106, 109
개념의 매듭 94
개념의 실체성 66, 69, 93, 107
개똥밭 38
개선사開善寺 281
갠지스 강 113, 191
거래去來 299
거울 85
거짓말 178, 180
거짓말쟁이 패러독스(Liar Paradox) 175
건축물 64
겐덴둡(dGe ḥden grub(T)) 258
겔룩파(dGe lugs(T)) 259, 260
격외문답格外問答 224
견도見道 76
견해의 구별(lTa baḥi khyad par(T)) 271
견해의 차별 271, 272
결론 66, 238
경계境界 283
경량부經量部 264, 268, 271
경량부經量部(Sautrāntika) 257
경부經部 257, 264
경부중관 262, 269, 271
경부중관파 263, 264, 265, 270,
경집론經集論 333

경집론經集論(Sūtrasamuccaya) 333
계 71
계보학系譜學 256, 260, 270
고苦 147
고苦(Duḥkha) 41
고구려 281
고기孤起 89
고락중도苦樂中道 28
고립어(Isolating language) 60
고삼론古三論 278
고성제苦聖諦 191
고전논리학 63
고행 33
곰곰이 생각함 40
곱셈 152
공空 27, 66, 70, 72, 74, 87, 94, 107, 120, 159, 164, 182, 187, 194, 199, 219, 263, 286, 298
공空(Śūnya) 69
공空사상 63
공간적 한계 112
공견空見 200, 206, 208, 211, 216, 286, 298
공견空見(śūnyatādṛṣṭi) 209
공견의 수행자 214
공공空空 194, 223, 298
공공삼매空空三昧 214
공공역공空空亦空 223, 224
공능功能 184
공부정共不定 240
공사상 64, 186, 190, 191, 194, 207

찾아보기 363

공상共相(Sāmanyalakṣaṇa) 212, 265
공생共生 232
공성空性 190, 196, 198, 211, 209, 223, 269, 274
공의 논리학 60
공자 77, 218
공칠십론空七十論(Śūnyatāsaptati) 317
과대주연過大周延(atiprasaṅga) 233, 237
과보 50, 115
관觀 40
관거래품 5, 6, 6, 132, 304
관계성關係性 163
관고품 304
관공인觀空人 212
관박해품 304
관법觀法 197
관법품 304
관본제품 304
관본주품 304
관사견품 305
관사제품 187, 190, 191, 204, 205, 209, 211, 216, 279, 289, 305
관삼상품 150, 304
관성괴품 304
관시품 304
관십이인연품 305
관업품 304
관여래품 304
관연가연품 304
관열반품 305

관염염자품 304
관오음품 204, 304
관유무품 304
관육정품觀六情品 82, 86, 93, 243, 254, 304
관육종품 304
관인과품 304
관인연품 231, 245, 245, 304
관작작자품 304
관전도품 304
관점(naya) 116
관합품 304
관행품觀行品 205, 209, 216, 304
광백론廣百論 323
광택사光宅寺 281
광파론廣破論(Vaidalyaprakaraṇa) 318
괴델(Gödel) 177
괴로움 137
교만(慢) 45, 59
교법敎法 281, 283, 284, 293
교상판석敎相判釋 257
교의敎義 258
교의구별敎義區別(Grub mthaḥi rnam par bshag paⓉ) 346
교진여 29
교착어(Agglutinative language) 60, 62
교파敎派 258
구담瞿曇(Gautama) 49, 52, 53, 220
구름 129
구마라습 90, 199, 199, 200, 200, 276, 278

구마라습鳩摩羅什(Kumārajīva) 28, 86, 276
구마라습법사대의鳩摩羅什法師大義 347
구마라염鳩摩羅炎 276
구불견俱不遣 241
구불극성俱不極成 240, 243
구불성俱不成 241
구사론 148, 156, 214, 266, 266
구유식舊唯識 287
구자국龜玆國 276
구제불능 216
구품일분전俱品一分轉 241
굴대 199
굴절어(Inflectional language) 60
귀경게 190, 231, 298
귀류(prasaṅga) 234
귀류논증歸謬論證 246, 255
귀류논증파 229, 260
귀류논증파(Prāsaṅgika) 261
귀류논증파歸謬論證派 230
귀류법 194, 204
귀류법적 추론 205
귀류적 진술(prasaṅga vākya) 236
그것(tat) 247
그리스 60
그물망 75
그물코 75
극미 265, 268
극미極微 266
극미極微(Paramāṇu) 263

극미極微이론 264
극성極成(prasiddha) 247
극약 213
근본중론주무외根本中論註無畏 307
금강경 218
금강경金剛經 277
금강삼매경金剛三昧經 223
금강승 256
금강승金剛乘(Vajrayāna) 216
금과옥조金科玉條 170
금릉 281
금릉金陵 278
긍정적 수반관계(Anvaya) 238
기독교 218
기둥 64
기사회생 213
기체불성립基體不成立 254
기체불성립基體不成立(asdiddha ādh-āra)의 오류 251
긴 것 129, 159, 163, 165
긴 막대 70, 88
길장吉藏 28, 166, 206, 277, 278, 280
깊 70, 139
까귀퍄(bKaḥ rgyud(T)) 259
까마라쉴라(Kamalaśīla) 269
까뻴라성 71
깜발라(Kambala) 269
깨끗함 76
깨달음 43, 45, 146
꽃 128
꾄촉직메왕뽀 260

꾄촉직메왕뽀(dKon mchog ḥjigs med dbaṅ po⑪)　259
꾸쉬나가라(Kuśinagara)　35
꿈　125

【 ㄴ 】
낙서　184
낙서금지　184, 185, 194, 213
난문難問　48, 117
난자　102
난타難陀　71
남방상좌부　40, 256
남조南朝 불교　281
내과의사　187
내림　67, 121, 124, 129, 130, 168, 168, 179
내생　38, 55
내세　114, 115
내세관　32
내입처內入處　245, 248, 249, 250
내졸죄빼우마(rNal ḥbyor spyod paḥi dbu ma⑪)　262
내포內包　227
냉병　188
논리의 말씀(Tarkabhāṣā)　257
논리적 분석　62
논리적 한계　173
논리학　60, 62, 66, 87, 187
눈　79, 83, 88, 89, 121, 169
능견能見　86, 88, 91
능립법불성能立法不成　241

능립불견能立不遣　241
능별불극성能別不極成　240, 242
능작能作　121
능증能證(Sādhana)　239, 247
니간타 나따뿟따(Nigaṇṭha Nātaputta㊅)　114, 116
니까야(Nikāya)　9, 28
니야야(Nyāya)　140
니야야(Nyāya) 학파　63, 143, 318
니야야수뜨라正理經(Nyāya-Sūtra)　63, 189
닝마파(rÑiṅ ma⑪)　259

【 ㄷ 】
다르샤나(darśana)　86, 90
다수성多數性　273
다친 외아들　219
단가單假　294, 296
단견斷見　51, 52, 53, 199, 221
단경壇經　170
단멸론　52
단복單複의 중가中假　294
단서　248
단일성單一性　273
단중單中　294, 296
달걀　157, 158
닭　157, 158
담벼락　184
담연湛然　278
답파答破　187, 194
답파答破(Uttara)　188

대개요大概要(sTon thun chen mo①) 345
대기설법對機說法  145, 184
대상성對象性  91
대승  214
대승 수행자  214
대승광백론석론大乘廣百論釋論  323
대승도간경수청소大乘稻芉經隨聽疏 271
대승보살  217, 219
대승불교  219, 229, 256, 256
대승중관석론大乘中觀釋論  228, 310
대승현론大乘玄論  187, 288, 292, 294, 350
대심범부大心凡夫  219
대자비심  219
대전제大前提  66, 238
대지도론大智度論  208, 212, 277, 320
대품반야경大品般若經  207, 219, 277
더러움  76
데와닷따  71
데와닷따(Devadatta)  186
데카르트(Descartes)  111
도간경稻芉經  249
도그마(dogma)  51, 53, 171, 200, 203, 223, 279
도덕부정론자  114
도데뻬우마(mDo sde paḥi dbu ma①) 262
도리倒離  242
도생道生  277

도성제道聖諦  191
도융道融  277
도합倒合  241
독사  211
동同형상지식론  268
동공  264
동그라미  112
동사  122
동산양개 스님  80
동산양개 화상  83
동서남북  208
동아시아  276
동어반복同語反復  125
동품일분전이품변전同品一分轉異品遍轉 240
동형상同形象지식론  267
동화童話  125
둔근인鈍根人  294
둡타  256, 265, 269, 270, 275, 279
둡타(Grub mthaḥ①)  257
딜레마  126
딱챵(sTag tshaṅ①)  258
딴뜨리즘  216
땃뜨와따스(tattvatas)  244
땔감  97
뗏목  146
똑똑함  74
똥  76

【ㄹ】

라이터  164

라훌라 71
랑귀빼(Raṅ rgyud pa) 229
러셀 176, 177, 179
로까야따順世派(Lokāyata) 63
로켓 112
롱첸랍잠(kLoṅ chen rab ḥbyamsⓉ) 258

【ㅁ】
마드야마까(Madhyamaka) 27
마술사 183
마츠모토(宋本史朗) 271, 272, 274, 275
마하빠자빠띠 71
막대기 159, 195
막칼리 고살라(Makkhali GosālaⓅ) 114
막행막식 213, 216
만법유식萬法唯識 263
망막 264
매듭 93, 106, 107, 108
맥락 93
멸滅 154, 156, 160
멸성제滅聖諦 191
멸제滅諦 148
명가名家 60
명만明鸞(Ālokamālā) 340
명사名辭부정 195
명색 100, 101, 104, 104
명예욕 45
명제命題부정 195

모순판단 113
모태 101, 103
목건련 114
목샤까라굽따(Mokṣākarsgupta) 257
목욕 213
목적어 122
못생김 70, 72
묘법연화경妙法蓮華經 277
무無 38, 280, 282, 286, 289, 296
무無실체 186
무견無見 47, 200, 286
무구론無垢論 265, 269
무구론파無垢論派 266
무궁상사無窮相似(prasaṅga-sama) 131
무기無記 51
무기설無記說 27, 48, 56, 67, 118, 119
무기중도無記中道 29
무당 211
무득無得 286
무변無邊 55
무사無死 36
무상無常 50, 53, 146, 147, 195
무상無常(Anitya) 41
무상성無常性 41
무상유식설無相唯識說 266, 268
무상유식파 268
무생무멸無生無滅 36
무생무사無生無死 43
무소유처삼매無所有處三昧 30
무시무종無始無終 195

무아無我　36, 50, 52, 147, 192, 195, 221, 269, 288
무아無我(Anātman)　41, 53
무아견無我見　222
무아설　208
무안이비설신의無眼耳非舌身意　80
무외소無畏疏　228
무위(asaṃskṛta)　148
무위법　148, 149, 150, 151
무인생無因生　232
무자성無自性　70, 164, 263, 269
무자성無自性(Niḥsvabhāva)　69
무주상보시無住相布施　218
무착　271
무착無着(Asaṅga)　229
무한소급　141, 154, 157
무한소급의 오류　142, 144, 151, 156, 158, 160
무한소급의 오류(reductio ad absurdum)　142
무한중복　154
무합無合　241
무형상유식학파　266
무형상지식론　267
문자　170
물　210
물단지　247
물리학　227
물방울　129
물불천론　28
미분학　140

미얀마　256
미진　270
밀교密敎　216, 256

【ㅂ】
바늘구멍사진기　264
바라문교　113
바라밀　219
바람　123, 124, 125, 130, 133, 143, 153, 162
바보스러움　74
바차 종족　52, 220
바퀴　198, 199
반反 논리사상　56
반논리反論理　63, 68, 227
반논리학反論理學　60, 64, 66, 87, 187
반야경般若經　60, 63, 64, 79, 97, 181, 189, 194, 215, 220, 229, 271, 272
반야공사상　191, 202
반야등광주般若燈廣注　228
반야등론般若燈論(Prajñāpradīpa)　310
반야등론석般若燈論釋　228, 244, 245
반야무지론　28
반야바라밀　217
반야심경　73, 79, 82, 83, 95, 190
반야종般若宗　216
반유상사反喩相似(pratidṛṣṭānta-sama)　131
발우공양　76
밥　76

방편方便  199, 201, 202, 274, 292
방편시설方便施設  203
방편심론方便心論  189
방편유식설方便唯識說  275
방하착放下着  170, 172, 177
배설물  75
백론百論  28, 276
백론百論(Śataśāstra)  326
백론소百論疏  349
뱀  211
뱀장어  115
버트란트 러셀(Bertrand Russell)  175
번뇌  45, 148
법法(dharma)  215, 238
법공法空  106, 214, 215, 219
법공法空사상  56
법랑法朗  278, 299
법보法寶  190, 192
법성法成  271
법성게  174
법운法雲  281
법유法有  214
법자성상위인法自性相違因  241
법존法尊  230
법차별상위인法差別相違因  241
법칭法稱(Dharmakīrti)  253
법화현의석첨法華玄義釋籤  278
베개  97
벽  64
벽돌  64
변계소집성  288

변증법  54, 224, 278, 283, 284, 286
변증법적 구조  222
변증법적 이제관  288
변증법적 파기(Dialectical destruction)  286
병  185, 210
보는 작용  85, 90
보리도등론菩提道燈論(Bodhipathapradipa)  341
보리도차제론菩提道次第論(Byaṅ chub lam rim(T))  342
보리수  36
보리행경菩提行經  333
보림保任  216
보살  217
보살마하살  219
보살유가행사백관론菩薩瑜伽行四百觀論  323
보살행  290
보시바라밀  217, 218, 218
보인 대상  91
보통집합  176
복가複假  294, 295, 296
복락  72
복중複中  294, 295, 296
본멸本滅  155, 156
본생本生  155, 157, 161
본주本住  155, 156
봉오리  128
부견符堅  276
부메랑  75

부유함 73
부자생不自生 232, 245
부정관不淨觀 56
부정인不定因 240
부정적 수반관계(Vyatireka) 238
부정주의不定主義(anekānta-vāda) 116
부처님 46, 48, 52, 71, 101, 118, 184, 207, 215, 220, 220, 288
부파불교 256
분노(瞋) 45, 59
분별分別 39, 55, 75, 76, 93, 136, 169, 178, 181
분별分別(vikālpa) 92
분별고分別苦 136, 137, 169, 174
분별성分別性 287
분별의 고통 137
분석적 사유 43
분석적인 방식 119
분위연기 104
분위연기分位緣起 103
분할 168, 178, 178, 180, 181
불 95, 163, 164, 164, 210, 237
불가역적不可逆的 100, 15, 106
불가지론자不可知論 114, 116
불경佛經 171
불공부정不共不定 240
불공생不共生 232, 245
불교 113, 117, 118
불교 인식논리학 231, 237, 239, 244, 248, 254
불교개론서 257

불교교화 방식 297
불교논리학 61
불구부정不垢不淨 74
불리不離 242
불립문자不立文字 170, 171, 174, 178, 180
불무인생不無因生 232, 245
불보 190, 192
불사不死(Amṛta) 35, 36, 43
불상부단不常不斷 33, 44
불생(anutpāda) 198, 232, 245
불생불멸不生不滅 36, 191, 195, 207, 282, 297, 299
불생불사不生不死 43
불설전유경佛說箭喻經 49
불성 289
불성인不成因 240
불쏘시개 213
불염오식不染汚識 269
불완전성정리不完全性定理 177
불용문자不用文字 171
불유불무不有不無 282
불이不二 282, 283
불일불이不一不異 33, 44, 252
불타생不他生 232, 245
불호근본중론주佛護根本中論註 309
불호주佛護註 307
불호주중론佛護注中論 228, 309
붊 123, 124, 125, 130, 131, 133, 143, 143, 153, 162
붓다빨리따 229, 231, 232, 232,

234, 235, 236, 245, 246, 246, 247, 248, 248
비 67, 124, 128, 130, 168, 168, 179
비非택멸무위 148
비교량 141
비구 192
비구니 192
비누 208, 213
비량比量 140, 265
비량상위比量相違 240, 242
비무非無 282
비바사사毘婆沙師(Vaibhāṣika) 257
비불생비불멸 298, 299
비사非死 36
비상비비상처삼매非想非非想處三昧 30
비생멸 비불생멸非生滅 非不生滅 298, 299
비생비멸非生非滅 36
비생비사非生非死 43
비아非我 36
비유非有 282
비유량譬喻量 140
비유비공 288
비유비무286, 293, 293, 294, 298
비유비무非有非無 33, 44, 282, 286, 289, 293, 297, 298
비이비불이非二非不二 285, 286
비인비법非人非法 290
비정립적 부정(non-positional negation) 195, 210

비정립적 부정(prasajya pratiṣedha) 195, 236
비진비속非眞非俗 290, 293
비택멸무위 151
빛 127
빠꾸다 깟짜야나(Pakudha Kaccayāna ⓟ) 114
빠라마르타따스(paramārthatas) 244
빠찹니마닥(Pa tshab nyi ma grags ⓣ) 229, 261
빨래비누 208
뿌라나 까사빠(Pūraṇa Kassapa ⓟ) 114
뿌루샤(Puruṣa) 236
쁘라끄리띠(Prakṛti) 236
쁘라산나빠다(淨明句, Prasanmapadā) 132, 135, 198, 228, 229, 246, 311
쁘라상기까(Prāsaṅgika) 230

【ㅅ】
사견邪見 52, 211
사견인邪見人 211, 212, 214, 216
사과四果 190
사구四句(Catuḥ koṭi) 48, 67, 110, 113, 114, 115, 117, 126, 129
사구비판四句批判 66, 119, 122, 123, 140, 145, 152, 187, 204
사구비판의 논리 120
사구적인 이해 122
사구판단 110

사꺄파(Sa skya⑪) 259
사다함斯陀含(Sakṛdāgamin) 191
사대四大 84
사동법유似同法喩 241
사라쌍수沙羅雙樹 35
사론四論 321
사리불 114
사마타(Samatha⑫) 40
사문沙門 113
사미 192
사미니 192
사백관론四百觀論 323
사백론四百論(Catuḥśataka) 323
사상四相 156
사상적 중도 29, 31, 32, 43, 44, 46, 56
사성四聖 277
사성제四聖諦 148, 167, 190, 191, 192, 193, 207
사실에 위배되는 오류 120, 125, 127, 128, 130, 135, 138, 139, 154, 179
사우뜨란띠까마드야마까(Sautrāntika-Madhyamaka) 262
사이법유似異法喩 241
사종불생四種不生 245
사종불생게四種不生偈 231, 232
사중이제설四重二諦說 286, 287
사철四哲 277
사택염 328
사향사과四向四果 191, 207

사후死後 48
산 237
산스끄리뜨 6, 35, 60, 69, 86, 113, 147, 199, 200, 201, 209, 211, 230, 244, 245, 257, 262
산자야 114, 115, 116, 117, 119
산자야 벨랏티뿟따(Sañjaya Belaṭṭiputta⑫) 114, 117
산화탄소 96
삶 39, 43, 79
삼단논법(Syllogism) 65, 237, 238
삼대법사 281
삼론三論 28, 276
삼론초장三論初章 278, 280, 282, 290, 291, 293
삼론학三論學 10, 28, 54, 166, 276, 277, 278, 279, 282, 284, 288, 289, 294, 297, 299
삼론학입문 278
삼론현의三論玄義 294, 349
삼륜청정三輪淸淨 218
삼매 30, 33
삼무성설三無性說 287
삼법인三法印 51, 222
삼보 192, 193, 207
삼상三相 147, 150, 156
삼성설三性說 287
삼세三世 103
삼수상三隨相 156
삼수상三隨相 이론 156
삼십삼과三十三過 239

삼제三諦 197
삼제게三諦偈 196, 197, 199, 201, 206, 289
삼제원융관三諦圓融觀 197
삼종三種이제 284
삼종방언三種方言 299
삼종이제설三種二諦說 224
삼종중도 297, 299
삼종중도설三種中道說 298
삼중三重이제 284
삼중이제설三重二諦說 224, 283
삼지작법三支作法 237
상相(lakṣaṇa) 154
상견常見 51, 52, 53, 221
상관개념 107
상구보리 219, 291
상단常斷 299
상대부정 195
상대주의相對主義(syād-vāda) 116
상대주의적 인식론 117
상반된 추론 66
상부극성 243
상부극성相符極成 240
상위결정相違決定 241
상위인相違因 241
상응 189
상주常住 195
상즉시공 73
상키야(Sāṃkhya) 235, 236
상호의존 102, 103, 105
상호의존성 282

새끼줄 97
색경色境 85
색법色法 73, 148
색즉시공色卽是空 73
색처色處 85
생生 154
생각의 가위 92
생각의 분할 168, 178
생로병사 105
생로병사生老病死 147
생멸生滅 147, 192, 195, 298
생무성生無性 288
생생 156, 157, 157, 160, 161
생이지지生而知之 77
생주멸 147, 150, 151, 154, 160, 169
생주이멸生住異滅 147, 156
샨따락쉬따(Śāntarakṣita) 263, 269, 271, 272, 273, 274,
서구논리학 237
서명각西明閣 277
서양철학 140
서유기 61
서주동산량개선사어록瑞州洞山良价禪師語錄 80
석가모니 부처님 32, 35, 36, 43
선禪 35, 171, 208
선禪(Dhyāna) 30
선禪불교 64, 170
선가禪家 170, 172
선가의 격언 172
선교방편善巧方便 184, 186

선무당  211
선문답禪問答  289
선불교  289
선사禪師  126, 170
선서본종분별론善逝宗義分別論(Sugatamatavibhaṅga)  257, 340
선어록  289
선언적選言的(disjunctive) 수용  116, 117
선정바라밀  217
선종禪宗  54, 80, 216
선지식善知識  81
설일체유부說一切有部(Sarvāstivāda)  257, 266, 267, 268
섬  146
성격  78
성냥개비  96
성냥불  96, 97, 164
성문聲聞  286
성불  219
성실론成實論  220, 277, 278
성언량  141
성주괴공成住壞空  147
세간  48, 207
세간상위世間相違  240, 242
세라제쭨빼최끼개쩬(Se ra rje btsun pa chos kyi rgyal mtshan(T))  258
세속世俗  264, 265, 269, 274
세속유식설  274, 275
세속적 수행자  214
세속제世俗諦  262, 279

세제중도  297
세친  266, 271
세탁  208
셀독뺀첸샤꺄촉댄(gSer mdog pan chen Śākya mchog ldan(T))  258
소견所見(draṣṭavya)  91
소립법불성所立法不成  241
소립불견所立不遣  241
소멸  43
소별불극성所別不極成(aprasiddha viśeṣya)  240, 242, 251
소승  214
소승 수행자  214
소승불교  256
소요원逍遙園  277
소의불성所依不成  240, 250, 254
소의불성所依不成(āśraya asiddha)의 오류  251
소작所作  121
소전제小前提  66, 238
소증所證(Sādhya)  234, 238, 247
소증법(sādhya dharma)  247
소크라테스  65
속박  72, 74, 77
속제俗諦  206, 216, 217, 219, 222, 224, 244, 262, 269, 279, 281, 282, 296
속제俗諦(saṃvṛti-satya)  207
속제단가  296
속제단중  296
속제복가  296

속제복중 296
속제중도 299
손가락 끝 87
송과선松果腺(pineal gland) 111
수다원須陀洹(Śrota āpanna) 191
수대水大 84
수도修道 77
수레 198, 199
수론數論 236
수면욕 45
수상隨相 이론 156, 157
수상隨相(anulakṣaṇa) 154
수습차제修習次第(Bhāvanākrama) 337
수일불성隨一不成 240, 252
수자타(Sujātā) 30
수정란 46, 102, 102
수즉시공 73
수학 81, 152, 174, 227
수학기초론 177
수학적 사유 181
수학적 이성 177
숙명론자 114
숙명통 38
순수유식설 274
순중론 229
순중론의입대반야바라밀경順中論
　　義入大般若波羅蜜經 229
순환 75, 76
술어 124, 126, 126, 129, 131, 133
술어개념 129
숯 96

슈라마나(Śramaṇa ⓢ) 113
스리랑카 256
스스로(svatas) 235
스와딴뜨리까(Svātantrika) 230
스크린 264
승거僧佉 236
승랑僧朗 277, 281, 283, 289
승민僧旻 281
승보僧寶 190, 192
승예僧叡 277
승의勝義 207, 243, 245, 248, 249,
　　264, 265
승의무성勝義無性 288
승의제勝義諦 244, 262, 279
승자勝者 209
승전僧詮 278
승조僧肇 28, 277
시각대상 89, 90, 91, 121, 169
시각영역 92
시늉 173
시종始終 195
식識 101, 104, 265, 270, 272, 273
식識(rNam par śeⓉ) 273
식識(Vijñptimātratā) 263
식識(Vijñāna) 146, 273
식욕 45
식차마나 192
신라 62
신삼론新三論 278, 281, 282
신약성서 218
신유식新唯識 287

신통력 184
실례(sādharmya dṛṣṭānta) 247
실례(喩, dṛṣṭānta) 234, 237
실상實相 92, 292
실천 203
실천적 중도 29, 33
실체 69, 70, 164, 182, 184, 292
실체성 87, 90, 93
심불상응행법心不相應行法 148, 149, 154
심상응행心相應行 149
심소법心所法 148
심왕법心王法 148
십송율十誦律 277
십이문론十二門論(Dvādaśamukhaśāstra) 28, 276, 319
십이문론소十二門論疏 349
십이연기 47, 51, 98, 103, 105, 288
십이연기설十二緣起說 100, 104
십이처十二處 82, 84, 85, 86, 90, 245
십지경十地經 280, 330
십팔계 86
싯다르타 30, 35, 37
싯단따(Siddhānta) 257
싹 122, 232, 233, 234, 252
쌍방향 100
쌍방향의 의존관계 99
씨앗 122, 233, 234, 252

【ㅇ】

아공我空 106, 214, 215, 217
아공법공我空法空 214
아공법유我空法有 214
아나함阿那含(Anāgamin) 191
아난 101
아난다 71
아난존자 52, 220
아드와야바즈라(Advayavajra) 257
아뜨만(自我, Ātman) 53, 146, 221
아라한阿羅漢(Arhat) 45, 46, 72, 191, 217
아리스토텔레스(Aristoteles) 63, 238
아리야데와(Āryadeva) 257, 271
아리야제바阿利耶提婆(Āryadeva) 28, 271
아므리따(Amṛta) 35, 36
아미타경阿彌陀經 277
아비달마 56, 68, 68, 76, 120, 123, 123, 139, 139, 145, 145, 148, 150, 151, 154, 155, 156, 168, 227, 278, 321
아비달마구사론阿毘達磨俱舍論 266
아상我相 215
아왈로끼따브라따(Avalokitavrata) 228
아왈로끼따브반야등광주般若燈廣注 228
아유법공我有法空 214, 216
아유법유我有法有 214
아인슈타인(Einstein) 111, 112
아지따 께사깜발린(Ajita Kesakambalin(P)) 114

아편 32
아함경阿含經 9, 28, 220
악순환의 오류 156, 157, 160
안계眼界 86
안근眼根 85
안아뜨만(Anātman) 36
안입처眼入處 250
안처眼處 85, 86
안혜安慧 228
알라라 깔라마(Āḷāra Kālāma ⓟ) 30
액화가스 97
약 185, 210
약경이제설約境二諦說 281, 283
약교이제설約教二諦說 282, 283, 293
약리이제설約理二諦說 281, 283
양개 화상 95
양구불성兩俱不成(ubhaya asiddha)의 오류 253
양구불성兩俱不成 240
양주涼州 276
양梁나라 281
어둠 127
어리석음(痴) 45
어린아이 150
언망여절言忘慮絕 288
언어계통 60
언어와 사유의 한계 173
언어학 60
얼음 125
업 50
에피메데스 175

여광呂光 276
여덟 현성賢聖 190, 192, 193
여래如來 48, 55, 67, 115
역설逆說(paradox) 170, 174, 181
역전驛前 앞 125
연각緣覺 286
연기緣起 8, 33, 34, 39, 43, 44, 46, 54, 55, 59, 66, 69, 72, 75, 87, 89, 93, 98, 105, 107, 118, 147, 152, 159, 163, 168, 187, 195, 196, 202, 227, 232, 237, 282, 316
연기관계緣起關係 76, 108, 129, 130, 139, 289
연기공식緣起公式 51, 88, 91, 98, 131, 138, 139, 153, 161, 167
연기관緣起觀 56, 283
연기설緣起說 27 63, 105, 189
연기실상緣起實相 118
연기의 논리학 60
연기의 매듭 107
연료 95, 96, 97, 163, 164
연습문제 140
열반涅槃(Nirvāṇa) 41, 53, 72, 147, 148, 167, 192
열반경 218
열반의 논리학 59
열반적정涅槃寂靜 222
염오식染污識 269
영혼 48, 55, 102, 111
예류豫流 191

예류과 191
예쁨 70, 72
예셰데(Ye shes sde⑪) 271
예수 218
오랑우탄 70
오류론 63
오르가논(Organon) 63
오온 223
오온설 223
오욕락五欲樂 45
오음五陰 102
오중이제설 286
옷감 208
왕사성 52, 220
외경外境 263, 274
외계실재론 267, 268
외도外道 114, 145
외부대상 263, 265, 268, 273
요가(Yoga) 236
요가짜라마드야마까(Yogācāra-Mahyamaka) 262
요소실재론자 114
요흥姚興 277
욕계 191
용用 292, 293
용가用假 292
용수龍樹(Nāgārjuna) 27, 56, 63, 64, 139, 141, 143, 145, 150, 151, 157, 181, 183, 189, 197, 204, 271, 276, 279, 303
용중用中 292

우마(dBu ma⑪) 27, 260
우마빠(dBu ma pa⑪) 27
우빠니샤드(Upaniṣad) 53, 146
우주 111
우주론 112
웃다까 라마뿟따(Uddaka Rāmaputta⑫) 30
원교圓敎 295
원성실성 287
원숭이 71
원효元曉 62
위묵띠세나(Vimuktisena) 269
위빠로새(dBus pa blo gsal⑪) 258
위빠싸나(Vipassanā⑫) 40, 43
위장僞裝 173
유有 38, 280, 282, 289, 295
유가론 271
유가사지론瑜伽師地論 271
유가수습도瑜伽修習道(Yogabhāvanā-mārga) 334
유가행유식학파 257
유가행중관 262, 271
유가행중관파 263, 264, 265, 270, 272, 273, 275
유가행파瑜伽行派(Yogacāra) 257
유견有見 47, 286
유구론有垢論 265, 269
유구론파有垢論派 266
유동적 이제관二諦觀 288
유무有無 299
유무중도有無中道 29, 46

유물론자　114
유법有法(dharmin)　238
유법자상상위인有法自相相違因　241
유법차별상위인有法差別相違因　241
유변有邊　55
유부有部　257
유상有相　273
유상유식설有相唯識說(Sākāravijñānavāda)　266, 268, 272, 273
유상유식이론　273
유상유식파　266, 268
유소득有所得의 보살　286
유식唯識　227, 267, 273, 275
유식삼십송　271
유식설　271
유식중종唯識中宗　271
유식학파唯識學派　263, 257
유심론　268
유심론적 동형상지식론　268
유심론적 이형상지식론　268
유아有我　52, 54, 54, 195, 195, 221
유애有愛　46
유예불성猶豫不成　240
유위법有爲法　147, 149, 150, 151, 155, 169, 169
유위법의 특징　154
유전문流轉門　54, 88, 89
유전류轉 연기　133
유형상유식설　274
유형상지식론　267
육바라밀六波羅蜜　217, 218, 219

육바라밀행　219
육사외도六師外道　114
육십송여리론　317
육입六入　103, 104
육조대사법보단경六祖大師法寶壇經　171
육처六處　90
육체　48, 55, 111
육파철학六派哲學　236
윤회　32, 38, 46, 192, 208, 210, 215
윤회고輪廻苦　213
음욕　45
응병여약應病與藥　145, 181, 184, 203
응성파應成派　230
의경중종依經中宗　271
의론중종依論中宗　271
의미 맥락　107
의미중복의 오류　120, 125, 127, 128, 130, 134, 135, 139, 143, 144, 154, 179
의상 스님　174
의정義淨　62
의존　159, 166
의존관계　100, 104, 163, 165, 167
의존된 가명(prajñaptir upādāya)　196, 198, 199, 201
의존성　106
의타성依他性　287
이근인利根人　294
이데아(Idea)　174
이법理法　281, 283, 284, 293

이변二邊  47, 52, 128, 221
이분법적 세계관  75
이승二乘  286
이외유무리內有無  282
이유(因, hetu)  234, 237, 238
이유명제  238
이유이무而有而無  294
이율배반  196
이율배반적 사유  205
이제二諦(satya dvaya)  206, 207, 210, 216, 219, 221, 269, 275, 278, 283, 289, 293
이제각론중도二諦各論中道  298, 299
이제분별론二諦分別論(Satyadvayavibha-ṅga)  334
이제설二諦說  206, 220, 244, 244, 249, 262, 265, 275, 284
이제의二諦義  284, 286, 293, 299, 350
이제합명중도二諦合明中道  297, 298, 299
이타행  291
이타利他  290
이품일분전동품변전異品一分轉同品遍轉  240
이형상離形象지식론  267, 268
인과론因果論  249
인과응보설  50
인과이론因果理論  252
인더스 강  113
인도  60, 227

인도-유럽어(Indo-european Language)  60
인도논리학  187
인도불교  256
인도철학  140
인명입정리론因明入正理論  61, 239, 242, 251, 252
인명정리문론  61
인명학  62
인생관  78
인식  169
인식논리학  140
인식대상  169
인식론  140
인식론적 접근  158
인식수단  140, 141, 144, 169
인연因緣  252
인욕바라밀  217
인지認知  45, 59
인지적認知的 수행  216
인지적認知的 태도  122
일다성一多性 논증  273
일래一來  192
일미성一味性  105
일반논리학  64
일방향의 관계  104
일본  256
일상판단  123, 168
일이一異  299
일이중도一異中道  29
일체개고一切皆苦  191

일체개공一切皆空 182
임신 103
입류入流 191
입보리행론入菩提行論(Bodhicaryāvatāra) 333
입중론入中論(adhyamakāvatāra) 330
입중론주入中論註(adhyamakāvatāra-bhāsya) 330
입진실入眞實(Tattvāvatara) 339
있는 그대로(Yathābhūtam) 31, 40

【ㅈ】
자가당착 172, 173, 174, 179, 179, 182, 184, 184
자교상위自教相違 240, 242
자궁 46, 103
자기인식(自證, Svasaṃvedana) 263, 264
자기지칭自己指稱(self-reference) 177, 179
자띠(Jāti)논법 187, 189, 190, 192, 204, 206
자띠(生過, Jāti) 63, 187, 188
자리自利 290
자리행 291
자립논증 242, 245
자립논증적 추론식 265
자립논증파 229, 260
자립논증파(Svātantrika) 261
자립논증파自立論證派 230
자비관慈悲觀 56

자상自相(Svalakṣaṇa) 263, 265
자생自生 232
자생론自生論 249
자성自性(Svabhāva) 69, 199, 202
자속파自續派 230
자아 48
자어상위自語相違 240, 242
자업자득自業自得 50
자이나(Jaina)교 114, 116, 117, 119
자작자각自作自覺 49
자파불성自派不成 254
자파불성自派不成(vādinaḥ asiddha)의 오류 253
작용 121, 130, 133, 164, 203, 209, 292, 297
작은 방 34
잘못된 논증(似能立, sādhanābhāsa) 239
잘못된 실례(사유似喩) 241
잘못된 이유(사인似因) 240
잘못된 주장(사종似宗) 240
잠양새빼(hJam dbyang bshad pa①) 258
잡아함경雜阿含經 47, 48, 50, 53, 220, 221
장안 276, 277
장엄사莊嚴寺 281
장작 95, 97
장작불 164, 213
재물욕 45
전생 38
전승(āgama) 141

전승량傳承量 140
전유경 48
전진前秦 276
절대부정 195
정관正觀 286
정관靜觀 31, 53
정려靜慮 31
정리해正理海(Rigs paḥi rgya mtsho(T)) 344
정립적定立的 부정(paryudāsa pratiṣedha) 195, 203, 210
정신 111
정신성精神性(caitanya) 245, 246
정신질환 32
정언적定言的 추론식 254, 262
정자精子 101, 102
정진바라밀 217
정토학 8
제1구 126, 128, 130, 134, 153, 161, 167, 180, 203
제1구 비판 120, 136, 138, 145, 161, 183
제2구 126, 128, 130, 134, 153, 161, 167, 180, 203
제2구 비판 120, 136, 138, 145, 161, 183
제3구 113, 126, 128, 134, 203
제3구 비판 120
제4구 113, 126, 128, 134, 203
제법무아諸法無我 51, 222
제법부동본래적諸法不動本來寂 174

제법실상諸法實相 174
제일의제 244
제일의중第一義中 244
제자백가 60
제행무상諸行無常 147, 222
조동종曹洞宗 80
조론肇論 277, 347
조명성照明性(Prakāśa) 268
조주趙州 289
존재 43
존재론적 접근 158, 160
존재의 세계 107
종교 137
종교적 고민 32
종교적 의문 152
종교적 철학적 고민 44, 169, 174
종교적 철학적 번뇌 59
종교적 철학적 의문 136
종교적 철학적 판단 169
종심소욕불유구從心所慾不踰矩 218
종의서宗義書 258
주석학 227
주술 211
주어 122, 124, 126, 129, 131, 133
주어개념 129
주장(宗, pratijñā) 237
주장명제 238
주주住住 154, 156, 160
주체 121, 130, 133, 164
죽음 35, 37, 38, 39, 43, 79
중中의 실천 196, 198, 202

중가中假  290, 293
중가中假의 이론  289
중가이론  290, 291, 293
중가체용이론  289
중관  28
중관논리中觀論理(Madhyamaka Logic)
    10, 64, 68, 79, 81, 87, 93, 107,
    109, 110, 119, 121, 123, 124,
    136, 138, 139, 140, 154, 159,
    161, 163, 166, 168, 169, 174,
    179, 181, 183, 187, 190, 195,
    202, 204, 206, 208, 209, 210,
    211, 228
중관논사  261
중관론소中觀論疏  280, 281, 283, 289,
    294, 299, 349
중관명中觀明(Madhyamakāloka)  337
중관심송中觀心頌(Madhyamaka-hṛdaya
    -kārikā)  328
중관장엄론中觀莊嚴論(Madhyamakāla
    -ṃkāra)  271, 272, 274, 335
중관학中觀學  5, 27, 43, 54, 56, 59,
    63, 66, 79, 79, 93, 94, 98, 105,
    119, 123, 134, 136, 151, 152,
    166, 177, 182, 191, 208, 231,
    260, 276, 297
중관학파中觀學派(Mādhyamika)  256,
    257, 260, 263, 270
중국  60, 256
중도中道  28, 33, 37, 43, 47, 49, 51,
    52, 54, 70, 195, 196, 198, 199,
    201, 202, 203, 205, 221, 222,
    278, 281, 285, 292, 293, 294,
    296, 297
중도사상  70
중도의 논리학  60
중도적  34
중론中論  28, 63, 64, 64, 68, 82, 87,
    95, 105, 119, 123, 123, 128,
    131, 131, 135, 139, 145, 150,
    155, 160, 162, 163, 165, 194,
    206, 209, 211, 215, 227, 228,
    235, 237, 243, 262, 276, 279,
    289, 298, 303
중론 주석서  228
중복의 오류  138
중아함경中阿含經  100, 102
중음신中陰身  46, 100, 102
중전가中前假  291, 292
중후가中後假  291, 292
즈냐나가르바  274
증언  141
지知(Śes paⓉ, Jñāna)  272
지각기관  245
지각대상  246
지계바라밀  217, 218
지관止觀(Samatha-VipassanāⓅ)  40
지대地大  84
지따리(Jitāri)  257, 269
지심수집智心髓集(Jñānasārasamuccaya)
    257
지옥  32, 72

지옥고地獄苦 213
지의智顗 197
지장智藏 281
직관적 사유 62
직접지각 140, 243
직접지각(現量, Pratyakṣa) 63, 265
진瞋 75
진고眞故 244
진공眞空 212
진나陳那(Dignāga) 62, 235, 237, 239, 254
진속眞俗 290
진속균등眞俗均等 217, 218
진속이제眞俗二諦 219, 281, 283. 299
진속이제설眞俗二諦說 206, 296
진실강요眞實綱要(Tattvasaṃgraha) 336
진실보환眞實寶環(Tattvaratnāvalī) 257
진실성眞實性 287
진심瞋心 56
진정한 아공 215
진제眞諦 206, 210, 217, 219, 222, 224, 244, 262, 269, 278, 281, 282, 296, 297
진제 206, 210, 278
진제眞諦(Paramārtha) 287
진제眞諦(paramārtha-satya) 207
진제단가 297
진제단중 297

진제복가 297
진제복중 297
진제중도 297, 299
진퇴양난 131
질병 188, 211
집 65
집량론集量論(Pramāṇasamuccaya) 62
집성제集聖諦 191
집합 176
집합론集合論 175
짚단 97
짜라까상히따(Caraka Saṃhitā) 187, 189, 194
짜르와까(Cārvāka) 63
짝슈(cakṣu) 86
짠드라끼르띠月稱(Candrakīrti) 135, 199, 201, 229,, 231, 232, 235, 246, 247, 248, 250, 251, 253,, 254, 255, 274
짠드쁘라산나빠다淨明句 228
짧은 것 129, 159, 163, 165
짧은 막대 70, 88
짧음 70, 139
짱꺄뢰뻬도제(lCaṅ skya rol paḥi rdo rje①) 259

【ㅊ】
찰나 265
찰나설 264
찰나연기 103
처가妻家집 125

천국 32
천녀 71
철수 135
철학 137
철학적 고민 32, 137
철학적 문제 152
철학적 의문 108
철학적 종교적 고민 32, 152
철학적 종교적 명제 137
철학적 종교적 의문 139
청목靑目(Piṅgala) 228
청목소靑目疏 28, 132, 199, 201, 210, 234
청변靑辨 229, 231, 232, 234, 234, 235, 236, 237, 242, 243, 244, 245, 246, 247, 248, 250, 251, 253, 254, 263, 269
체體 292, 293
체가體假 292
체용體用 293
체용體用이론 292
체중體中 292
초기불교 184, 189, 289
초기불전 49, 54, 56, 63, 63, 67, 98, 99, 105, 105, 119, 146, 147, 151, 288
초등학교 185
촉觸 104
촉처觸處 85
촛불 96
총 4구 113, 126, 127, 134, 162

추론(比量, Anumāna) 63, 64, 65
추론비판 206
추론식 193, 237
추론의 타당성 66, 192, 204
추리론 187
추리지 140
춘추시대 60
출가 오중五衆 192
치痴 75
치심癡心 56
침묵 48, 118, 118
침팬지 70

【ㅋ】
칼날 86
캠프파이어 95, 97
컵 264
코 79
크레타섬 175
큰 방 33

【ㅌ】
타생他生 232
타생론他生論 249
타생설他生說 237, 252
타작타각他作他覺 49
타파불성他派不成(prativādy asiddha)의 오류 253
탄생 38, 150
탄소입자 96
탐貪 75

탐심貪心 56
탐욕(貪) 45, 59
태胎 101
태국 256
태귈와(Thal 'gyur ba) 229
태생학적 해석 103
태아 100
태움 95
태현太賢 62
택멸擇滅무위 148, 151
테크닉 94, 136, 151
특수집합 176
티베트 216, 229, 256, 270, 275, 279
티베트불교 27, 259
티베트불교권 256
티베트어 229

【ㅍ】
파기 117
파사즉현정破邪卽顯正 167
파사현정破邪顯正 166
파사후현정破邪後顯正 166
판단 64, 65, 124, 128, 168
판단론 187
판단비판 110, 119, 120, 140, 145, 163, 167, 170
판단의 사실 203
판단의 사실성 66, 140
판비량론 8
판소리 75

팔부중도 298
팔불八不 231
팔정도八正道 191, 207
패러독스(paradox) 174
편잡 지방 113
페인트 184
폐악인 212, 216
폐인 213
푸닥거리 211
풍대風大 85
플라톤(Platon) 174
피안 146

【ㅎ】
하리바드라(Haribhadra) 269
하화중생 219, 291
학설강요서學說綱要書 258, 259
학설보환學說寶環 260, 263, 263, 263, 265, 270, 272, 345
종의보환宗義寶環 345
학처요집學處要集(Śikṣāsamuccaya) 332
한국 256
한문 36, 62
한문불교 214
한문불교권 256
한정사 249
해소 119, 137, 139, 169
해소의 지혜 44
해체 136
해체의 지혜 44

해탈 72, 74, 77, 286
해탈의 논리학 59
해탈지견解脫智見 45
허공 148, 151
허공무위 148
허깨비 202
허깨비 여인 183
허무주의 53, 222
현교顯敎 216, 229
현량現量 140, 265
현량상위現量相違 240, 242, 243
현생 55
현장玄奘 61, 256, 287
형상(Ākāra) 268
형상形象 266, 268, 273
형상形象(Ākāra) 266, 273
형상진실론자(Satyākāravādin, rNam bden pa(T)) 266
형상진실중관 265, 269
형상진실파 272
형상허구론자(Alīkākāravādin, rNam rdsun pa(T)) 266
형상허구중관 269
형상허위중관 265

형이상학 114, 115, 117, 119
형이상학적 고민 137
형이하학 137
혜능慧能 170
홍수 146
화대火大 84
화두 126
화살 49
환경문제 74, 76
환멸還滅 연기 90, 108, 133
환멸문還滅門 54, 88, 89, 91
환자 212
황희 정승 117
회의론 116
회쟁론廻諍論(Vigrahavyāvartanī) 7, 141, 142, 144, 182, 183, 184, 186, 197, 202, 314
회피 114
효과적 작용능력 272
후량後涼 276
후진後秦 277
흑백논리 33, 34, 37, 44, 59, 60
희론戱論 212

중관사상

2006년 9월 12일 초판 1쇄 발행
2008년 10월 25일 초판 2쇄 발행
2012년 6월 27일 초판 3쇄 발행
2017년 8월 10일 초판 4쇄 발행

지은이 · 김 성 철
펴낸이 · 윤 재 승
펴낸곳 · 도서출판 민족사

등록 · 1980년 5월 9일(등록 제1-149호)
주소 · 서울시 종로구 삼봉로 81번지 두산위브파빌리온 1131호
전화 · (02) 732-2403~4 / 팩스 · (02) 739-7565
이메일 · minjoksabook@naver.com
홈페이지 · www.minjoksa.org
페이스북 · www.facebook.com/minjoksa

ⓒ2006, 김성철

ISBN 978-89-7009-876-0  04220
ISBN 978-89-7009-870-8  (세트)

*책값은 뒤표지에 있습니다. 잘못된 책은 바꾸어 드립니다.
*저작권법에 의하여 보호를 받는 저작물이므로 무단으로
 복사, 전재하거나 변형하여 사용할 수 없습니다.